城市轨道交通岩土工程勘察与设计

石长礼 刘几凡 著

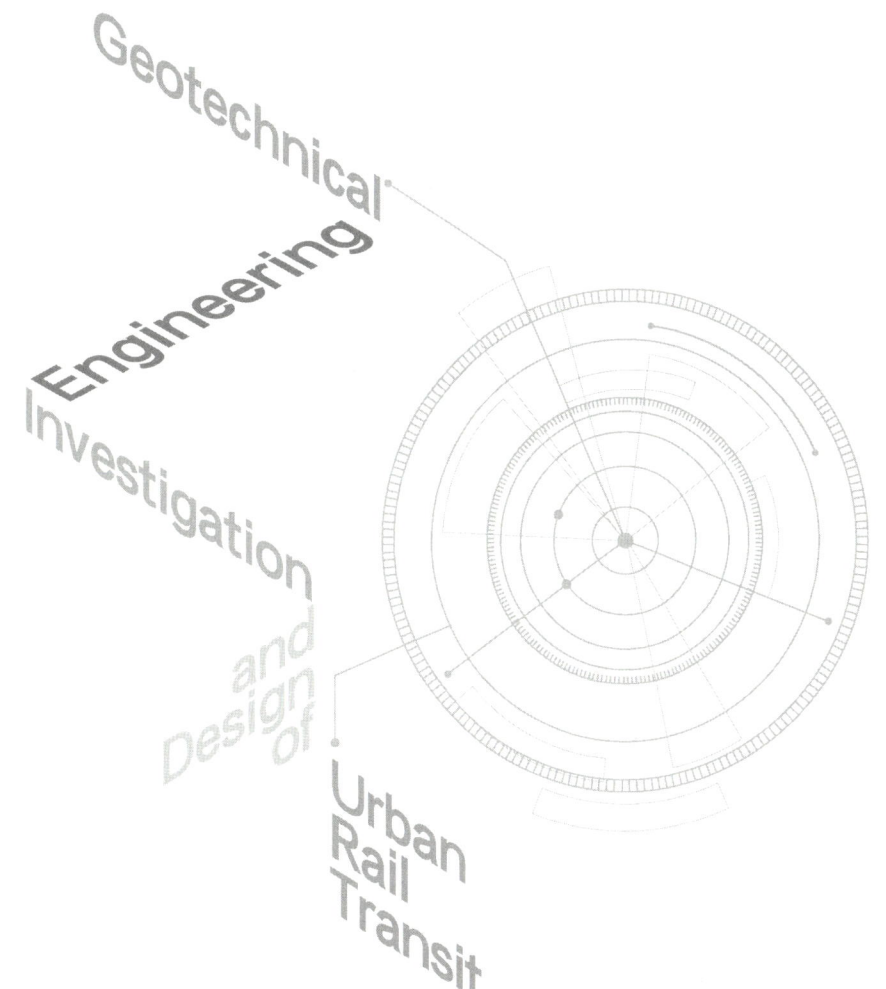

同济大学出版社·上海
TONGJI UNIVERSITY PRESS·SHANGHAI

内 容 提 要

城市轨道交通岩土工程勘察与设计是一项系统工程,本书针对勘察工作中的重点问题、勘察技术成果应用与专业沟通、勘察总体总包管理、勘察咨询、勘察监理、勘察风险管理等进行了系统论述,可以帮助相关专业人员加强对城市轨道交通岩土工程勘察全过程工作重点的把控。全书根据城市轨道交通岩土工程设计工作的特点,结合典型工程案例,对基坑工程、暗挖工程、桩基工程、地基处理,以及线路中遇到的不良地质和特殊性土处理等设计人员关注的问题进行了较全面的阐述。通过对行业存在问题的思考,结合工程应用对新技术和行业数字化的发展进行了论述和展望。

本书可作为城市轨道交通工程建设业主相关单位管理人员、岩土工程勘察与设计技术人员,以及在校学生等专业学习的参考用书。

图书在版编目(CIP)数据

城市轨道交通岩土工程勘察与设计 / 石长礼,刘几凡著. --上海:同济大学出版社,2025.5. -- ISBN 978-7-5765-1612-8

Ⅰ. U212.22

中国国家版本馆 CIP 数据核字第 2025DL7725 号

城市轨道交通岩土工程勘察与设计
石长礼 刘几凡 著

| 责任编辑 | 宋 立 | 助理编辑 | 陈妮莉 | 责任校对 | 徐逢乔 | 封面设计 | 唐思雯 |

出版发行	同济大学出版社 www.tongjipress.com.cn
	(地址:上海市四平路1239号 邮编:200092 电话:021-65985622)
经　销	全国各地新华书店
排　版	南京月叶图文制作有限公司
印　刷	上海安枫印务有限公司
开　本	787mm×1092mm 1/16
印　张	12.25
字　数	252 000
版　次	2025年5月第1版
印　次	2025年5月第1次印刷
书　号	ISBN 978-7-5765-1612-8
定　价	98.00元

本书若有印装质量问题,请向本社发行部调换   版权所有 侵权必究

根据城市轨道交通建设相关统计资料,截至2024年6月30日,国内投入运营的城市轨道交通线路覆盖58个城市,总长度达11 409.79 km。城市轨道交通建设的规划、可行性研究、设计及施工等各阶段均与岩土工程勘察、设计密切相关,意味着自我国20世纪90年代启动城市轨道交通工程建设以来,行业内已完成了巨量的岩土工程勘察与设计工作。

岩土工程勘察是城市轨道交通建设中最基础且处于前端的专业之一,通过多年的实践探索和经验总结,已逐渐形成一套较完整的技术管理体系。从早期借助于铁路、市政以及工业与民用建筑等工程勘察规范、标准作为岩土工程勘察工作的参考指导,经过十余年的快速发展,岩土工程勘察行业逐渐构建了较为成熟的技术体系,形成了系统化的行业标准。目前,许多省市还结合本地区的特点,相继编制了各具特色的地方标准或技术细则。

城市轨道交通岩土工程勘察具有明显的行业特点,表现在勘察规模大、勘察技术要求高、施工环境复杂、协调难度大、技术接口多、服务周期长,对工程投资规模影响较大;有着较系统的岩土工程勘察总体总包管理、勘察咨询、勘察监理、勘察风险管理等管理与监督程序,通过严密的过程管理和关键环节把控,以确保勘察工作从勘察技术要求编制、勘察策划、勘察实施、内业整理与报告编制到成果交付与服务等阶段全过程有效的质量控制。

结合多年的工程实践经验,本书在行业内第一次对勘察总体总包管理、岩土工程勘察咨询与勘察监理进行了较为系统的论述,并根据勘察工作的特点,对风险管理在城市轨道交通岩土工程勘察全过程管理工作中的应用进行了探讨。

岩土工程勘察工作的最终目的是提供可靠、合理的勘察成果并服务于工程建设。加强勘察人员与设计人员之间的技术沟通与衔接也是正确理解和应用岩土设计参数,顺利完成土建工程设计工作的关键和基础。通过对勘察工作中的重点问题、勘察技术成果与实践应用的论述,可以帮助相关专业人员加强对城市轨道交通岩土工程勘察各阶段工作重点的把控,并做好专业之间的沟通与衔接工作。

城市轨道交通工程岩土工程设计具有投资规模大、建设环境复杂、工程风险因素多、设计管理程序复杂、技术要求高、技术接口多以及设计变更多、服务周期长等显著特点。本书结合典型工程案例，对基坑工程、暗挖工程、桩基工程、地基处理，以及线路中遇到的巨厚填土、岩溶不良地质和特殊性土处理等岩土工程设计人员关注的问题进行了较为系统的论述。

本书通过对行业中存在问题的思考，进行了新技术和行业数字化的发展结合工程应用的论述和展望。

全书共分 8 章，其中第 1 章至第 6 章由石长礼著，第 7 章至第 8 章由石长礼、刘几凡合著。

本书可供城市轨道交通工程建设业主相关岗位管理人员、岩土工程勘察与设计技术人员参考，也可作为在校相关专业学生的学习用书。希望本书能给岩土行业同仁或即将进入这个行业的从业者提供一定的启发和帮助。

承蒙孙宏伟总工的勉励，本书得以撰写成稿并付梓出版，在此致以衷心的感谢！

感谢岩土分院熊卫兵、王旭东两位同事，他们提供了大量的工程案例和写作素材。此外，也要感谢院济南项目部、徐州项目部的各位同仁，在成书过程中给予的大力支持。

因水平有限，书中错漏难免，敬请批评指正！

石长礼
2024 年 11 月于上海

目录 CONTENTS

前言

第1章 概述 ··· 1
  1.1 城市轨道交通土建工程的分类 ·· 1
  1.2 城市轨道交通建设阶段与相应的岩土工程问题 ··· 2
  1.3 城市轨道交通岩土工程勘察与设计的特点 ·· 4
    1.3.1 城市轨道交通岩土工程勘察的特点 ·· 4
    1.3.2 城市轨道交通岩土工程设计的特点 ·· 8

第2章 勘察工作方法与各阶段重点问题 ·· 11
  2.1 各阶段勘察目的与重点问题 ·· 11
    2.1.1 规划阶段勘察 ·· 12
    2.1.2 可行性研究勘察 ··· 14
    2.1.3 初步勘察 ·· 14
    2.1.4 详细勘察 ·· 14
    2.1.5 专项勘察与施工勘察 ·· 15
  2.2 各阶段勘察工作量布置问题 ·· 18
    2.2.1 规划及可行性研究阶段 ··· 18
    2.2.2 场地与地基的复杂程度问题 ·· 19
    2.2.3 初步勘察、详细勘察阶段 ··· 23
    2.2.4 勘探孔的深度问题 ·· 26
    2.2.5 取样、试验安排及可靠度 ··· 29

第3章 勘察技术成果应用与专业沟通 ·· 31
  3.1 勘察成果的组成 ·· 31
    3.1.1 岩土工程勘察报告的内容 ··· 32
    3.1.2 物理力学参数的确定方法 ··· 33
    3.1.3 岩土工程勘察报告的参数要求 ·· 35

3.2	勘察成果解读与设计参数选用	36
	3.2.1 物理性质及状态指标	36
	3.2.2 强度指标	37
	3.2.3 变形指标	40
3.3	设计参数选用	41
	3.3.1 土的物理性质及状态指标	41
	3.3.2 岩土强度指标	42
	3.3.3 变形参数	46
3.4	勘察与设计专业间的沟通与衔接	46
	3.4.1 室内试验边界条件与实际工况之间的差异	47
	3.4.2 抗震评价	47
	3.4.3 基床系数与基床系数比例系数	48
	3.4.4 抗浮设防水位与抗浮设计	49
	3.4.5 腐蚀性与耐久性	51
	3.4.6 抗突涌与抗渗流	54
	3.4.7 数值分析参数	57

第4章 勘察总体总包管理 ... 58

4.1	勘察总体总包的任务与职责	59
4.2	勘察总体总包的工作范围及工作流程	59
4.3	勘察总体管理	60
	4.3.1 技术标准与技术接口	61
	4.3.2 勘察总体技术要求	61
	4.3.3 勘察大纲与成果文件编制规定	62
	4.3.4 总体技术审查	63
4.4	勘察总包管理	63
	4.4.1 勘察依据及相关文件管理	64
	4.4.2 技术接口及协调管理	64
	4.4.3 过程管理	64
	4.4.4 成果验收及配合服务	65
	4.4.5 勘察变更及合同管理	65

第5章 岩土工程勘察咨询与勘察监理 ... 71

5.1	勘察咨询	71
	5.1.1 勘察咨询的任务与职责	72
	5.1.2 勘察咨询的工作流程	72

  5.1.3 勘察咨询工作内容 ·· 73
 5.2 勘察监理 ·· 74
  5.2.1 勘察监理目标、任务与职责 ··· 75
  5.2.2 勘察监理工作基本原则 ·· 77
  5.2.3 勘察监理的工作范围与工作流程 ·· 78
  5.2.4 勘察监理工作方法及控制措施 ··· 79
  5.2.5 勘察监理工作大纲与专业监理细则 ·· 83

第6章 岩土工程勘察风险管理 ·· 86
 6.1 概述 ·· 86
  6.1.1 岩土工程勘察风险管理的特点 ··· 86
  6.1.2 风险分析评价的方法 ·· 87
 6.2 勘察风险管理的工作流程 ·· 88
 6.3 风险识别 ·· 89
  6.3.1 风险因素 ·· 90
  6.3.2 风险类型 ·· 91
  6.3.3 风险影响的范围 ··· 91
 6.4 风险评价 ·· 92
  6.4.1 风险事件 ·· 92
  6.4.2 风险可能性分析 ··· 96
  6.4.3 风险损失评价 ··· 96
  6.4.4 风险等级评定 ··· 98
 6.5 勘察风险处置措施 ··· 99
 6.6 勘察风险防范与应急预案 ·· 102

第7章 岩土工程设计 ·· 104
 7.1 基坑工程 ·· 105
  7.1.1 地铁车站基坑工程特点 ·· 105
  7.1.2 支护结构体系方案及技术经济比选 ·· 106
  7.1.3 基坑支护体系的稳定性验算 ·· 107
  7.1.4 地下水控制与保护 ··· 109
  7.1.5 基坑土（岩）方开挖方案 ·· 111
  7.1.6 基坑工程的监测要求 ·· 111
  7.1.7 地铁线路岩土特性评价案例 ·· 114
  7.1.8 支护结构选型与基坑工程设计典型案例 ·· 117
 7.2 暗挖工程 ·· 127

####### 7.2.1 暗挖工程(矿山法)的设计原则 ······ 127
####### 7.2.2 暗挖法车站工程 ······ 129
####### 7.2.3 暗挖法地下通道工程 ······ 131
####### 7.2.4 管棚法在暗挖工程中的应用 ······ 132
####### 7.2.5 管幕工法在暗挖工程中的应用 ······ 133
####### 7.2.6 暗挖法工程的监测要求 ······ 134
7.3 桩基工程 ······ 135
####### 7.3.1 抗拔桩 ······ 136
####### 7.3.2 工程桩 ······ 140
7.4 地基处理 ······ 148
####### 7.4.1 场段工程地基处理 ······ 148
####### 7.4.2 车站或区间工程不良地层处理 ······ 151

第8章 问题思考与行业技术发展 ······ 160
8.1 岩土工程勘察工作存在的问题与思考 ······ 160
8.1.1 既有勘察方法与工程实际衔接 ······ 160
8.1.2 勘察成果与设计需求差异 ······ 163
8.2 岩土工程设计工作的现状思考 ······ 163
8.2.1 专业间的沟通与协调 ······ 164
8.2.2 管理流程与设计理念 ······ 164
8.2.3 全过程风险管理意识 ······ 165
8.3 岩土工程勘察与设计新技术 ······ 166
8.3.1 岩土工程勘察新技术 ······ 166
8.3.2 岩土工程设计施工新技术 ······ 169
8.4 岩土工程数字化技术与应用 ······ 177
8.4.1 勘察综合管理平台 ······ 177
8.4.2 勘察成果数字化及应用 ······ 179
8.4.3 岩土工程设计数字化及应用 ······ 180
8.5 行业发展趋势及展望 ······ 183

后记 ······ 185

参考标准 ······ 186

第1章

概 述

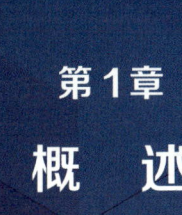

岩土工程勘察与设计是城市轨道交通建设中最重要的环节之一，具有明显的行业和地域特点。相较于工业与民用建筑岩土工程勘察、设计，城市轨道交通岩土工程的阶段性要求更加明确，建设环境更为复杂；城市轨道交通岩土工程勘察与设计对建设投资的影响程度远远大于工业与民用建筑工程，并且涉及后期的运营期安全问题。目前，我国城市轨道交通工程建设方兴未艾，从国内各城市从业队伍的现状来看，由于行业需求快速增长，许多勘察设计企业在没有任何行业经验甚至对轨道交通建设技术特点毫不了解的情况下就直接参与进来。为保障工程安全，有效规避岩土工程相关风险，除了需要进一步加强行业管理外，也要充分认识到城市轨道交通工程岩土工程勘察与设计工作的复杂性和重要性。

1.1 城市轨道交通土建工程的分类

根据相关定义，城市轨道交通泛指以各种形式的导轨为导向的城市公共客运系统。城市轨道交通的线路可在地下、地面或高架上敷设，通常包括车站、区间、控制中心、主变电站、车辆基地（停车场、车辆段）等。城市轨道交通土建工程的分类与常用工法如图1.1所示。

城市轨道交通根据敷设方式，分为地面车站和地面区间、地下车站和地下区间、高架车站和高架区间等。停车场、车辆段由于用地规模较大，一般设置于地面，随着城市建设的发展，土地资源日益紧张，部分城市出现了全地下或半地下设置的停车场、车辆段。同时，结合车辆基地用地开发，大量的上盖物业工程应运而生。

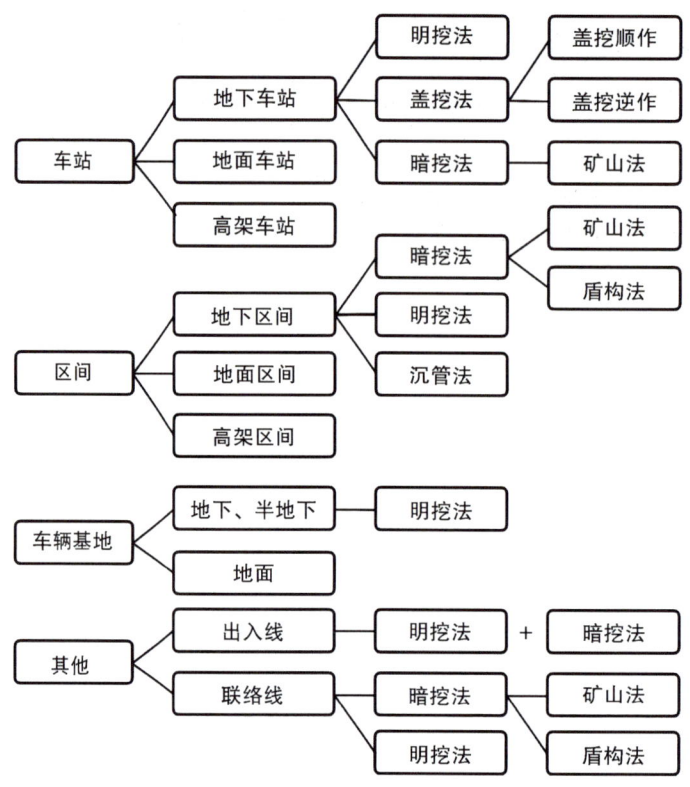

图 1.1　城市轨道交通土建工程的分类与常用工法

● 1.2　城市轨道交通建设阶段与相应的岩土工程问题

  城市轨道交通工程建设的基本程序包括规划、审批和立项、项目设计、建设施工、运营准备、试运营和正式运营等阶段。建设流程一般为线网规划、建设规划、预可行性研究、可行性研究、总体设计、初步设计、施工图设计、施工、运营。其中规划阶段、预可行性研究及可行性研究、设计及施工阶段均与岩土工程勘察、设计密切相关。

  城市轨道交通线网规划是根据城市总体规划和城市综合交通规划,在分析城市交通发展规律和影响因素的基础上,确定适应城市交通需求的轨道交通线网规模、结构布局、技术制式和建设时序,并提出城市轨道交通设施用地的规划控制要求。线网规划是城市轨道交通建设纲领性阶段,编制过程主要依据交通功能定位、客流、城市规划等因素,其中线路走向布置与线路敷设方式、车辆基地选择要综合考虑区域地质及不良地质作用的影响。对于城市建设已成熟的市区,由于拥有大量的区域资料及岩土工程勘察与施工经验,一般可通过现场踏勘和调研等方式来收集区域地质及地质灾害资料;而对于城市新规划区域,必要时布置适当的现场勘察和调查工作,线路规划及附属设施选址应尽量避开不良地质发育区及地质灾害频发地段,防止后阶段由于地质及岩土环境问题产生较大调整或造成工程投资浪费。

建设规划是以线网规划为基础提出的近期建设项目安排的实施方案,重点围绕城市轨道交通项目建设的必要性、紧迫性、合规性、合理性和可行性等方面展开,其中对工程实施方案有了较明确的要求,重点落实线站位及敷设方式、系统选型、运营组织及资源共享等。审批要求包含地震安全性评价、地质灾害危险性评估等专题要求。涉及的岩土工程问题主要为各线建设场地的稳定性、工程建设适宜性总体评价,以及对地震安全和地质灾害的评价与治理,防止本阶段提出的线位、站场选址等在后续阶段出现颠覆性的变化。

可行性研究是在建设规划审批后,对具体线路进行深入研究,进一步论证项目建设的必要性和建设条件,对各种建设方案进行比选论证,并对项目建成后的综合效益、社会影响进行预测及评价,从而选择技术先进实用、建设方案合理可行、财务经济及社会效益良好、投资风险较低的工程建设方案。该阶段要基本稳定线站位和敷设方式、初步选择施工工法,与前期工作相比,对岩土工程勘察与设计均提出了更高的要求。勘察应对拟选线站位场地的稳定性和适宜性作出评价,为线路比选、拟定建设方案及初步选择工法提供依据。同时,敷设方式及工法选择涉及基坑工程、暗挖工程、桩基工程、地基处理、边坡治理和地质灾害治理等岩土工程设计问题。

总体设计阶段是城市轨道交通工程设计的重要阶段,该阶段要确保项目各专业系统的总体性和完整性,确定全线的设计技术标准和规模,落实建设的外部条件、各专业间的技术接口及相互协调等问题。在批复的可行性研究方案的基础上,稳定线站位方案,初步确定工程方案和施工工法。按照行业规范和惯例,该阶段没有对应的勘察阶段,一般以可行性研究勘察成果为主要依据。但考虑到可行性研究勘察的资料精度有限和局部深化设计的需求,在可行性研究勘察的基础上可对相对稳定的或对工程投资影响较大的工点进行超前的岩土工程勘察工作。针对基坑工程、暗挖工程、桩基工程、地基处理、边坡治理和地质灾害治理等,需要拟定设计方案和处理方案,初步确定施工工法,并对重点岩土工程问题提出研究需求,为后续初步设计的顺利开展奠定基础。

初步设计是城市轨道交通工程设计的关键阶段,该阶段应对设计方案或重大技术问题的解决方案进行综合技术分析,在总体设计制定的设计原则和标准下,进一步明确工程规模、细化、深化并稳定工程方案,控制工程投资,满足编制施工图设计等后续工作的要求。该阶段岩土工程初步勘察是针对不同的线路设计方案、结构形式、施工方法和地貌单元初步查明沿线的工程地质和水文地质条件,同时应识别设计、施工中与地质条件和岩土工程设计相关的风险因素。初步勘察尚应根据进一步获取的地质资料对拟定工法进行适用性分析,为工法稳定及存在的风险提供岩土工程评价及建议。对于基坑工程、暗挖工程、桩基工程、地基处理、边坡治理和地质灾害治理等,需提供初步设计方案,并确保满足投资概算要求。

施工图设计根据批准的初步设计进行编制,其设计文件应能满足设备及材料订购、施工及安装调试、工程验收及编制施工图预算的要求,是工程进入实际建设阶段的具体性文件。该阶段的岩土工程详细勘察是在初步勘察的基础上,针对建(构)筑物结构类型和施工方法,详细查明建设场地的工程地质、水文地质条件,提供地基土物理力学性质指标和岩土设计参数,结合拟建建(构)筑物的特征及施工工法作出分析和评价,并提出适宜的技术措施及建议。对于基坑工程、暗挖工程、桩基工程、地基处理、边坡治理和地质灾害治理等岩土工程设计,要满足施工图设计深度及投资预算要求。

1.3 城市轨道交通岩土工程勘察与设计的特点

城市轨道交通工程建设是一项系统性工程,从规划建设到正式开通运营,要经过众多繁琐的工作程序和审批流程。城市轨道交通工程建设周期长,工程实施难度大,过程风险复杂多样。在勘察与设计工作方面,从系统性、技术接口和建设环境复杂程度等来看,有着显著的行业特点。

1.3.1 城市轨道交通岩土工程勘察的特点

城市轨道交通岩土工程勘察工作服务于城市轨道交通工程建设的各个阶段,相较于工业与民用建筑及一般市政项目的岩土工程勘察,有着以下较为明确的特点。

1. 勘察规模大

根据目前国内城市轨道交通工程的建设数据统计,截至 2023 年底,在已建成通车的线路中,单线长度排名前 20 的线路长度均超过了 55 km,其中最长的为上海轨道交通 11 号线,全长 82.4 km,虽然部分线路为分期建设,但勘察工作量依然庞大。对于正线长度为 50 km 的线路,通常设 2 个车辆基地,即使按中等复杂场地估计全线的勘察工作量,勘探孔数量也会超过 2 000 个。若平均孔深按 60 m 估计,总进尺也超过了 12 万延米。常规的城市轨道交通正线长度一般为 20~35 km,场地复杂程度不一,故最终的勘察工作量也会十分惊人。同时,还面临着海量的取样试验、原位测试、物理勘探数据记录与分析,以及大量的资料整理和报告编写等工作。

以上海轨道交通 23 号线为例,一期工程线路长度为 28.6 km,均为地下线,设有 22 座车站,其中换乘站 6 座,设有 1 处车辆基地,用地 40.84 hm^2,设有 2 座主变电所。勘察完成的实际工作量为:钻探孔 891 个、静力触探孔 1 309 个、勘察总进尺约 95 000 延米,取土样 24 096 件,室内试验常规 19 213 组,三轴 CU 试验 891 件、UU 试验 625 件。详勘阶段按工点出具报告 45 份，详勘周期共计 4 个月。

无论是勘察的内、外业工作量还是相关的管理工作，其规模和难度都远超常规的工业与民用建筑项目和其他市政类项目。

2. 阶段划分明确

按照《岩土工程勘察规范》(GB 50021—2001)(2009 年版)相关规定，岩土工程勘察阶段划分为可行性研究勘察、初步勘察和详细勘察，对于场地条件复杂或有特殊要求的工程，宜进行施工勘察。《城市轨道交通岩土工程勘察规范》(GB 50307—2012)基本沿承了这一阶段划分规定，同时增加了专项勘察的规定。

从行业习惯来看，由于建设阶段逐步推进的要求，城市轨道交通工程的岩土工程勘察是勘察阶段工作划分最为明晰和执行程度最高的行业之一。

同时，由于城市轨道交通工程建设流程的细分，延续建筑工程传统的勘察阶段的划分和技术深度规定，已不能完全满足城市轨道交通建设流程对岩土工程勘察阶段成果的要求。前期的线网规划、建设规划、预可行性研究、可行性研究和总体设计等阶段的岩土工程勘察专业的技术成果与同阶段相应专业的深度和广度的要求尚有一定的差距。

3. 勘察技术要求高

城市轨道交通工程建设流程的细分程度远高于一般的工程建设项目，其岩土工程勘察各阶段的目的、技术要求、需要解决的重点问题等也与一般的工程存在一定差异。这涉及基坑工程（车站、明挖法区间、出入线明挖段等）、盾构区间工程、矿山法区间与通道、顶管法通道、桩基工程、冻结法以及地基处理等，同时地下水对工程的影响较大，抗震评价、腐蚀性与耐久性、污染土评价等问题对工程的投资影响程度较高，从而对承担项目勘察的单位和项目参与人员的技术水准都提出了较高的要求。

从目前的阶段划分和技术流程上看，可行性研究勘察不仅要解决拟选线路场地的评价及线路方案比选的地质问题，还需作为拟定建设方案及初步选择工法的依据。其重要性远超一般工业与民用建筑同阶段勘察，在技术难度上，某种程度而言也高于后续勘察阶段，应引起行业的重视，这对承担项目的企业相关人员的从业经验提出了一定要求，他们应对各种工法的地层及环境适用性有充分的了解。同时，可行性研究阶段的勘察成果也是总体设计的基本依据，对后续土建技术方案和投资控制影响较大。

岩土工程勘察成果是各阶段土建工程设计的基础依据，为满足不同工法和方案比较的需要，勘察需要提供的岩土物理力学参数的种类较多，对特殊试验的要求也较高。同时，由于城市轨道交通是线路工程，沿线可能会穿越不同的地貌单元和地质单元，场地和地基的复杂程度也会有所变化，同一土层随线路展布，其参数也会产生一定的差异。这就要求技术人员系统考虑取样、原位测试及试验安排，合理划分统计单元，并注意各物理力学参数指标之间的协调关系，在不同阶段依靠有限的土工试验及原位测试数据，尽可能提供可靠、合理的设计参数。

4. 勘察施工环境复杂、协调难度大

城市轨道交通工程基本位于城市已建成区，车站出于客流需求考虑，一般设置在人流、车流较大的交叉路口位置，区间则基本位于已建道路下方。因此，勘察作业面临着社会影响、道路占用与恢复、交通管理许可、管线单位许可、河道（航道）占用许可、绿化单位许可等诸多协调问题。同时，外业实施难度和风险远大于常规勘察项目，涉及地下管线保护、架空线防护、地下障碍物处理、道路交通和水上施工等一系列安全问题。此外，大量勘察孔回填质量对后期施工和运营期的环境保护均存在一定的安全风险。

某城市轨道交通车站建设环境、区间建设环境分别如图1.2和图1.3所示。某城市轨道交通勘察外业施工围挡及安全设施如图1.4所示。

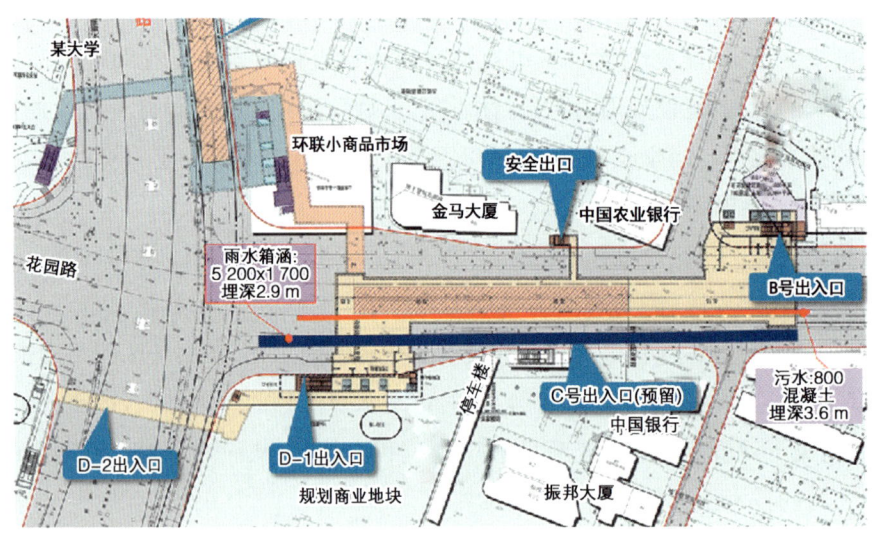

图1.2 某城市轨道交通车站建设环境

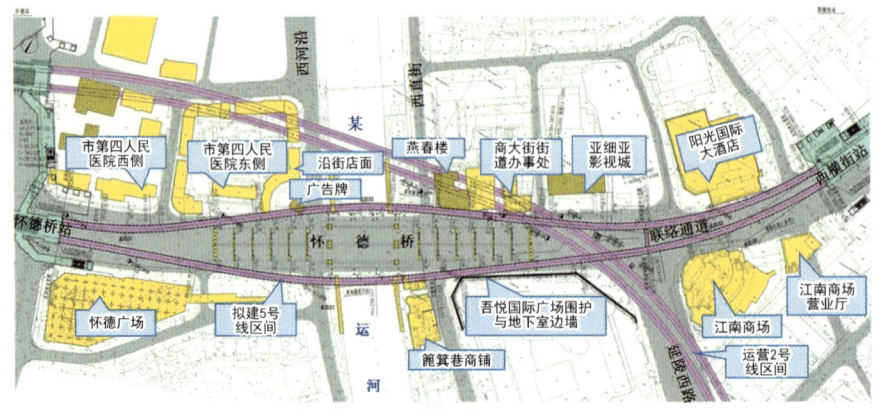

图1.3 某城市轨道交通区间建设环境

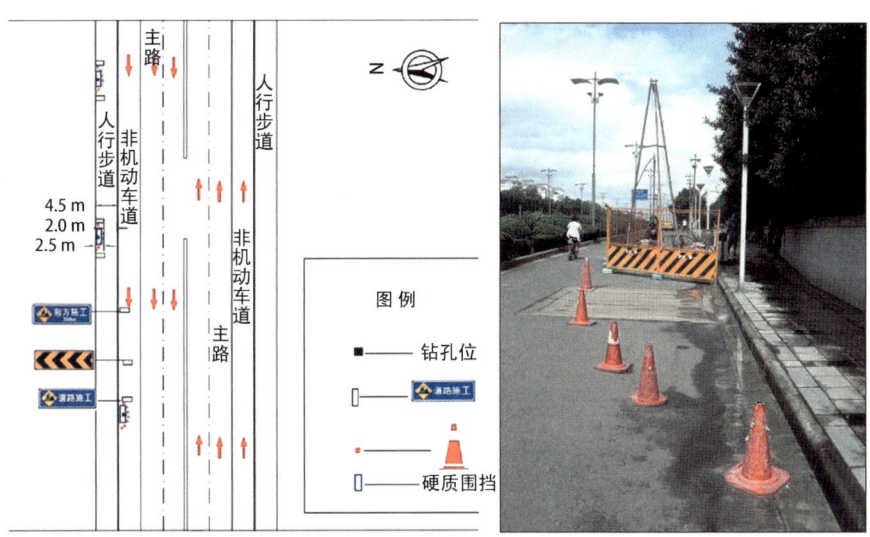

图 1.4　某城市轨道交通勘察外业施工围挡及安全设施

建设的阶段性要求、设计提资和上报周期安排等多方面因素的影响,使得留给岩土工程勘察专业的时间短、任务重,再加上各种协调(许可)难度大及批复周期长,导致勘察工期风险远高于一般工程。

5. 对投资的影响大

作为城市轨道交通建设最前端的专业,岩土工程勘察为线路的选址、敷设方式提供最基本的依据,是前期工法选择和工程方案编制的基础,同时也为土建工程设计提供可靠的设计参数。线路方案、敷设方式和施工工法对总的工程投资规模有着较大影响。场地的不良地质、特殊地质等问题,以及场地的稳定性、适宜性评价成果对工程方案的稳定性有着决定性的影响。此外,所提供的物理力学参数的合理性,以及对腐蚀性、耐久性的分析与评价成果,会系统性影响全线路实施方案的造价。

成都轨道交通 7 号线线路全长 38.61 km,全部为地下线,共设置 31 座车站。在初步设计评审过程中,发现车站混凝土设计标号及区间管片设计要求高于常规标准,经排查,发现设计依据的腐蚀性参数异常,经与勘察单位仔细核查分析后,采用分层取样方案排除了异常参数,最终全线的优化工程投资额超过 10 亿元。

济南轨道交通 2 号线一期工程线路全长 36.4 km,其中地下线 34.8 km、高架线 1.6 km,是济南市第一条东西向穿越市区建设的城市轨道交通线路,沿线地质条件十分复杂。通过精细化设计,仅仅对岩土工程参数优化、场段地基处理方案调整、采空区处理方案优化等,全线的土建工程总投资节省额就超过了 15 亿元。

同样,在我国城市轨道交通建设的过程中,前期岩土工程勘察工作的缺失或不足,造成后期调整工程方案或引发工程事故的案例不胜枚举。这不仅大幅增加了工程投资,还可能对建设工期、工程风险和环境等方面带来严重影响。

6. 技术接口多、服务周期长

相较于一般的市政工程的岩土工程勘察业务，城市轨道交通岩土工程勘察的管理程序更为复杂、技术接口多。首先，由勘察总体单位汇总各分项设计单位的技术要求，编制全线勘察技术原则及主要技术标准文件，统一技术接口，并下发勘察总体技术要求，提供勘察所依据的基础技术资料(如线路平、纵断面图及其他必要的设计资料)，组织各分项设计单位向勘察单位进行技术交底。勘察单位依据总体管理单位下发的勘察技术要求及提供的勘察基础资料编写勘察大纲，经向工点设计单位征询意见、勘察咨询(监理)单位审查并报总体管理(勘察总体)及业主审批后，方可作为后续工作的依据。

在勘察过程中，勘察总体、勘察咨询、勘察监理依据管理程序和合同约定对勘察质量、进度、安全等进行全过程监管。各相关方对勘察成果进行审查，提出意见和建议，并组织或参加勘察成果的评审、验收工作。

岩土工程勘察成果报告交付后，勘察单位还需承担设计、施工交底、验槽及工程验收等现场服务工作。城市轨道交通岩土工程勘察专业接口关系如图 1.5 所示。

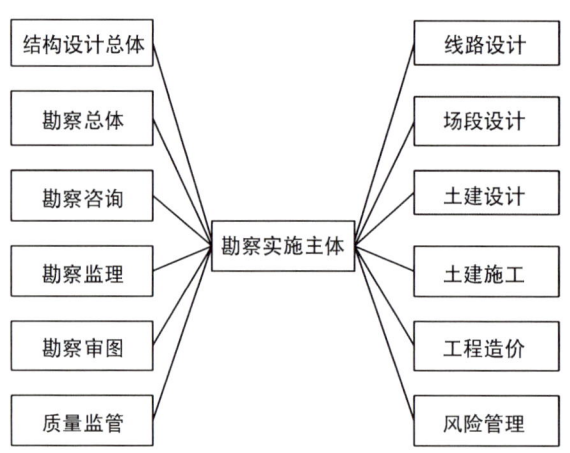

图 1.5　城市轨道交通岩土工程勘察专业接口关系

城市轨道交通工程的建设周期受线路规模、建设条件等多种因素综合控制，从可行性研究批复开始，正常的建设周期一般为 4～5 年，有的项目由于各种原因，建设周期可能会达到 6 年或更长。例如，上海轨道交通 11 号线，整条线路的修建时长达到了 9 年。岩土工程勘察专业服务从项目开始介入直至工程验收，服务于工程建设的全过程。服务周期长、过程繁琐是城市轨道交通岩土工程勘察业务的显著特点。

1.3.2　城市轨道交通岩土工程设计的特点

城市轨道交通工程岩土工程设计主要包括基坑工程、暗挖工程、桩基工程、地基处理、边坡工程、地质灾害治理及专项岩土工程设计等工作。其中,基坑工程主要为地下车站及附属结构的基坑支护设计、地下水控制设计等;暗挖工程主要包括盾构法区间以及矿山法施工的地下车站、区间、区间联络通道、过街通道(含顶管法)等;桩基工程主要为车辆基地桩基、地下结构抗浮、基坑工程立柱桩及高架线路桩基设计等;地基处理主要包括端头进出洞加固及坑底加固、车辆基地软弱地基加固、液化地基处理等;边坡工程主要为线路及车辆基地涉及的边坡开挖及支挡设计等;地质灾害治理及专项岩土工程设计包括岩溶治理设计、采空区治理设计、特殊性岩土治理设计等项目。城市轨道交通岩土工程设计特点主要体现在以下几个方面。

1. 投资规模大

根据行业建设经验,城市轨道交通建设土建工程投资占比一般地下线为 40%~50%、高架线路为 30%~40%。在地下车站的土建工程总投资中,基坑支护与降水、地基加固、桩基工程往往占比达 40%~50%,甚至更高。

根据相关统计,在上海市新一轮的建设规划中,市区地下线路的单公里综合造价为人民币 13 亿~16 亿元;一般省、地级城市的地下线路正线单公里造价为 7 亿~9 亿元,高架线路正线单公里投资已超过 5 亿元。

2. 阶段性任务明确

前期规划阶段岩土工程设计涉及的内容主要包括地质灾害治理和不良地质的应对措施研究等。结合该阶段的岩土工程勘察成果,对线站位方案、敷设方式等涉及的岩土工程问题,需提出可行的应对措施,以防止该阶段提出的线位、站场选址等后续因岩土工程问题而出现颠覆性的变化。

可行性研究阶段岩土工程设计的主要任务是依据可行性研究勘察成果,结合拟建线路的敷设方式、线站位及场段设置等初步拟定施工工法。同时,对基坑工程、暗挖工程、桩基工程、地基处理、边坡治理和地质灾害治理等提出初步的应对处理措施和设计方案,且要满足投资估算的深度要求。

总体设计阶段岩土工程设计的主要任务是确定岩土工程设计总的原则和标准,依据既有的岩土工程勘察成果对基坑工程、暗挖工程、桩基工程、地基处理、边坡治理和地质灾害治理等拟定设计方案及处理方案,并初步确定相应的施工工法。

初步设计阶段是岩土工程设计的重要阶段,在总体设计所制定的设计原则和标准下,结合环境条件和勘察成果进一步深化和稳定岩土工程设计方案。对于基坑工程,要细化基坑支护、地下水控制和土方开挖方案,进一步评价环境影响及工程风险等;对于暗挖工程,应根据工程性质确定盾构选型、矿山法施工开挖方式、衬砌设计方案以及结构设计参数等;对于桩基工程,要稳定桩基选型及各项桩基设计参数,提出必要的试桩要求;对于地基处理、边坡治理和地质灾害治理等,要拟定处理或治理方案,提出相应的检测、监测要求,确保设计深度满足投资概算编制需求。

施工图设计阶段的岩土工程设计根据批准的初步设计进行编制，基坑工程、暗挖工程、桩基工程、地基处理、边坡治理和地质灾害治理等岩土工程设计深度要满足施工需求及投资预算要求。例如，对于基坑工程，要深化支护体系设计、细化地下水控制措施实施方案、细化基坑监测技术要求及标准、提出基坑施工环境保护要求及保护方案，落实基坑风险防范措施并编制基坑施工安全专项方案等。

3. 建设环境复杂、工程风险因素多

城市轨道工程建设大部分线路位于城市建成区，目前城区的敷设方式以地下线为主。以地铁车站基坑工程为例，常规地下站的长度约为 200 m，宽度在 20 m 左右，带配线车站的长度可达 350～500 m。车站通常设置于客流条件较好的城市道路交叉路口，这使得设计面临十分复杂的建设环境，需要处理各种类型的地下管线的迁改与保护、周边各类基础形式的建筑物的影响评价与保护、地下水控制、不良地质条件处治、道路交通导改等诸多问题。而且，线路的每个站点由于环境各异，面临的问题和风险也各不相同，自身风险和环境风险因素众多，综合评价风险程度较高。

以宁波轨道交通 7 号线工程为例，线路全长 39.47 km，共设车站 25 座，全部采用地下敷设方式。在初步设计阶段车站土建工程风险评估中，分部工程初始风险等级为Ⅰ级、Ⅱ级的重大工程风险共计 46 项，其中自身风险 43 项，环境风险 3 项。

此外，城市轨道交通工程中的岩土工程设计工作还有着设计管理程序复杂、技术要求高、技术接口多、设计变更多和服务周期长等显著特点。

第2章
勘察工作方法与各阶段重点问题

在早期,国内城市轨道交通工程建设并没有系统的行业规范标准,勘察技术要求和工作量的布置基本是参考其他行业经验。例如,明挖法地下车站基坑勘察的工作量布置参考当时的工业与民用建筑基坑工程的要求,盾构法隧道区间则是参考市政道路隧道的勘察标准。经过数十年的行业发展和工程实践,城市轨道交通工程岩土工程勘察在参考铁路工程、其他市政工程以及工业与民用建筑等工程勘察技术的基础上,结合行业特点,逐渐形成了目前较为成熟的习惯做法和行业标准,其勘察技术要求、工作量布置、原位测试及试验要求、勘察成果等都有着显著的行业特征,且城市轨道交通工程岩土工程勘察技术要求、难度及对专业配合度的要求通常也高于其他行业的勘察项目。

● 2.1 各阶段勘察目的与重点问题

根据《城市轨道交通岩土工程勘察规范》(GB 50307—2012)的规定,城市轨道交通岩土工程勘察可分为可行性研究勘察、初步勘察和详细勘察三个阶段。结合城市轨道交通行业特点,如遇异常情况或为解决设计、施工中特殊岩土工程问题,可进行施工勘察或专项勘察。其中,专项勘察根据需要解决的问题及要求,可以在规划、可行性研究和施工的各个阶段进行。

城市轨道交通岩土工程勘察与建设流程关系如图 2.1 所示,从图中可以看出城市轨道交通岩土工程勘察与一般市政、工业与民用建筑工程等勘察工作的差异,受报批等程序和投资额度的严格控制,建设规划阶段对线站位方案和工程方案研究有一定的稳定性和技术深度要求,需要有针对本期规划线路、车辆基地等工程的岩土工程勘察资料的支撑,防止后期场地问题导致线位、站场选址等出现颠覆性的变化。可行性研究阶段由于投资控制和工程实施方案稳定性要求,该阶段工作的精细度和完整性远超常规工程建设项目,因此对作为支撑的勘察资料的工作深度要求也相对较高。另外,按照目前的规范和行业惯例,可行

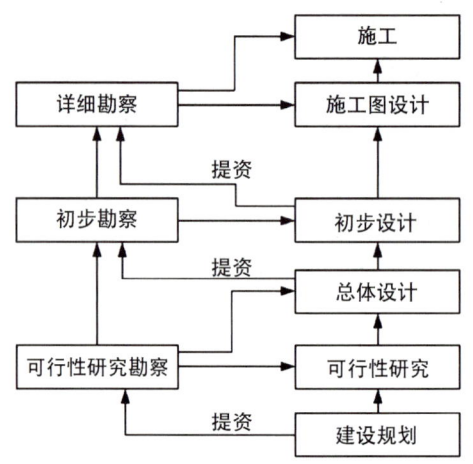

图 2.1 城市轨道交通岩土工程勘察与建设流程关系

性研究勘察成果不仅要为项目可行性研究提供支持,同时还要服务于总体设计,而且,总体设计成果是开展初步勘察工作的技术依据。然而,现有行业规范的要求受到既有勘察专业习惯和技术思维的局限,对各勘察阶段的重要性认知以及勘察成果的精度要求等方面,与城市轨道交通工程建设流程中各相应阶段对岩土工程勘察成果的真实需求,仍存在一定的差距和不足。

2.1.1 规划阶段勘察

城市轨道交通工程建设的规划阶段分为线网规划和建设规划两个阶段,线网规划是城市轨道交通建设的纲领性阶段。城市轨道交通线网规划的依据是城市总体规划和城市综合交通规划。对于勘察资料的要求,可参考行业标准《城乡规划工程地质勘察规范》(CJJ 57—2012)中总体规划勘察相关条文的规定。建设规划是以线网规划为基础提出的近期建设项目安排的实施性方案,由于涉及具体的线站位、敷设方式和投资控制要求,对勘察资料的要求可进一步细化,技术要求可参考上述规范中详细规划勘察的有关规定。对于重要区段,由于涉及线路的稳定和投资的可控性,勘察深度要求需适当提高,必要时也可进行专项岩土工程勘察及研究工作。

1. 总体规划勘察要求

《城乡规划工程地质勘察规范》(CJJ 57—2012)对总体规划勘察的技术要求为:

(1)搜集、整理和分析相关的已有资料、文献。

(2)调查地形地貌、地质构造、地层结构及地质年代、岩土的成因类型及特征等条件,划分工程地质单元。

(3)调查地下水的类型、埋藏条件、补给和排泄条件、动态规律、历史和近期最高水位,采取代表性的地表水和地下水试样进行水质分析。

（4）调查不良地质作用、地质灾害及特殊性岩土的成因、类型、分布等基本特征，分析对规划建设项目的潜在影响并提出防治建议。

（5）对地质构造复杂、抗震设防烈度6度及以上地区，分析地震后可能诱发的地质灾害。

（6）调查规划区场地的建设开发历史和使用情况。

（7）按评价单元对规划区进行场地的稳定性和工程建设的适宜性评价。

2. 详细规划勘察要求

《城乡规划工程地质勘察规范》（CJJ 57—2012）对详细规划勘察的技术要求为：

（1）搜集、整理和分析相关的已有资料。

（2）初步查明地形地貌、地质构造、地层结构及成因年代、岩土主要工程性质。

（3）初步查明不良地质作用和地质灾害的成因、类型、分布范围、发生条件，提出防治建议。

（4）初步查明特殊性岩土的类型、分布范围及工程地质特性。

（5）初步查明地下水的类型和埋藏条件，调查地表水情况和地下水位动态及其变化规律，评价地表水、地下水、土对建筑材料的腐蚀性。

（6）在抗震设防烈度6度及以上地区，评价场地和地基的地震效应。

（7）对各评价单元的场地稳定性和工程建设的适宜性作出工程地质评价。

（8）对规划方案和规划建设项目提出建议。

3. 城市轨道交通岩土工程勘察要求

由于城市轨道交通工程为线性工程，其线网规划和建设规划涉及的地质条件影响的范围及类型与城市建设规划有较大的不同，上述条文规定可参考执行。

在编制上海、浙江等地的地方标准过程中，笔者提出了增加城市轨道交通工程规划阶段勘察要求的设想，这一设想在宁波的城市轨道交通岩土工程勘察细则和浙江省工程建设标准《浙江省城市轨道交通岩土工程勘察规范》（DB33/T 1126—2016）中首次体现。该规范第5.2.1条规定：

规划勘察应对规划区域场地的稳定性和工程建设的适宜性进行评价，为规划、敷设方式及附属设施选址提供依据。

（1）调查规划区不良地质作用及特殊性岩土的成因、类型、分布等基本特征，分析对线网布设及敷设方式的潜在影响并提出防治建议。

（2）评价规划各线路场地在地震、不良地质作用影响下的稳定性，并结合地形地貌、区域水文、工程地质和水文地质、建设环境条件按线路单元划分评价工程建设适宜程度。

（3）根据区域工程地质条件并结合线网分布的特征及拟用的敷设方式，提供规划所需的区域地层资料及岩土技术参数,对影响线路敷设的因素进行分析评价,提出适宜的技术措施及合理的建议,为线网规划提供依据。

线网规划和建设规划阶段的勘察重点是建设场地的稳定性、工程建设的适宜性,以及调查和评价影响线路敷设方式和投资控制的不良地质作用、地质灾害发育区段、特殊性岩土分布等相关岩土问题。

2.1.2 可行性研究勘察

城市轨道交通工程可行性研究勘察与一般市政、工业与民用建筑工程的可行性研究勘察在技术要求的深度及范围上都有着较大差别。根据城市轨道交通工程建设流程及现行规范、行业习惯,该阶段的勘察成果不仅要作为可行性研究的依据,还需要满足后续总体设计阶段的技术需求,对后续土建技术方案和投资控制影响较大。要依靠有限的资料同时解决这两个阶段的需求与岩土工程问题,其技术难度与重要性明显高于后续勘察阶段。

为了同时满足总体设计阶段的技术需求,可行性研究勘察还应为线路敷设方式的适宜性、拟定工法的可行性与合理性及相关风险评价、防洪设计提供依据。对于重要区段,涉及线路稳定、工程投资控制的不良地质作用、特殊性岩土、地下水及地质灾害治理问题等,可进行专项岩土工程勘察工作。

可行性研究勘察工作的重点是研究影响线路方案、敷设方式、施工工法选择的不良地质作用、特殊性岩土及关键工程的工程地质、水文地质条件。

2.1.3 初步勘察

初步勘察的目的是在工程可行性研究勘察的基础上,初步查明工程沿线的工程地质和水文地质条件,并作出定量或定性评价,识别设计、施工中与地质条件相关的风险因素,针对不良地质和特殊地质提出治理措施建议,从而为初步设计提供充分的地质依据。同时,对拟定工法进行适用性分析,为工法稳定及存在的风险提供岩土工程评价及建议。

初步勘察是城市轨道交通岩土工程勘察中最关键的环节,初步勘察阶段要对地基的均匀性、稳定性及工程建设的适宜性作出评价,重点要解决本阶段设计所需的建设场地的地基条件,即影响线站位平面与纵断面布设、结构埋深、工法选择的各类不良地质及特殊性岩土问题,以及影响工程实施的地下水类型、赋存条件和重大环境影响因素等。所提供的勘察成果不仅要满足稳定施工方案的需求,还应识别设计、施工中与地质条件相关的风险因素,为风险工程设计提供依据。

2.1.4 详细勘察

详细勘察应在初步勘察的基础上,针对城市轨道交通各类工程的建筑类型、结构形式、埋置深度和施工方法等开展工作,查明各类工程场地工程地质和水文地质条件,并作出定量或定性评价,针对不良地质和特殊性岩土,提出合理的治理措施,以满足施工图设计、优化设计方案以及施工等各环节的需求,为监测和检测、风险管控等提供充分的地质依据。

对于基坑工程而言,重点是查明基坑开挖及围护结构范围内地层分布、有关不良地质情况及地下水性质,评价其对基坑施工可能产生的各种影响,并提出相应的防治和风险控制措施的建议,对岩土工程问题引起的相关风险进行提示。对于基岩地区,基坑不利的外倾结构面及软弱结构面的分布特点和结构面强度是工程安全的控制因素,应予以重点查明。此外,基岩地区地下水的分布受岩层构造和裂隙发育控制,赋存方式与沉积地层孔隙水存在本质的差别,这使得地下水的控制难度较大,勘察工作应结合地层特点予以查明,并提供切实可行的控制措施建议。

针对盾构法隧道,应重点查明影响盾构施工和运营的各类不良地质、特殊性岩土分布及承压水特性,分析评价其对工程设计、施工、运营可能产生的不利影响和潜在风险,并提出防治措施建议。其中,软硬不均地层的分布及影响、区间穿越可液化地层的评价及液化抗浮稳定性分析、有害气体分布及影响、盾构进出洞地层及相关风险、联络通道施工风险等,都是需要重点解决的岩土工程问题。

针对矿山法隧道,应重点查明隧道影响范围内的岩层结构及构造特征、风化程度及差异风化、软弱结构面的产状组合及结构面强度,以及断裂构造和破碎带的位置、规模、产状和力学属性。同时,要查明基岩裂隙水、岩溶水的赋存条件及储水构造等,分析隧道开挖、地下水处理、围岩加固及初期支护等可能出现的岩土工程问题及相关风险,并提出防治措施建议。

对于高架车站及区间,应重点查明影响墩台基础与桩基础设计方案的地层分布特征及各类不良地质作用和特殊性岩土,分析其对墩台基础和桩基础的危害程度及稳定性影响,并提出关于防治措施的建议。结合墩台、桩基设计方案及场地工程地质条件,对桩型选择、桩基沉降和差异变形等问题进行论证与评价,分析桩基础施工过程中可能存在的岩土工程问题及相关风险,评价桩基施工对周边环境的影响,并提出关于处理措施的建议。

2.1.5 专项勘察与施工勘察

1. 专项勘察

专项勘察在城市轨道交通工程领域的需求比较突出。早在上海地区规范修编时,笔者便在行业内率先提出常规勘察难以针对性解决的技术问题,或者需要综合多行业技术标准、收费标准的非常规勘察要求可以通过专项勘察工作的形式来满足。这一理念后来被行业国家标准和许多地方标准引用推广。在笔者参与主编的宁波市地方标准和浙江省标准中,也首次将专项勘察列为独立章节。

目前,行业内常见的专项勘察工作通常包括采空区专项勘察、岩溶问题专项勘察、冻结法专项勘察、水文地质专项勘察、浅层气专项勘察、特殊土或不良地质问题专项勘察、污染场地专项勘察,以及其他影响工程建设安全或存在岩土风险隐患的专项勘察、调查工作。

根据工作需求,专项勘察可以安排在工程建设的各个阶段。例如,当涉及场地稳定性及建设适宜性问题时,在建设规划或可行性研究阶段场段选址时,对采空区问题、边坡稳定性问题等可以进行专项勘察工作,工作深度要满足相应阶段的技术需求。以济南市为例,泉水保护问题引发各方争议,导致城市轨道交通线网方案无法有效落地,因此,在线网规划阶段便对规划全域范围进行了针对性的专项勘察工作,从而为线网规划的顺利推进奠定了基础。一般而言,涉及场地稳定问题、线站位稳定或影响场段选址等专项勘察工作,大多安排在工程的前期阶段;而影响具体工程方案或解决阶段设计需求的专项勘察工作,如岩溶问题专项勘察、冷冻法专项勘察、水文地质专项勘察等,通常会根据工作进展安排在初勘和详勘阶段进行。

专项勘察旨在解决建设过程中专项的岩土工程或建设环境问题,重点是采取针对性的勘察手段或调查措施以满足工作需要,以对具体的岩土工程或建设环境问题进行分析评价,提供所需岩土参数,并提出工程处理措施的建议,从而为制定相应的技术方案或合理的应对措施提供充足的技术支撑。

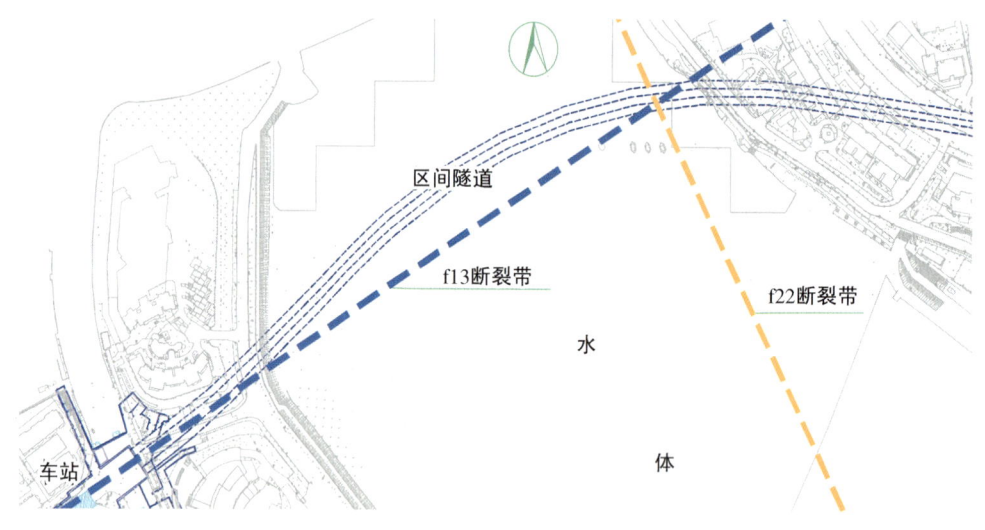

图 2.2 某城市轨道交通线路区间与断裂带构造平面关系图

某城市轨道交通线路规划及可行性研究阶段,结合站点进行了常规的岩土工程勘察及地质调查工作。区间穿越两条断裂带的交汇处,且与下穿江底风险叠加,线位方案对断裂带的影响因素和后期可能的风险却没有引起足够重视,未及时进行相关的专项勘察工作。

初勘阶段揭示地层受断层构造影响,岩体较破碎、透水性强、差异风化明显、地层软硬不均等问题突出,对盾构法施工有较大的不利影响。详勘阶段揭示地层异常复杂,由于换乘节点已锚固,局部线路平面基本已无调整余地。这些都使得后期施工遭遇巨大困难,从而导致工期严重滞后。线路区间与断裂带构造平面关系如图 2.2 所示,线路区间断裂带发育区地质纵断面如图 2.3 所示。

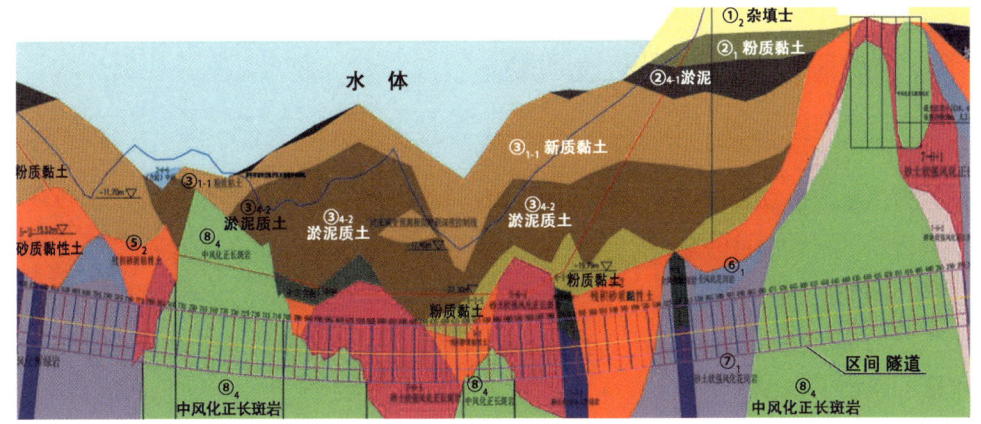

图 2.3　某城市轨道交通线路区间断裂带发育区地质纵断面图

2. 施工勘察

施工勘察并不是严格意义上的一个勘察阶段,尽管许多标准和规范将施工勘察与可行性研究勘察、初步勘察、详细勘察并列,但事实上它们并不存在技术上的递进关系。从实施的条件来看,施工勘察通常是在施工阶段(施工开始前或施工进行中),根据工程实际需求进行:

(1)当施工方案、施工工法有较大调整或变更,或采用新技术、新工艺、新方法、新材料,而详细勘察资料不能满足要求时。

(2)基坑或隧道施工过程中出现桩(墙)变形过大、基坑隆起、涌水、坍塌、失稳等岩土工程问题,或者发生地面沉降过大、地面坍塌、相邻建筑开裂等工程环境问题时。

(3)因工程事故或其他原因,导致地基土性质、水文地质条件、建设环境等发生较大改变时。

(4)因大面积换填、围堰施工、地基加固等地基土性质发生改变时。

(5)其他需要配合施工方案实施进行的勘察工作。

施工勘察应根据施工需要、地质条件和遇到的岩土工程问题,有针对性地选择勘察方法和手段,对于因工程施工险情或事故处理需要进行的施工勘察,应采取多手段验证,优先采用原位测试方式,尽可能降低对现场环境的影响,并进行不同状态及边界条件下的分析评价,提出治理或处理措施的建议。

施工阶段的补充勘察与施工勘察有一定的差别。通常意义上,进行补充勘察是由于施工场地所揭示的地质条件与勘察成果不符、发现异常地质体,或者工程范围发生了变化,需要进一步验证或查明场地的地质条件,以满足设计、施工或工程变更的需求。一般来说,补充勘察可作为详细勘察工作服务和责任的延伸。

2.2 各阶段勘察工作量布置问题

勘察工作量的布置是岩土工程勘察工作的核心问题,也是勘察工作费用计算的基本依据。勘察工作量布置的目的是以合理的工作量来查明建设场地的工程地质和水文地质条件,通过原位测试、土工试验等取得必需的技术参数和岩土信息,从而满足设计、施工的技术需求。在满足上述要求的前提下,每个勘察阶段都应尽可能做到工作量与本阶段技术需求的平衡。合理的勘察工作量布置不仅能够有效提升勘察工作效率、降低整体勘察成本,还可以将勘察作业对自然环境的影响降到最低。这既符合可持续发展的需求,也降低了因勘察作业带来的后续工程实施阶段的风险。

2.2.1 规划及可行性研究阶段

1. 规划阶段

《城市轨道交通岩土工程勘察规范》(GB 50307—2012)并未涉及规划阶段的勘察问题,勘察技术要求及要点可以参考行业标准《城乡规划工程地质勘察规范》(CJJ 57—2012),但城市轨道交通工程的规划阶段的基础条件与城乡规划又有着显著的差别。城乡规划阶段的勘察作业基本处于新建场地或未系统开发区域,一般缺乏区域的地质资料和较系统的建设经验;而城市轨道交通工程规划阶段的勘察作业基本是处于城市建成区,有着较丰富的区域地质资料和建设经验。因此,本阶段勘察工作的实施,可以根据规划阶段的具体需求并结合规划所在区域的资料收集情况进行。

线网规划阶段以区域资料收集为主,以线路单元及换乘节点为控制对象,结合地貌单元及代表性地质单元展开资料收集和研究工作。对于重要交通枢纽、不良地质作用发育区,应有勘察资料。若不满足要求,可结合工程地质调查并布置适当的勘察工作量。

建设规划阶段以线路为单元结合站点进行资料的收集工作,平面间距可控制在 1 km 左右,各站点均宜有邻近场区的勘察资料。对于重要站点、交通枢纽、场段选址,以及影响线路敷设方式和投资控制的不良地质作用与地质灾害发育区段,应有勘察资料作为支撑。必要时,可结合工程地质调查,布置适量的勘察工作量。对于线路端点处于城市新建区的情况,可在站点或场段位置布置勘探点予以查明。

规划阶段勘探孔的深度布置,第四系地层不宜小于 50 m,其他地区上述深度遇稳定基岩时,进入深度应不少于 5 m。收集利用资料的勘探孔深度不宜小于规划线路的可能敷设深度或场地评价要求,且距离规划线路不宜大于 100 m,同时应处于相同地貌和地质单元。

2. 可行性研究阶段

《城市轨道交通岩土工程勘察规范》(GB 50307—2012)和各地方标准对本阶段的技术要求差异不大,间距基本以 1 km 进行控制,每个站点都应有勘探点,在地质条件复杂地段应加密勘探点。考虑到该阶段勘察成果还要为总体设计提供技术支撑,上海地区规范结合区域地层沉积较稳定的情况,在勘察工作量布置中,对可行性研究阶段的勘察要求进行了适当加强,要求勘探孔间距不宜大于 500 m,每个拟设站点不应少于 1 个勘探孔;工程沿线每个工程地质单元或地貌单元均应不少于 1 个勘探孔控制。在收集利用资料时,距离拟建线路中心线不宜大于 50 m。勘探孔深度不宜小于 50 m,且应穿越浅部软土层进入中低压缩性土层。

为降低可行性研究阶段的投资估算风险,同时提高总体设计阶段岩土勘察成果技术支撑的可靠度,防止后期线路纵断面和土建方案因地质条件影响出现过大变动,可行性研究阶段勘察对于枢纽车站、重要换乘站点、规模较大的配线车站,可布置不少于 2 个勘探孔。在地质条件复杂地段,可根据实际情况适当增加勘察工作量,每个工程地质单元或地貌单元均宜布置不少于 2 个勘探孔进行控制。

2.2.2 场地与地基的复杂程度问题

城市轨道交通工程作为线性工程,其主体结构的平面展布特征显著。建设场地基本位于城市建成区,为满足客流需求,车站多设置在主要城市道路的交叉路口,区间工程也基本位于城市道路的下方。除满足功能需求外,建设环境条件的特点及相关限制,也决定了城市轨道交通工程的勘察工作量的平面布置有着显著的行业特点。

《城市轨道交通岩土工程勘察规范》(GB 50307—2012)参考了《岩土工程勘察规范》(GB 50021—2001)的技术思路,先根据复杂程度进行场地分级,再根据复杂程度决定工作量的布置。然而,这二者有着较大的区别,场地的复杂程度与地基的复杂程度是两个层次的定义。

《岩土工程勘察规范》(GB 50021—2001)中,初勘、详勘的勘察工作平面布置均是按照地基复杂程度等级划分为基本依据,根据第 3.1.3 条的规定:

(1) 符合下列条件之一者为一级地基(复杂地基)。

① 岩土种类多,很不均匀,性质变化大,需特殊处理;

② 严重湿陷、膨胀、盐渍、污染的特殊性岩土,以及其他情况复杂,需做专门处理的

岩土。

(2) 符合下列条件之一者为二级地基(中等复杂地基)。

① 岩土种类较多,不均匀性质变化较大;

② 除本条第1款规定以外的特殊性岩土。

(3) 符合下列条件者为三级地基(简单地基)。

① 岩土种类单一,均匀,性质变化不大;

② 无特殊性岩土。

《城市轨道交通岩土工程勘察规范》(GB 50307—2012)中,详勘阶段的勘察工作平面布置是按照场地的复杂程度划分为基本依据,根据第3.0.8条的规定:

(1) 符合下列条件之一者为一级场地(或复杂场地)。

① 地形地貌复杂;

② 建筑抗震危险和不利地段;

③ 不良地质作用强烈发育;

④ 特殊性岩土需要专门处理;

⑤ 地基、围岩或边坡的岩土性质较差;

⑥ 地下水对工程的影响较大,需要专门研究和处理。

(2) 符合下列条件之一者为二级场地(或中等复杂场地)。

① 地形地貌较复杂;

② 建筑抗震一般地段;

③ 不良地质作用一般发育;

④ 特殊性岩土不需要专门处理;

⑤ 地基、围岩或边坡的岩土性质一般;

⑥ 地下水对工程的影响较小。

(3) 符合下列条件者为三级场地(或简单场地)。

① 地形地貌简单;

② 建筑抗震设防烈度小于或等于6度或对建筑抗震有利地段;

③ 不良地质作用不发育;

④ 地基、围岩或边坡的岩土性质较好;

⑤ 地下水对工程无影响。

《城市轨道交通岩土工程勘察规范》(GB 50307—2012)中,关于采用场地复杂程度作为详细勘察孔间距的布置依据有多处值得商榷,尤其是复杂场地的判定条件及相关因素:

(1) 地形地貌复杂。地形地貌是地表起伏的外在形态,受地球的内、外力作用或人工活动作用影响形成。作为一种外在表现形态,其复杂程度与地质条件或地基土的复杂程度无必然因果关系,可以通过地质调查、测绘来查清其对工程建设的影响,勘探点的孔距和工作量与查明其复杂程度没有对应的关系。

(2) 建筑抗震危险和不利地段。根据场地的抗震条件划分来确定勘探点的孔距,其逻辑关系并不充分。《建筑抗震设计标准》(GB/T 50011—2010)根据地质、地形和地貌条件对场地条件进行分类,分为建筑抗震有利地段、一般地段、不利地段和危险地段(表 2.1)。

表 2.1 建筑抗震有利、一般、不利和危险地段的划分

地段类别	地质、地形、地貌
有利地段	稳定基岩,坚硬土,开阔、平坦、密实、均匀的中硬土等
一般地段	不属于有利、不利和危险的地段
不利地段	软弱土,液化土,条状突出的山嘴,高耸孤立的山丘,陡坡,陡坎,河岸和边坡的边缘,平面分布上成因、岩性、状态明显不均匀的土层(含故河道、疏松的断层破碎带、暗埋的塘浜沟谷和半填半挖地基),高含水量的可塑黄土,地表存在结构性裂缝等
危险地段	地震时可能发生滑坡、崩塌、地陷、地裂、泥石流等及发震断裂带上可能发生地表错位的部分

首先,把不利地段与危险地段作为一个量级来判定场地的复杂程度,缺乏理论支撑和实践依据,二者在危害程度、应对措施和处理方案上都有着原则性差别。《城市轨道交通结构抗震设计规范》(GB 50909—2014)规定:在城市轨道交通网络中占据关键地位、承担交通量大的大跨度桥梁和车站的主体结构属特殊设防类;除特殊设防类以外的高架区间结构、高架车站主体结构、区间隧道结构和地下车站的主体结构属重点设防类。从上述规定来看,城市轨道交通工程主体结构均为重点设防类及以上级别(甲、乙类),根据《建筑与市政工程抗震通用规范》(GB 55002—2021):对不利地段,应提出避开要求,当无法避开时,应采取有效的措施;对危险地段,严禁建造甲、乙类的建筑。

其次,上述建筑抗震设计标准的相关规定适用于绝大多数建于地表的建(构)筑物,城市轨道交通工程特别是地下结构直接采用该标准作为场地划分的依据,与工程实际存在一定不符。不利地段划分中对软弱土、液化土没有量化定义,实际操作中只要存在液化土层或软土层均判定为不利地段,而并没有考虑这些土层的厚度、与地下结构的空间关系及影响程度。有些液化土层或软弱土层分布在地下结构上方,对地下结构的抗震设计无任何不良影响,场地却因被划分为不利地段而判定为复杂场地,勘察工作量布置中采用加密勘探点的方式缺乏相关的技术需求和必要性。

(3) 不良地质作用强烈发育。根据《岩土工程勘察规范》(GB 50021—2001)的相关章节,不良地质和地质灾害是指岩溶、滑坡、危岩和崩塌、泥石流、采空区、地面沉降、地震效应、活动断裂;《城市轨道交通岩土工程勘察规范》(GB 50307—2012)中,不良地质主要指采空区、岩溶、地裂缝、地面沉降、有害气体等。针对城市轨道交通工程涉及的选址问题,对于

滑坡、危岩和崩塌、泥石流、采空区、地面沉降、地裂缝、活动断裂等地质情况均应在规划和可行性研究阶段进行专项勘察,可能需要采取钻探、物探、地质调查等综合手段予以查明,难以具体规定和控制勘探点的孔距。初勘和详勘阶段主要涉及岩溶、有害气体、地震作用。岩溶、有害气体强烈发育区段地基条件复杂,可以采用调整勘探点间距的方式予以查明,地裂缝分布及发育区局部也需要加密勘探点以查明其影响,地震效应评价无论是地段划分还是液化评判,与勘探点的间距布置并不是十分密切。

(4) 特殊性岩土需要专门处理。当在工程中遇到软土、膨胀岩土、湿陷性土或填土等特殊性土时,如果土层分布和土质变化较大,则需通过加密勘探点的方式予以查明;如果土层分布和土质相对较均,即使土质不满足工程要求,需要采取专门处理措施,若正常孔距可以满足查清其分布和性质的要求,则按复杂地基条件加密勘探点的必要性并不大。强风化岩、全风化岩与残积土的分布及性质与原岩性质、风化程度及环境等因素相关,其性质变化较大处需加密勘探点予以查明。

(5) 地基、围岩或边坡的岩土性质较差。岩土性质是指岩土体物理力学性质和工程特性,与场地的复杂程度和地基的均匀性不存在必然联系。岩土工程师通过各类的测试和试验参数来判定地基、围岩或边坡的岩土性质,只有分布状态和均匀性存在较大变化时,才需要加密勘探点予以查明。

(6) 地下水对工程的影响较大,需要进行专门的研究和治理。城市轨道交通工程遇到的地下水主要为孔隙水、基岩裂隙水和岩溶水,当基岩裂隙水、岩溶水、风化层孔隙水等赋存条件复杂且对工程的影响较大时,需加密勘探点予以查明,必要时可配合物探等综合手段。对于第四系沉积地层赋存的孔隙水,含水层边界变化较大时,局部需加密勘探点予以查明。当含水层分布相对稳定但对工程的影响较大需要进行专门的研究和治理时,可采取专项水文地质试验或进行水文地质专项勘察,以查明含水层的性质及对工程的影响程度,并不直接与正常勘探孔距相关。

场地级划分相比地基级划分作为施工图设计支撑的详细勘察的工作依据,显得过于粗放。初步勘察阶段与详细勘察阶段主要解决地基的稳定性、均匀性、强度和变形特征等问题,用地基的复杂程度判定作为平面孔距布置的依据更符合工程实际情况,但作为线性工程,每个工点可能跨越不同的地貌、地质单元和抗震分区,又涉及场地问题,因此,依据行业特点,综合考虑地基的复杂程度,并结合场地复杂程度,综合作为勘察孔距布置的依据是解决线性工程勘察工作量布置较为合适的方法。可行性研究及前期阶段的勘察工作以解决场地问题为主,可以主要依据场地复杂程度划分,其他阶段则是重点以地基复杂程度为工作量布置依据。根据多条城市轨道交通建设场地的勘察经验,多数情况下可划分为中等复杂地基。同时,场地是较为宏观的概念,在线性工程判断中,可采用中等复杂场地但局部复杂的概念,结合地基的复杂程度合理布置勘察工作量,这样既可以遵守现行规范,又能避免浪费大量的野外工作量。

2.2.3 初步勘察、详细勘察阶段

1. 地下车站的勘察工作量平面布置

基坑工程勘察的重点部位是基坑范围内外对支护结构和地下水控制有影响的地基土层和周边环境,受场地建设环境条件的限制,地下车站的勘察工作通常采取勘察与工程地质调查、环境调查相结合的方式来完成。工程地质调查的范围一般不小于车站外侧 200 m,需调查工程场地的地形地貌、地层岩性、地质构造、工程地质条件、水文地质条件、不良地质和特殊性岩土等。重点调查的范围为开挖边界外 2~3 倍基坑开挖深度,包括岩土性质的可能变化情况、周边建(构)筑物性质及结构特点、不良地质条件及影响、相邻场地的工程建设经验等。若环境特别复杂或坑外存在斜坡、外倾结构面、构造破碎带等影响基坑安全的情况,应进行专项调查或勘察工作。

为避免勘察孔对后期施工造成不利影响,应尽可能避免勘探点进入结构轮廓线。由于初勘阶段线站位设计方案均存在不稳定性,早期上海地区规定,初勘阶段车站勘探点宜布置在结构轮廓线外侧 3~5 m 的范围内;详勘阶段由于设计方案基本稳定,勘探点应布置在结构轮廓线外侧 2~3 m 范围内,且尽可能避开围护桩、地下连续墙等支护结构的施工位置,各阶段的勘察孔均应采取有效的封孔措施。由于现场操作有一定难度,后来规范在修订时取消了对初勘阶段对孔位布置的限制,统一按沿结构轮廓线外侧布置。在国家标准和行业标准中,初勘、详勘阶段统一规定车站勘探点宜沿结构轮廓线布置,在高承压水分布地区,由于站位调整,初勘阶段勘探点进入结构轮廓范围内造成风险隐患的可能性大大增加;同时由于缺乏具体限制条文,勘探点实施时可能偏离过大,这也不利于勘察成果下阶段的衔接与利用。因此,应充分注意车站初步勘察阶段勘探点孔位的布置及封孔问题,同时详勘阶段的孔位布置宜控制在结构轮廓线外侧一定范围,并尽可能避开支护结构施工位置。

城市轨道交通车站基坑的勘探点平面布置间距最早是参考桩基工程勘察的要求,详细勘察阶段控制在 20~35 m,当地基土层变化较大时,可适当加密。早期上海建设地下车站的标准站台宽度一般为 8 m,车站基坑的标准段宽度通常不大于 20 m。详细勘察阶段的平面布置采用端头工作井设置横剖面,两端各对称布置 1 组勘探点,中间采用"之"字形交错布置,对超过 20 m 宽度的基坑,则采用平面两侧对称双排布置勘探点。随着经济的发展和城市人口的增加,8 m 宽的站台在很多情况下已不足以应对高峰时段的客流量,并不满足乘客对舒适度的要求。后续建设的线路站台宽度有了较大的提升,基坑宽度一般也超过了 20 m,勘察的平面布置采用两端工作井端头各布置 1 组勘探点,中间段一般采用两侧双排对称布置勘探点。

随着多线换乘车站规模的增加,包括多岛设置的车站、运营需求设置的越行车站等,出

现了车站基坑宽度大于 30 m 的情况。为满足基坑工程和桩基设计的要求,中间增加 1 排勘探点,形成 3 排平行布置。在高承压水地区,进入基坑范围的勘探点封孔质量问题成为风险控制的关键因素。

对于基坑宽度不超过 20 m 的出入口及其他附属结构,在大部分情况下,还是采取"之"字形交错布置。

初步勘察阶段处于场地问题和地基问题的过渡和衔接阶段,既要细化完成场地稳定性与建设适宜性的评价,又要初步查明地基的问题,并提供设计所需的各类地基设计参数,对勘察精度的要求进一步提高。根据《城市轨道交通岩土工程勘察规范》(GB 50307—2012),每个车站勘探点的数量不宜少于 4 个,且勘探点间距不宜大于 100 m,标准车站一般布置 4个勘探点,带配线车站一般布置 6 个勘探点。许多项目采用详细勘察一次性布置工作量,抽取 1/3 的控制性孔作为初勘工作量,对于站位和平面方案相对稳定的车站或枢纽等重要车站,初步勘察阶段可以选择适当增加勘察工作量,但大多数的车站站位及平面方案在初步设计阶段尚不太稳定,过多的工作量不仅可能出现后期因为站位偏移而成果无法利用的情况,车站的方案变动还可能导致大量初勘阶段勘探点进入结构轮廓范围,为后期施工留下安全隐患。在满足规范最低工作量但难以保证成果精度和参数统计可靠性的情况下,可根据地质单元划分或其他统计分区要求,适当增加部分工作量。某带配线车站初勘阶段工作量平面布置如图 2.4 所示。

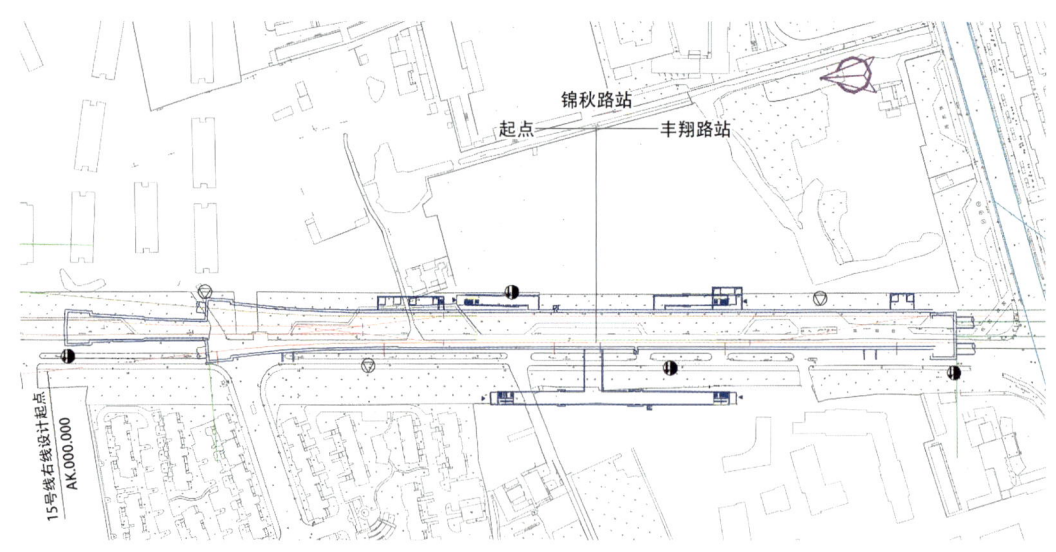

图 2.4　某带配线车站初勘阶段工作量平面布置图

2. 地下区间的勘察工作量平面布置

早期上海地区城市轨道交通地下区间勘察工作量的平面布置是参考市政隧道的勘察规定执行的,均是参考天然地基勘察对勘探点平面间距的规定。在初步勘察阶段,勘探点间距为 100～200 m，要求布置在隧道外侧 6～10 m 范围内，并尽可能降低后期由于线位调整勘探点进入结构轮廓的风险。详细勘察阶段平面位置控制在隧道外侧 3～5 m 范围内，水域勘探点进入结构轮廓带来的施工风险更大，规定水域依然控制在隧道外侧 6～10 m 范围内。规范修编时为便于操作，初步勘察阶段修改为勘探孔应在隧道边线外侧小于或等于 10 m 的范围内交错布置，孔位应尽量避开结构线可能调整的范围。详细勘察阶段的孔距考虑到以中等复杂场地的天然地基的要求为参考，孔距不超过 50 m，水域不超过 45 m，均采用孔间距约束加投影距限制，要求当遇地层变化较大或条件复杂时加密勘探点。

对于单洞单线的隧道，直径可能相对较小，而对于单洞双线的隧道，直径则会更大一些。最初的区间采用的隧道外径一般在 6.0 m 左右，为控制平面精度，详细勘察阶段平面规定了两侧交错布置，适用于上行、下行隧道中心距不超过 3D（D 为隧道外径）的情况，若超过 3D 则需单独布置工作量，后来出现了采用直径超过 10.0 m 的区间隧道，原规定显然不能满足控制地层精度要求，规范修订时改为当上行、下行隧道内净距离大于或等于 15 m，或者隧道外边线总宽度大于或等于 40 m 时宜按单线分别布置勘探孔。同时水域段勘探孔间距调整为 30～40 m。

《城市轨道交通岩土工程勘察规范》(GB 50307—2012)无上述细节要求，浙江、江苏、云南等地方标准均作了相近的规定，实际工作中可参考执行，以确保勘察成果精度并规避相关风险。

3. 高架车站及区间的勘察工作量平面布置

上海早期高架车站及区间的勘察工作量平面布置主要参考桥梁工程的要求，车站按场区柱网桩基要求控制，区间根据跨距参考桥梁工程的大桥、中桥、小桥的规定，标准跨一般在 30.0 m 左右，详细勘察时每跨布置一个勘探点，跨距大时适当增加勘探点。但在后期执行过程中遇到许多问题，如城市轨道交通的高架区间结构宽度远小于市政桥梁，非标跨距墩位的勘探孔数量参考市政桥梁的规定明显不合适，因此规范修订时修改为：车站勘探孔按柱网或结构线布置，间距宜为 20～35 m。区间勘探孔宜布置于拟设墩台位置，应逐跨布置勘探孔；当上行、下行线墩台轴线距离大于 20 m 时，宜每墩布置勘探孔；跨径大于或等于 100 m 的，每墩位不宜少于 2 个勘探孔，地基条件复杂时可适当增加勘探点数量。这样，既避免了大跨径墩台勘探孔数量的争议，同时也考虑了本地区的地层沉积特点，对于较大跨径，能满足墩台不均匀变形验算的需求。

《城市轨道交通岩土工程勘察规范》(GB 50307—2012)对高架车站要求原则基本与上海规范相同，勘探点间距宜为 15～35 m；区间要求逐墩布置，地质条件简单时可适当减少勘探点；地质条件复杂且跨度较大时，可根据需要增加勘探点。对于沉积相对稳定的地区，标准段上行、下行线即使采用分离墩台设计，考虑到用地和景观要求，墩台外包范围通常也不大，逐墩的布孔要求偏严格，可以逐跨沿墩台交错布置；当上行、下行线墩台地层变化较大或分离一定距离时,可以逐墩布置。某高架区间详勘逐跨沿墩台交错布置如图 2.5 所示。

图 2.5　某高架区间详勘逐跨沿墩台交错布置图

2.2.4　勘探孔的深度问题

勘察工作量布置的另一个重要工作就是确定合理的勘探孔深度,通过收集场地地质条件资料和分析工程建设需求,根据设计技术要求、相关规范标准的规定,结合建(构)筑物基础类型及荷载、场地地层条件等综合因素确定勘探孔深度方案。

规划和可行性研究阶段根据可能的敷设方式和满足场地稳定性、适宜性评价的需要,第四系松散沉积层地区通常以 50 m 深度控制,基岩地区如在上述深度范围内遇稳定岩层则进入一定深度,并同时满足可能的敷设方式需求,在可行性研究阶段需进行地震安全性专项评价时,勘探孔一般需要揭露场地覆盖层厚度并进入稳定基岩一定深度,在深厚第四系地层地区基本需要 100 m 的钻孔深度。

初步勘察、详细勘察阶段的孔深布置的主要依据是地基土性质及设计方案需求。地下车站孔深应满足车站结构、基坑工程、抗浮等设计的需要。除存在特殊性岩土或其他不良地质体需要进行地基处理外,车站本身结构一般采用天然地基,由于影响深度有限,主要根据基坑支护结构设计、地下水控制设计、立柱桩和抗浮桩设计等要求控制孔深。

根据行业标准《建筑基坑支护技术规程》(JGJ 120—2012)的有关规定,基坑周边勘探孔的深度不宜小于基坑深度的 2 倍;基坑面以下存在软弱土层或承压含水层时,勘探孔深度应穿过软弱土层或承压含水层。上述规定明确了孔深宜大于或等于 $2H$(H 为基坑深度),基坑底或拟设的支护结构底部存在软弱土层,支护结构插入比往往会大于 1,加上稳定验算的要求,软土地区支护结构需要的孔深可能会达到 $2.5H$。当场地下部存在承压含水层,需要满足止水隔断或悬挂式帷幕设计要求时,孔深通常还要增加。因地基土的差异和设计习惯做法,立柱桩、抗浮桩的设计在各地差别较大,软土地区考虑基底土层卸载回弹对支撑立柱桩稳定性的影响,目前采用的桩端埋置一般都大于支护结构深度,在地下车站的勘察中往往是立柱桩起到控制性要求。上海地区的规范中对于地下车站、风井基坑孔深要求是不宜小于 2.5 倍开挖深度,且满足基础设计要求。

初勘阶段的依据是总体设计阶段成果,敷设方式、断面埋深等已有初步的方案,《城市轨道交通岩土工程勘察规范》(GB 50307—2012)对初勘阶段的勘察要求为:控制性勘探孔进入结构底板以下不应小于 30 m,一般性勘探孔进入结构底板以下不应小于 20 m,并对遇基岩、风化地层作了规定。初勘阶段主要需控制地层,一般布置 4~6 个勘探点,基本在场地内均匀布置,区分一般性钻孔和控制性钻孔意义不大,孔深可结合详勘阶段关于控制性孔深的规定,根据敷设断面、结构特点及设计技术要求,适当考虑设计方案的可能调整因素。初勘阶段全部采用控制性孔,可满足初步设计和后续阶段的孔深要求,也能保证勘察成果在下阶段的充分利用。鉴于软土地区绝大多数车站基坑的孔深控制性因素已经不再是支护结构,上海的地区规范进行修编,与建筑工程保持一致,取消了车站控制性孔与一般性孔的孔深差别,但对于立柱桩有变形验算要求的基坑,根据设计需求还是需要布置一定量的控制性孔。某城市轨道交通线路总体设计阶段线路纵断图(局部)如图 2.6 所示。

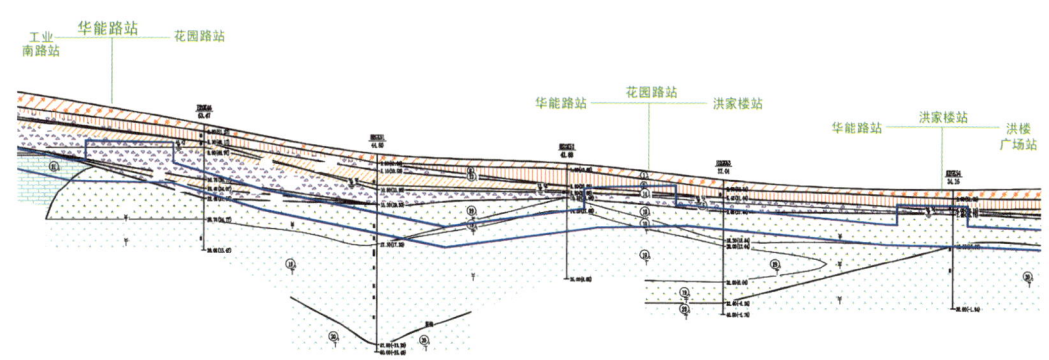

图 2.6 某城市轨道交通线路总体设计阶段线路纵断图(局部)

高架车站与区间初勘阶段为初步查明桩、墩可能的持力层分布与性质,以及满足持力层比选的需求,孔深一般均按控制性孔布置。详勘阶段如果采用逐跨布置,当沿线地层分布有较大变化时,每个墩台或桩基下卧层可能会有差别,为满足桩基沉降及墩台差异沉降验算的需求,宜全部采用控制性孔。当地层相对均匀或分离墩采用逐墩布孔时,可以采用一般勘探孔与控制性孔相结合的方式。

盾构法地下区间的勘察孔深度,最早是参考市政道路隧道工程的经验,同时考虑隧道工程采用天然地基的特点,并根据设计、施工、运营所影响的地基土范围及面临的岩土工程问题需求进行确定的。上海规范规定一般性孔至隧道底 1D(D 为隧道外径)的深度,控制性孔至隧道底 1.5D 的深度,对于市政工程建设早期,地下工程线路建设条件相对简单,穿越的断面相对较稳定,上述孔深规定完全可以满足工程需求。随着城市建设的发展,地下工程的建设环境越来越复杂,各类地下障碍物及管线对区间线路的敷设断面影响越来越大,线路断面在各设计阶段均可能面临因各类环境因素而调整的问题,为防止孔深出现不足的情况,后来规范修订时对孔深的要求适当加大,一般性孔至隧道底 1.5D 的深度,控制性孔至隧道底 2.5D 的深度,初勘阶段均按照控制性孔深度要求。对于正常的城市轨道交通工程,基本可以涵盖区间断面可能调整的范围,并满足设计、施工、运营及各阶段风险管理需求。

《城市轨道交通岩土工程勘察规范》(GB 50307—2012)在初勘阶段对地下工程孔深的规定没有区分车站和区间,而统一规定为控制性孔进入结构底板以下不应小于 30 m,一般性孔进入结构底板以下不应小于 20 m,对勘察深度范围内遇岩层、风化层及岩溶破碎带作了相关规定。详勘阶段对区间工程规定,控制性勘探孔进入结构底板以下不应小于 3 倍隧道直径(宽度)、进入结构底板以下中风化或微风化岩石不应小于 5 m,一般性勘探孔进入结构底板以下不小于 2 倍隧道直径(宽度)、进入结构底板以下中风化或微风化岩石不应小于 3 m。从上述规定可以看出,对于正常的盾构法隧道,详勘阶段的控制性孔深度甚至不能满足初勘阶段一般性孔的要求,显然两阶段的规定存在协调性问题,根据条文解释是为满足方案的调整和初勘钻孔的后期可利用性确定的。事实上,正常的城市轨道交通工程站点的间距通常在 1 km 左右,区间最大纵坡一般控制在 28‰(极限为 30‰),即使原设计纵坡为 10‰以内,为避让新发现的障碍物,两侧均调整到 28‰,若最低点位于两站中间,调整幅度也不大于 10 m,相当于 1.5D 的深度,加上隧道影响的地基范围 1D,隧道底 2.5D 的深度完全可以满足各阶段对孔深的需求,且这种大幅度调整断面的情况也极少出现,盾构法隧道区间初勘阶段孔深完全可以遵照详勘阶段的控制性孔及一般性孔的规定执行。目前,行业内区间勘察较通行的做法就是按详勘的控制性孔的比例和孔深来进行初勘工作。

对于区间隧道工程,在初勘和详勘阶段都可以采用依据隧道直径(宽度)控制的基底下的勘察深度,比较符合工程实际,遇到稳定岩层可适当减少孔深要求,若不结合地层条件和设计需求,生硬套用规范的某些规定,不仅对设计施工无任何有利作用,反而会带来工程隐患。过大的孔深可能会穿透良好的隔水层或导通基岩含水带等,给后续施工和运营带来次生风险,并可能引起环境问题。某城市轨道交通线路勘察孔深与隧道纵断面关系(局部)如图 2.7 所示。

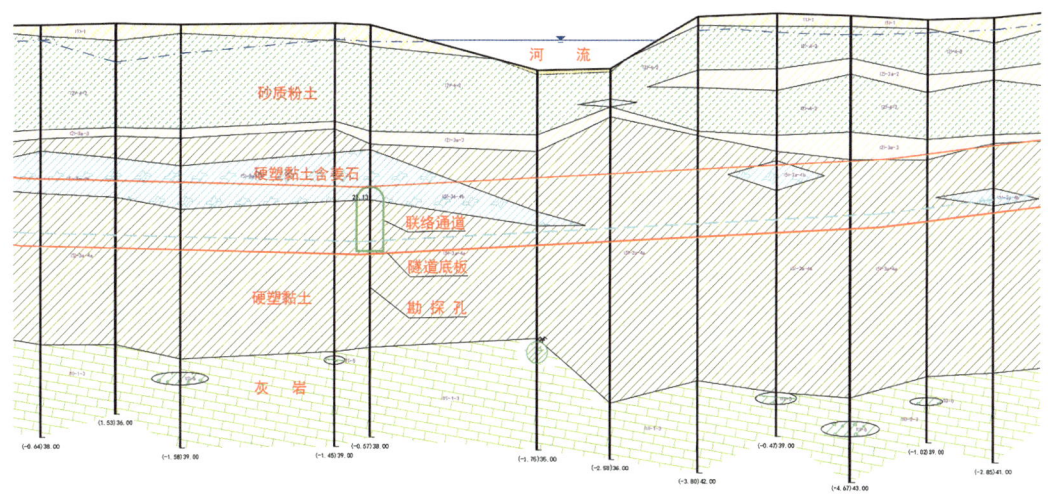

图 2.7　某城市轨道交通线路勘察孔深与隧道纵断面关系(局部)

2.2.5　取样、试验安排及可靠度

勘察工作的一个重要程序是通过取样及试验安排,取得岩土层的物理力学参数信息,以满足设计、施工的技术需求。岩土体是非均质体,即使是相对均匀的海相、湖泊相等静水环境沉积地层,同一地质分层的性质指标随着取样空间位置的不同也会显现差异,河流相沉积地层和残坡积所形成地层的各向异性更为明显,在不同的勘察阶段需要根据勘察精度要求、土质特性等合理分区,并保证一定数量的取样及分配各项试验,满足各类参数统计所需子样数的要求。

根据工程经验和相关研究,同一土层物理力学性质在垂直和水平向均存在变异性,垂直向通过细分土层单元的方式可以保证差异性在工程可接受的范围内,水平向的变异性与沉积环境和子样的距离有关。城市轨道交通工程作为线性工程,试样的空间分布形态与常规建设工程有着显著差别,因此经济性与可靠度的协调至关重要。

基于置信空间和可靠度的数据统计方法同样适用于城市轨道勘察项目,统计最低有效子样数不应少于6个。《城市轨道交通岩土工程勘察规范》(GB 50307—2012)规定:每个车站或区间工程每一主要土层的原状土试样或原位测试数据不应少于10件(组),且每一地质单元的每一主要土层不应少于6件(组),对于大多数相对均质的地基土场景,其精度基本可以满足工程要求,大部分勘察单位出于成本控制考虑,在实际工作中力学指标的子样数基本是按照规范的最低要求执行的。

普通建筑场地勘察勘探点分布在一定的平面范围内,同一地质单元指标的空间距离不大于场地最大的边线长度,对于线性工程,则存在数倍甚至量级的差别。在相同的勘察阶段,对同一地质单元,即使采取同样的子样数,因指标的相关性与空间分布距离有关,线性工程指标的可靠度明显要低于普通建筑场地勘察项目。

在地质条件变异不大的情况下,行业内的习惯做法是初勘阶段按划分的标段进行指标统计,详勘阶段按工点统计。标准的地下车站一般长度在 200 m 左右,带配线车站的长度为 350～500 m,若二者都按最低 10 件控制,带配线车站的勘察指标精度要低于标准车站。早期建设的项目车站之间的距离通常在 1 km 左右,在沉积相对稳定且无地质分区的情况下,对于区间工程均匀分布的 10 个原状土试样平均空间距离为 100 m 左右,站间距 1.5 km 时约为 150 m。目前,延伸线和市域线 3 km 以上的站间距比比皆是(例如,上海轨道交通 12 号线西延伸线,线路全长约 17.27 km,均采用地下敷设方式,设车站 6 座,最大站间距约 5.23 km,最小站间距约 1.49 km,平均站间距约 2.84 km),在不出现地质分区的情况下,最低要求的子样数平均间距超过 300 m。虽然统计中含有变异系数项作为取舍的参考,但岩土性质的空间变异性是客观存在的基本事实,因此指标的统计精度会显著降低。在上海地方规范修编时,基于可靠度的考虑,笔者提出了地下工程当单工点长度大于 1 km 时,试验数据要按每千米控制组数,或者采用每百米采样数控制。在实际取样安排中,要建立空间子样分布和试验成果统计精度的概念,应尽可能提高指标空间分布代表性及可靠度,即使不存在土性分区,也应根据指标变异性合理分段控制。

目前,与设计规范要求接洽,基坑工程设计中愈来愈多的项目需要模拟施工状态的三轴试验参数。由于勘察规范缺乏硬性要求,经常会遇到车站基坑的主要土层也只有 3～4 个子样数的局面,有些土层由于取样难度大,子样不足 3 个甚至缺失,这与勘察行业习惯中因考虑到取样及试验难度,对主要土层的特殊性试验要求一般不少于 3 组的规定有关。但对于城市轨道交通工程的地下车站来讲,无论是标准站还是带配线车站,空间展布的范围一般远大于常规的建筑工程基坑工程,三轴试验的安排数量及可靠度与设计阶段的参数精度要求相比存在相当大的差距,因此,应适当增加主要土层的取样数量及试验安排,满足子样统计及可靠度的要求,并须兼顾虽然土层厚度不大,但稳定等验算中可能存在控制作用的软弱层位。

随着数值法辅助设计的普及应用,越来越多的工程项目数值分析中采用的本构关系模型都需要三轴试验数据的支撑,野外取样数量、质量及试验安排的合理性与重要性更显突出。

第3章
勘察技术成果应用与专业沟通

岩土工程勘察是根据不同建设阶段工程的要求，查明、分析、评价建设场地的地质、环境特征和岩土工程条件，提出解决岩土工程问题的建议，提供相应阶段的勘察技术成果，为前期规划、工程可行性研究、初步设计、施工图设计及施工提供技术依据。

建筑结构和岩土地基是一个协调整体，它们相互作用、相互影响。地基的变形会改变结构的应力特征和状态，结构的不同刚度和荷载分布及应力调整会产生不同的地基变形。对于地下工程来讲，岩土体既是建筑材料，又是工程结构组成和建筑环境条件。因此，正确地认识岩土体的性质及岩土环境条件是开展设计工作的基础，根据岩土体性质和荷载作用特点，选用合适的岩土工程参数是进行正确设计工作的关键。

● 3.1 勘察成果的组成

城市轨道交通工程的岩土工程勘察成果一般分为岩土工程专题成果和各阶段的岩土工程勘察成果。

岩土工程专题成果是根据工程需求，为满足专题研究或专项的岩土工程设计、环境保护等特定专项技术要求，所提交的岩土工程勘察或研究成果，分布在工程建设的各个阶段，如工程前期对区域性的地面沉降的专题研究、地下水环境保护及控制的专题研究、区域抗浮水位的专题研究等。在工程实施过程中，如遇到特殊的岩土工程问题或岩土工程病害等问题，也需进行岩土工程的专项勘察及研究工作，例如，岩溶问题的专项勘察及研究、冻结法专项勘察及研究等。

通常而言，各阶段城市轨道交通工程的岩土工程勘察成果是指岩土工程勘察报告及相关内容。因为各勘察阶段的勘察技术深度要求、施工工法、区域地质及岩土特点等方面存在差异，岩土工程勘察报告的内容组成、分析评价重点和成果深度也有一定差异，但总体框架基本一致，随着设计阶段和勘察阶段的深入，各阶段的成果有一定的衔接性和继承性。

3.1.1 岩土工程勘察报告的内容

勘察报告应包括文字部分、附表、附图和附件等,以详细勘察工作成果为例,文字部分一般包括下列内容。

(1) 拟建工程概况、勘察任务、勘察范围、勘察要求与目的、勘察方法与执行标准、勘察工作量的布置及完成工作量等。

相较于常规的工业与民用建筑项目和其他市政项目,城市轨道交通岩土工程勘察项目的勘察范围广、技术要求高,执行的技术标准涵盖国家标准、行业标准和地方标准的综合要求,涵盖的建(构)筑物类型多,工法复杂多样。

为满足各类建(构)筑物及不同工法的要求,查明建设场地的工程地质与水文地质条件,提供设计及施工所需的各类岩土参数,需较为综合全面的勘察手段和试验测试设备。

(2) 场地的水文、气象、地形、地貌及区域地质概况。

(3) 场地条件和工程周边环境等情况。

(4) 岩土层岩性特征、埋藏分布规律、岩土物理力学性质、岩土施工工程分级、隧道围岩分级等。

(5) 地下水的类型、赋存条件、补给、径流、排泄条件,地下水位、历史最高最低水位与变化、地层渗透性特点,以及地下水对建筑材料的腐蚀性、抗浮设计水位建议等。

(6) 不良地质作用(条件)和特殊性岩土特征及其对工程危害程度评价。

分析评价影响场地和地基稳定与安全的各类不良地质作用,并提出防治措施建议,对勘察揭示的特殊性岩土应评价其危害程度,提供治理措施建议和所需的相关岩土参数。

(7) 场地土类型、场地类别、抗震设防烈度、地震效应评价。

(8) 场地稳定性和适宜性评价。

(9) 针对不同的基础形式、施工方法进行岩土工程评价,提出所需的岩土参数,对设计、施工过程中可能出现的岩土问题进行分析评价,并提出预防、监测措施建议。

城市轨道交通岩土工程勘察分析评价和建议应根据场地工程地质、水文地质条件、建设环境结合拟建物性质、采用的工法综合进行。其中,拟建物按功能划分主要为车站、区间、主变电站、出入线及车辆基地等。拟建物按敷设方式分为地下线、地面线和高架线路,地下线主要包含地下车站、地下区间(含联络通道);出入线区分暗埋段和敞开段,采用的工法为明挖法(基坑工程、边坡工程)和暗挖法(盾构法、矿山法、顶管法等);地面线路通常为地表敷设,涉及路基工程、地基处理等;高架线路一般为桥梁方式,涉及桩基工程、墩基础等。车辆基地包含众多功能性建(构)筑物及路基工程,主要涉及桩基工程、地基处理等。岩土工程分析评价范围及深度、提供的设计参数,均须满足勘察所涉及的各类工法及拟建建(构)筑物的设计、施工的要求。

(10) 岩土工程风险提示,包括不良地质风险、工程设计风险、工程施工及运营等相关风险分析及评价。

(11) 场地周边环境条件与工程相互影响的评价,环境保护的工程措施建议。

(12) 评价工程建成后或运营过程中可能对周围的岩土、工程周边环境的影响。

(13) 本阶段勘察工作的结论、建议及有关情况说明。

(14) 附表,一般包括下列内容:

① 勘探点主要数据一览表、勘探作业异常孔一览表;

② 各岩土层物理力学性质指标综合统计表;

③ 原位测试成果统计表;

④ 土工试验成果表;

⑤ 岩石试验成果表;

⑥ 水质分析成果表。

(15) 附图,一般包括下列内容:

① 勘探点平面布置图;

② 工程地质纵、横断(剖)面图;

③ 钻孔综合柱状图;

④ 原位测试成果图;

⑤ 水文地质试验综合成果图;

⑥ 岩土试验成果图;

⑦ 必要时提供区域地质构造图、水文地质图、穿越的河流(水体)断面图、综合工程地质图、重要地层等值线图及其他相关图件。

(16) 附件,一般包括委托文件、相关专题报告和岩芯照片等。

3.1.2 物理力学参数的确定方法

岩土工程勘察报告所提供的物理力学参数通常由现场原位测试、室内土工试验、物理勘探和经验查表等方法进行确定。

城市轨道交通工程现场原位测试通常采用十字板剪切试验、静力触探、标准贯入试验、旁压试验、扁铲试验、波速试验、场地脉动测试和土壤电阻率测试等,以及根据需要进行的现场载荷试验、抽水试验、注水试验、地温测试等。常用的原位测试方法及指标如表 3.1 所示。

表 3.1 常用的原位测试方法及指标

原位测试方法	提供指标	主要作用
十字板剪切试验	原状土的不排水抗剪强度 c_u、重塑土的不排水抗剪强度 c_u'	① 提供软黏土的不排水抗剪强度和评价灵敏度; ② 基坑、边坡的稳定性验算

(续表)

原位测试方法	提供指标	主要作用
静力触探	单桥提供比贯入阻力 P_s，双桥提供锥尖阻力 q_c、侧摩阻力 f_s，测孔压	① 土层划分、地基土承载力及压缩模量评价；② 估算单桩承载力、沉桩可能性评价
标准贯入试验	标贯击数 $N_{63.5}$	土性评价、液化判别、桩基承载力评价
旁压试验	初始压力、极限压力、临塑压力	① 旁压模量、侧向基床系数；② 地基极限强度 f_L、临塑强度 f_Y
扁铲试验	侧胀模量 E_D 等指标	静止土压力系数、侧向基床系数
波速试验	压缩波速 v_p、剪切波速 v_s	场地类别划分、场地动力参数
场地脉动测试	卓越周期 T(s)	确定场地卓越周期
土壤电阻率测试	电阻率 ρ ($\Omega \cdot m$)	设备接地设计
抽水试验	渗透系数 k、影响半径 r	评价渗透性、地下水控制设计
注水试验	渗透系数 k	评价渗透性、地下水控制设计
载荷试验	p-s 曲线及比例界限、变形模量	地基土承载力、提供土层变形模量
基床系数载荷试验	基准基床系数 K_v、K_h	获得基准基床系数
地温测试	温度(℃)	地温评价
现场原位剪切试验	黏聚力 c、内摩擦角 φ	岩土原位抗剪强度评价

室内土工试验进行岩土层的物理性质指标测试、力学性质指标测试、渗透性试验、湿陷性试验、膨胀性测试、土的热物性试验以及水、土化学性质测试等。室内土工试验提供的常规指标及特殊指标如表 3.2 所示。

表 3.2 室内土工试验提供的常规指标及特殊指标

常规指标	特殊指标
w—含水量、ρ—湿密度、G—比重、S_r—饱和度、干容重、W_L—流限、W_P—塑限、I_L—液性指数、I_P—塑性指数、a—压缩系数、E_s—压缩模量、颗粒分析、c—黏聚力、φ—内摩擦角 岩石的物理指标、单轴抗压强度等	静止侧压力系数、三轴 UU 指标、三轴 CU 指标、无侧限抗压强度、灵敏度、回弹模量、回弹指数、固结系数、次固结系数、渗透系数、土层热物理指标、基床系数(固结、三轴 CD)

采用经验判定、查表法进行参数确定是岩土工程勘察的一个重要方法，岩土体固有的多相性、离散型的特点导致参数精确量化难度较大，许多设计参数要依靠岩土工程师综合已掌握的各项原位测试、室内试验指标以及专业经验，通过经验判断、经验公式推算或查表法来综合确定。

这类参数通常包括桩基设计参数（侧摩阻力、端阻力）、基床系数、隧道抗力系数、比例系数、泊松比、沉井阻力、顶管法侧阻力等。

对于现场试验和室内试验较难获得的参数，有时也可以参考行业规范、手册的经验值，如岩石抗剪强度及抗拉强度、各类岩石的结构面强度、岩土体的变形模量等，但对于重要工程或在不满足设计要求时，应通过现场原位试验取得相关参数。

3.1.3 岩土工程勘察报告的参数要求

根据城市轨道交通岩土工程勘察的特点，阶段性技术要求较明确。可行性研究单位对本阶段勘察的技术要求以场地问题为主，对岩土参数需求较简单，基本为常规的物理力学参数，但须注意应同时满足总体设计阶段的要求。总体管理单位编制全线分阶段的勘察技术要求时，由于各地的地质条件、工法等有较大差异，提供参数要求可根据沿线地层特点、各阶段的设计深度及参数需求、相关规范规定予以确定。因初勘阶段要求重点及子样数限制，部分参数可在详勘阶段要求取得，除满足常规物理力学参数要求外，初勘阶段和详勘阶段的常见敷设方式、工法要求的主要特殊指标及其他参数要求见表3.3和表3.4。

表 3.3 初步勘察需提供的特殊指标及其他参数

工点性质	盾构法区间	矿山法区间、车站	地下车站、明挖法区间	地面线路、车辆设施及综合基地	高架线路
参数要求	渗透系数、无侧限抗压强度、三轴UU及CU指标	渗透系数、无侧限抗压强度、岩石单轴抗压强度、软化系数	渗透系数、静止侧压力系数、无侧限抗压强度、三轴CU指标、桩基设计参数	渗透系数、无侧限抗压强度、桩基设计参数	桩基设计参数

表 3.4 详细勘察需提供的特殊指标及其他参数

工点性质	盾构法区间	矿山法区间、车站	地下车站、明挖法区间	地面线路、车辆设施及综合基地	高架线路
参数要求	渗透系数、静止侧压力系数、无侧限抗压强度、灵敏度、三轴UU及CU指标、次固结系数、基床系数、不均匀系数及d_{70}、土层热物理指标、土层波速	渗透系数、无侧限抗压强度、岩石单轴抗压（拉）强度、软化系数、弹性模量、泊松比、基床系数、吸水膨胀率、岩体波速	渗透系数、静止侧压力系数、三轴CU指标、基床系数、无侧限抗压强度、灵敏度、十字板抗剪强度、回弹模量、回弹指数、桩基设计参数、车站土层电阻率及热物理指标、土层波速	基床系数、无侧限抗压强度、十字板抗剪强度、固结系数、次固结系数、车站及主变电站土层电阻率、桩基设计参数	三轴UU指标、桩基设计参数、车站土层电阻率、土层波速

对于有些城市采用沉管法穿越水体的，尚应提供砂土水下休止角等参数。盾构法穿越基岩的相关参数可参考矿山法要求，并根据岩层情况提供石英含量等数据。涉及特殊性土的问题时，各阶段参数提供要求可按地区设计经验及习惯进行。

实际的勘察报告中提供的岩土参数可能存在较多的问题，大部分勘察企业或从业技术人员无城市轨道交通设计背景及设计经验,提供的参数与设计实际需求之间可能存在一定的差距。许多岩土工程勘察报告提供的参数仅仅在多而全上下功夫,但是缺乏对工法深入的了解及对岩土参数应用条件的研究,工点试验指标的策划布置无重点及针对性,特别是特殊试验指标,普遍存在取样分布不合理、指标子样数偏少、指标不匹配等问题。岩土工程师除了要与设计人员加强沟通外,提升自身的技术素质也十分重要。

3.2 勘察成果解读与设计参数选用

勘察工作的最终目的是提供可靠、合理的勘察成果以服务于工程建设,勘察成果提供了大量的岩土数据和分析建议,对勘察成果的正确解读与对设计参数的合理选用是专业衔接和设计开展的基础。

3.2.1 物理性质及状态指标

勘察成果提供了大量的岩土层物理性质指标,这往往是设计人员容易忽略的,大部分设计人员看到繁杂的参数表时,习惯的做法是查找岩土层编号,然后直接找到习惯使用的力学参数,当输入条件需要时,最多再用到重度、孔隙比、含水率等。其实,岩土分类及状态的指标,在一定程度上反映了岩土的力学性质,只有正确理解岩土层物理性质及状态指标,才能更好地把握岩土层设计参数的选取。

基本物理性质指标包括含水率、密度、土粒比重、孔隙比、孔隙率、饱和度、重度、干密度。其中,含水率、密度和土粒比重是必须通过试验测定的,称为直接指标;孔隙比、孔隙率、饱和度等须根据直接指标换算得到,称为间接指标。

土的天然重度(γ)是指土在天然状态下的重度,当土处于地下水位以下时,减去水的浮力之后的重度就是有效重度,也称为浮重度(γ')。干重度(γ_d)是指土被完全烘干后的重度,饱和重度(γ_{sat})就是达到饱和含水量时土的重度。饱和重度(γ_{sat})≥天然重度(γ)≥干重度(γ_d)>浮重度(γ')。

物理状态指标是描述土的密实程度或软硬程度的指标:对于粗粒土,指土的密实程度,一般通过现场原位测试确定(砂土采用标准贯入试验、碎石土采用动力触探试验);细粒土可分为粉性土和黏性土,粉性土性质介于两大类土(砂土和黏土)过渡段,按孔隙比确定密实度;对于黏性土,指土的软硬程度,即稠度指标,通过室内界限含水量试验确定(包括液限、塑限)。

其他物理性质指标包括颗粒分析指标和渗透性指标。颗粒分析指标通过室内颗分试验取得;渗透性指标通过室内渗透试验、现场试验(抽水、注水、压水)取得。通常情况下,现场试验得出的渗透系数比室内渗透试验得出的渗透系数略大,这是由于土层一般为水平沉积层理,并夹有薄层粉性土或砂性土,增加了现场试验时的透水能力;室内渗透试验则受取土质量、试验边界条件的影响和限制,所测得的渗透系数偏小。同时,河流相沉积及冲洪积形成的厚层粉土、砂性土往往夹有多层薄层的黏性土,使得土层的渗透性各向异性特征明显。现场试验应根据地层特点分别评价水平和垂直方向土层的渗透性。

对于沉积地层,参数表中的物理性质参数有明显的韵律特征,每一个沉积轮回从上到下基本是由细颗粒土层到粗颗粒土层。例如,深厚沉积层的地区通常存在黏土、粉质黏土、粉土、砂性土的沉积轮回韵律,同一沉积韵律土层中的物理力学性质指标存在一定的关联度,这也是判定土层划分准确性及各土层之间参数匹配性的重要依据。

3.2.2 强度指标

1. 黏聚力(c)和内摩擦角(φ)

试验采用直剪或三轴试验法,土的抗剪强度与受力后的排水固结状况有关,根据剪切速率或是否允许试样排水,直剪试验和三轴试验又可分别细分为三类。

直剪试验因设备受限无法做到根据需要来控制试样排水条件,通常采用不同加荷速率的试验方法来近似模拟土体在受剪时的不同排水条件,三种不同的直剪试验方法即直剪快剪、固结快剪和直剪慢剪。直剪试验剪切面与实际土体破坏面不一定相符,试验中剪切面逐渐变小,不能实际控制排水条件且无法测定试验中孔隙水压力变化。

在实际试验过程中,渗透性大的土类会有排水情况发生,测得的强度参数 φ 值会偏大,因此,《土工试验方法标准》(GB/T 50123—2019)对强度试验方法中适用的土类进行了限定,直剪快剪、固结快剪试验适用于渗透系数小于 10^{-6} cm/s 的土类,直剪慢剪适用于细粒土。三轴试验适用于细粒土和粒径小于 20 mm 的粗粒土。对于渗透系数大于 10^{-6} cm/s 的土采用直剪快剪、固结快剪试验会带来一定的误差。直剪试验类型及指标如表 3.5 所示。

表 3.5 直剪试验类型及指标

试验分类	指标	作用	适用土层
直剪快剪	c_q、φ_q	地基快速加荷状态下的稳定性验算、排水条件差的深厚软黏土施工期地基稳定性验算	渗透系数小于 10^{-6} cm/s 的细粒土
固结快剪	c、φ 或 c_{cq}、φ_{cq}	建筑地基稳定性验算、天然地基承载力估算、土压力计算	渗透系数小于 10^{-6} cm/s 的细粒土
直剪慢剪	c_s、φ_s	边坡长期稳定性验算、长周期填筑体稳定性评价	细粒土

对于同一土样，由直剪试验的不同方法得到的强度值也不相同，因试验固结排水状态的差异，存在 $c_q > c > c_s$、$\varphi_q < \varphi < \varphi_s$ 的规律。某土层直剪试验各强度指标之间的关系如图 3.1 所示。

三轴试验过程将依据试验要求不同而有所变化，根据试验过程中是否允许固结和排水可分为不固结不排水剪(UU)、固结不排水剪(CU)和固结排水剪(CD)。三轴试验类型及指标如表 3.6 所示。

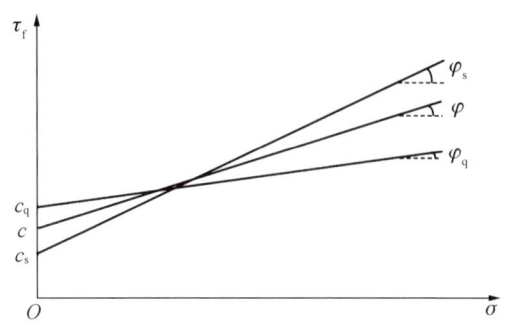

图 3.1 某土层直剪试验各强度指标之间的关系

表 3.6 三轴试验类型及指标

试验分类	指标	作 用
不固结不排水剪(UU)	c_u、φ_u	地基快速加荷状态下稳定性验算、排水条件差的黏性土地基施工期的稳定性验算、软黏土基坑底抗隆起验算
固结不排水剪(CU) 测孔隙水压力($\overline{CU}$)	总应力 c_{cu}、φ_{cu} 有效应力 c'、φ'	考虑一定固结后地基稳定验算、基坑稳定验算，土压力计算、数值分析(有效应力)
固结排水剪(CD)	c_d、φ_d	加荷速度缓慢、排水条件良好的地基长期稳定性验算，数值分析中不同围压下的模量求取

三轴试验成果中，理论上 CD 试验的内摩擦角(φ_d)、黏聚力(c_d)分别与 CU 试验测孔压的内摩擦角(φ')、黏聚力(c')相等，实际试验中 CU 在剪切过程中体积不变而 CD 在剪切过程中体积一般会发生变化，二者有一定的差别。

由于三轴试验和直剪试验的剪切面位置、应力路径、应力水平、排水的程度等不同，三轴试验与直剪试验得到的黏聚力、内摩擦角也不同，但强度规律基本相似。例如，基坑设计项目在缺乏三轴 CU 试验参数的情况下往往会采用固结快剪指标代替，但要注意由于试验排水条件的差异，多数土层的固结快剪取得的内摩擦角(φ)会显著低于三轴 CU 试验的 φ_{cu}，可能会导致投资增加。

有效应力表示的有效强度指标是土的固有性质，与排水状态无关，同一土层，如果排水条件和应力状态相同，采用总应力指标和有效应力指标计算得出的抗剪强度值是相等的。

为直观显示试验方法不同所得到强度结果的显著差别，选择土质较均匀的某软黏土层，分别进行了多组直剪快剪、固结快剪、直剪慢剪、三轴 CU 试验，对比结果如表 3.7 所示。并进行了多个工点的固结快剪与三轴 CU 试验的指标对比，如表 3.8 所示。

表 3.7　某软黏土层直剪与三轴 CU 试验指标对比

参　数	试　验　方　法			
	直剪快剪	固结快剪	直剪慢剪	三轴 CU
黏聚力 c/kPa	21.3	19.5	19.0	15.7
内摩擦角 φ/(°)	6.8	12.0	13.0	18.7

由表 3.7 可以看出，采取不同的剪切试验方法，得到的强度成果参数有着较大差异，由于所选软黏土层渗透性弱，固结快剪与直剪慢剪的结果较接近。

表 3.8　某软土层多个工点固结快剪与三轴 CU 试验指标对比

工点名称	重度 γ kN/m³	液性指数 I_L —	固快试验 c_{cq} kPa	φ_{cq} °	CU 试验 c_u kPa	φ_u °	指标对比 c_u/c_{cq} —	φ_u/φ_{cq} —
华丰路站	17.7	0.82	18	13.0	17	19.7	0.94	1.52
潍坊路站	17.9	0.75	19	12.5	18	19.3	0.95	1.54
商城路站	18.0	0.82	18	13.5	17	18.9	0.94	1.40
望园路站	17.4	0.87	17	13.0	15	17.8	0.88	1.37
东方美谷大道站	17.4	0.86	18	12.5	17	18.1	0.94	1.45
某出入场线	17.4	0.85	19	13.0	17	17.5	0.89	1.35

2. 无侧限抗压强度(q_u)

无侧限抗压强度试验可得到饱和软土的无侧限抗压强度 q_u 以及灵敏度 S_t 指标，常用于饱和软黏土施工期稳定性验算。

$\tau = q_u/2 = c_u$，c_u 为不固结不排水强度。

无侧限抗压强度试验是三轴压缩试验中周围压力 $\sigma_3 = 0$ 的一种特殊情况，所以又称为单轴试验。无侧限抗压强度试验采用无侧限压力仪，有时也可利用三轴仪进行，在不施加侧向压力的情况下，仅对试样施加轴向压力直至试样剪切破坏。

3. 十字板剪切强度(c_u)

采用十字板剪切仪测定的饱和软黏土($\varphi \approx 0$)的原位不排水强度，相当于室内试验的 c_u，因为是直接在软土层进行的原位试验，土体受扰动程度较小，能较为真实地反映土体原位强度。需要注意的是，测试时可能会受到夹层及轻微排水的影响，实测值与试验值相比往往偏大。十字板剪切仪同时也能测试重塑土强度，取得原位软黏土的灵敏度(S_t)指标。

无侧限抗压强度用于抗隆起验算、整体稳定性验算。软土灵敏度(S_t)指标用来评估软黏土的灵敏度，可直观地反映软土在受到外力作用或扰动后强度降低的程度。

4. 侧压力系数(K_0)和泊松比(μ)

土的侧压力系数(K_0)可由 K_0 试验仪、三轴压缩试验、扁铲侧胀试验获得,或根据经验公式估算取得,用于基坑支护结构侧压力计算、地下连续墙设计中的侧压力计算、地下室侧墙及其他侧向位移极小的挡土结构的土压力计算。

(1) 无黏性土和正常固结黏性土经验公式估算:$K_0 = 1 - \sin\varphi'$。

(2) 超固结土:$K_0 = (1 - \sin\varphi')OCR^{0.5}$($OCR$ 为超固结比)。

(3) 上海地基基础规范经验公式估算:

① 砂土、粉土:$K_0 = 1 - \sin\varphi'$。

② 黏性土:$K_0 = 0.95 - \sin\varphi'$。

K_0 反映了零应变条件下的水平、竖向两个方向主应力的对比关系,表现的是土的有效应力状态指标。在计算 K_0 状态土压力时,要与经验水平土压力比例系数 K 区分开来,二者内涵不同,后者是总应力条件,相当于 $\dfrac{\sigma_3 + u}{\sigma_1 + u}$。

泊松比(μ)可由经验公式(材料力学广义胡克定律)或三轴试验取得,用于岩土体的应力与应变分析,对于弹性小变形阶段,可由侧压力系数经验公式换算,但数值分析中一般采用的 μ 是切线泊松比,不宜采用换算值,而应由对应的三轴 CD 试验获取。岩土工程数值分析中的取值是否合理对计算结果的准确性、合理性影响较大。

3.2.3 变形指标

土的变形指标可通过室内固结试验、三轴试验和现场载荷试验获取,有经验的地区也可以采用标准贯入、动力触探、静力触探等原位测试指标予以换算。变形指标及作用如表 3.9 所示。

表 3.9 变形指标及作用

试验方法	指标	作用
固结试验	压缩系数 a_{1-2}(MPa^{-1})、压缩模量 E_s(MPa)	评价土的压缩性、分层总和法估算沉降量
固结试验	压缩指数 c_c	土的压缩特性评价、沉降计算
固结试验	回弹指数 c_s	超固结土的压缩特性评价、沉降计算、考虑应力历史的卸载回弹量估算
固结试验	回弹再压缩指数 c_r	超固结土的沉降计算
固结试验	回弹模量 E_r(MPa)	计算卸载回弹量
固结试验	回弹指数再压缩模量 E_{rc}(MPa)	计算卸载回弹再压缩量
三轴试验	弹性模量 E_d(MPa)	弹性理论法估算初始瞬时沉降
现场载荷试验	变形模量 E_0(MPa)	弹性理论法估算最终沉降

另外，土的固结系数（C_v、C_h）可用于黏性土沉降速率和固结度计算；次固结系数（C_s）可用于次固结沉降量计算。

勘察报告并不直接提供数值分析中经常用到的土的初始切线模量（E_t）、切线泊松比（μ_t）、土的割线模量（E_{50}）和回弹模量（E_{ur}），可根据三轴排水（CD）试验中的应力-应变曲线求取，弹性模量（E_d）则是由三轴试验的加压、卸压与轴向变形关系曲线获得。

● 3.3 设计参数选用

设计参数的选用分为土的物理性质及状态指标的选用和岩土强度指标的合理选用。选择参数前，首先要清楚建(构)筑物的使用功能、安全等级、地层特点、地下水赋存条件、环境要求、拟用工法、施工加荷速度与周期、采用的规范体系等，同时要求选择的参数与计算模型匹配，设计软件使用前要清楚输入参数的基本要求及重要参数使用的边界条件。

3.3.1 土的物理性质及状态指标

土的物理性质指标及状态指标如重度、孔隙比、含水率、渗透系数等是设计计算的基础数据。其中，基坑工程设计、承载力计算、变形计算中涉及的物理性质指标主要为土的重度、孔隙比、含水率和渗透系数。

土的重度指标是设计中土层应力计算的基础，土的饱和重度（γ_{sat}）≥天然重度（γ）≥干重度（γ_d）＞浮重度（γ'），需根据地下水位、设计周期的水位变幅、饱和度等条件来合理确定设计模型中采用的土的重度。

对于有稳定地下水位且地下水埋藏较浅的场地，涉及地层应力计算时，地下水位以上采用饱和重度，地下水位以下采用浮重度。对于地下水位变幅较大的地区，基坑工程设计要根据基坑可能使用周期内的地下水位变动来选择，并需与水土压力的计算模式相匹配。土压力计算时，地下水位以下水土合算的土层采用饱和重度，水土分算的采用浮重度；变形计算时则要考虑使用期的最不利状态的最低水位，以此作为重度输入的分界。对于地层存在岩层等不透水层的层面及其以下的地层应力，应选择水土的总重。

地下水埋藏较浅地区土的饱和度高，一般均为饱和土，天然重度与饱和重度相等。地下水位埋藏较深的地区要注意土的饱和度，当饱和度（S_r）小于80%时，采用常规饱和土的计算公式会存在误差，在有地区经验的情况下可选用天然重度指标。

渗透系数是综合反映岩土体渗透性强弱的指标，也是渗流计算的基本参数。根据《建筑工程抗浮技术标准》（JGJ 476—2019），土体渗透性等级如表3.10所示。

表 3.10　土体渗透性等级

等级	极强透水	强透水	中等透水	弱透水	微透水	极微透水
透水系数 k /(cm·s^{-1})	$k \geqslant 10^0$	$10^{-2} \leqslant k < 10^0$	$10^{-4} \leqslant k < 10^{-2}$	$10^{-5} \leqslant k < 10^{-4}$	$10^{-6} \leqslant k < 10^{-5}$	$k < 10^{-6}$

基坑工程中渗透性等级为弱透水及其以下的土层可以作为相对隔水层，在进行地下水位以下基坑水土压力的计算时，相对隔水层可以采用水土合算模式，其余土层为水土分算。通常，设计采用的划分界限透水系数为 10^{-5} cm/s 级别，当场地地下水较为丰富且基坑使用周期较长时，可适当提高分界要求。粉性土的渗透系数一般在 10^{-4} cm/s 级别，按水土分算进行。值得注意的是，有许多地区的粉质黏土取土进行室内试验时，其渗透系数为 10^{-5} cm/s 级别，但现场试验的综合渗透系数可以达到 10^{-4} cm/s 级别，有时甚至到 10^{-3} cm/s 级别，部分地区是土层局部砂姜夹层造成的渗透性增加，有的是因为构造性土造成的渗透性差异，水土压力计算模式应根据现场试验成果进行。

对于基坑采用悬挂式帷幕的抗渗流验算，目前相关规范的解析解均是采用均质土的计算方法，夹有多层薄层黏性土的厚层粉土、砂性土层的渗透性各向异性特征明显，现场实测的竖向渗透系数往往只有水平向渗透系数的 1/100～1/10，解析解带来的误差和浪费不容忽视，采用数值解更接近工程实际。

3.3.2　岩土强度指标

强度指标描述岩土的强度规律，用于计算强度和稳定问题，岩土强度指标参数的选择是设计参数选择的核心，也是地下工程结构设计中最基础的问题，选取的参数合适与否直接决定设计成果的安全性、可靠性和经济性。

1. 规范和标准

城市轨道交通工程设计中经常采用的标准和相关的行业标准都有着各自的规定。

(1)《建筑地基基础设计规范》(GB 50007—2011) 中，基坑工程设计采用的土的强度指标，应符合下列规定：

① 对淤泥及淤泥质土，应采用三轴不固结不排水抗剪强度指标。

② 对正常固结的饱和黏性土，应采用在土的有效自重压力下预固结的三轴不固结不排水抗剪强度指标；当施工挖土速度较慢，排水条件好，土体有固结条件时，可采用三轴固结不排水抗剪强度指标。

③ 对砂类土，采用有效应力强度指标。

④ 验算软黏土隆起稳定性时，可采用十字板剪切强度或三轴不固结不排水抗剪强度指标。

⑤ 灵敏度较高的土，基坑临近有交通频繁的主干道或其他对土的扰动源时，计算采用

土的强度指标宜适当进行折减。

⑥ 应考虑打桩、地基处理的挤土效应等施工扰动原因造成的对土强度指标降低的不利影响。

(2) 行业标准《建筑基坑支护技术规程》(JGJ 120—2012)中,在土压力及水压力计算、土的各类稳定性验算时,土水压力的分、合算方法及相应的土的抗剪强度指标类别应符合下列规定:

① 对地下水位以上的黏性土、粉质黏土,土的抗剪强度指标应采用三轴固结不排水抗剪强度指标 c_{cu}、φ_{cu} 或直剪固结快剪强度指标 c_{cq}、φ_{cq},对地下水位以上的砂质粉土、砂土、碎石土,土的抗剪强度指标应采用有效应力强度指标 c'、φ'。

② 对地下水位以下的黏性土、黏质粉土,可采用土压力、水压力合算方法;此时,对正常固结和超固结土,土的抗剪强度指标应采用三轴固结不排水抗剪强度指标 c_{cu}、φ_{cu} 或直剪固结快剪强度指标 c_{cq}、φ_{cq},对欠固结土,宜采用有效自重压力下预固结的三轴不固结不排水抗剪强度指标 c_{uu}、φ_{uu}。

③ 对地下水位以下的砂质粉土、砂土和碎石土,应采用土压力、水压力分算方法;此时,土的抗剪强度指标应采用有效应力强度指标 c'、φ',对砂质粉土,缺少有效应力强度指标时,也可采用三轴固结不排水抗剪强度指标 c_{cu}、φ_{cu} 或直剪固结快剪强度指标 c_{cq}、φ_{cq} 代替,对砂土和碎石土,有效应力强度指标 φ' 可根据标准贯入试验实测击数和水下休止角等物理力学指标取值;土压力、水压力采用分算方法时,水压力可按静水压力计算;当地下水渗流时,宜按渗流理论计算水压力和土的竖向有效应力;当存在多个含水层时,应分别计算各含水层的水压力。

④ 有可靠的地方经验时,土的抗剪强度指标尚可根据室内、原位试验得到的其他物理力学指标,按经验方法确定。

(3) 行业标准《高层建筑岩土工程勘察标准》(JGJ/T 72—2017)中,对强度指标的要求较为系统和全面:

① 抗剪强度试验方法应根据施工速度、地层条件和计算公式等选用,宜符合地基土实际受力状况,对饱和黏性土或施工速率较快、排水条件差的土可采用不固结不排水(UU)试验,对饱和软土,应对试样在有效自重应力预固结后再进行试验,总应力法提供不固结不排水条件下的黏聚力、内摩擦角(c_{uu}、φ_{uu})参数;经过预压固结的地基,可根据其固结程度采用固结不排水(CU)试验,总应力法提供固结不排水条件下的黏聚力、内摩擦角(c_{cu}、φ_{cu})指标。

② 为验算边坡稳定性和支挡设计需要所进行的抗剪强度试验,宜采用三轴压缩试验,验算整体稳定性和抗隆起稳定性宜采用不固结不排水(UU)试验;当有地区经验时,也可采用直剪快剪试验。计算土压力宜采用固结不排水(CU)试验,当需按有效应力法计算时,宜采用测孔隙水压力的固结不排水($\overline{CU}$)试验,当有地区经验时,也可采用直剪试验的固结快

剪试验。

(4) 行业标准《软土地区岩土工程勘察规程》(JGJ 83—2011)中规定：

对一级工程或有特殊要求的工程，应采用三轴剪切试验测定黏性土的抗剪强度。三轴剪切试验的试验方法应按下列条件确定：

① 对饱和黏性土，当加荷速率较快时，宜采用不固结不排水(UU)试验；对饱和软土试样应在有效自重压力下预固结后再进行试验。

② 对经预压处理的地基、排水条件好的地基、加荷速率不高的工程，可采用固结不排水(CU)试验；当需提供有效应力抗剪强度指标时，应采用固结不排水试验测定孔隙水压力。

2. 注意事项

强度参数选择时应注意的事项如下：

(1) 承载力计算通常采用固结快剪指标或三轴固结不排水剪切试验指标。

(2) 基坑设计强度指标根据施工速度、排水条件、土层组合及地下水位等情况来选择。根据现有规范和行业习惯可以采用直剪固快指标(c_{cq}、φ_{cq})或三轴固结不排水剪切试验指标(c_{cu}、φ_{cu})，一级基坑工程宜采用三轴固结不排水压缩试验有效应力指标。但选用时要清楚目前规范规定的瑕疵，指标体系与理论体系不一致，采用水土分算原则计算土压力时，相应的抗剪强度指标应采用土的有效指标(c'、φ')，采用总应力指标会带来一定的计算误差。

(3) 对于场地存在高塑性且土质较纯的厚层软黏土，基坑快速卸载时的土层应力状态与室内试验中的固结状态并不相符，设计通常选取的土层内摩擦角值与工程实际状态可能存在较大差异，在选择强度参数时应引起注意，同时要控制适当的卸载速率。

(4) 盾构法隧道计算施工期土压力及地层损失宜采用不排水强度指标，目前习惯上采用固结快剪指标，建议可采用三轴试验参数。对于渗透性较差的软黏土，建议用不固结不排水强度指标进行核算。注意国家标准和行业标准中采用标准值带来的风险，可采用平均值。

(5) 采用的参数与安全系数要匹配使用，不同规范之间的安全系数由于指标体系不同可能会有一定差别，但不可用不固结不排水指标计算土压力。

(6) 由于土的颗粒成分有着强烈的地域特点，富含亲水矿物的岩土层强度的衰减差异较为显著，参考工程所在地的工程经验十分重要。

(7) 残坡积土及岩石的强度指标：

全风化、强风化接近土状的岩类可以（近似）采用土力学计算理论，采用土工试验取得强度参数。

残坡积土由于其堆积特点，当含有较多亲水矿物且在施工、使用期浸水运营的项目要重视土的遇水分解、强度大幅降低的特性。

黏土岩类及其他软质岩有遇水崩解的特性，可根据结构施工及使用时的状态选择采用自然状态或饱和状态的单轴抗压强度。

注意勘察报告提供的岩石 c、φ 值与岩体结构面 c、φ 值的差别,岩石边坡稳定性验算采用结构面强度。

完整基岩强度计算适用材料力学强度公式。不可用经典土力学的理论去解释涉及基岩边坡的力学问题,岩石基坑可结合岩体的强度、结构及构造特点、围岩分级、软弱结构面与基坑开挖面的空间关系等,采用块体滑移平衡法来评估稳定性,并计算作用在支挡结构上的推力。

(8) 随着含水量的增加,土的强度非线性降低,注意在地下水位波动大的地区,用饱和土的试验指标计算非饱和土的强度偏于安全,反之则降低工程安全度。室内试验有时将非饱和土饱和后进行强度试验,这样人为降低了土的实际强度指标。

3. 基坑工程设计强度取值影响比较算例

本算例中,基坑开挖深度为 8.0 m,地下水位 2.0 m,可以比较出不同计算模式与选择参数对挖深范围内主动区土压力计算结果的影响(表 3.11 和表 3.12)。为便于比较,取对基坑底的等效力矩,采用固结快剪指标与采用三轴 CU 指标结果相差 30.7%,水土分算时相差 11.2%,水土分算状态,采用有效应力指标与总应力指标相差 18.6%。由此可见,强度参数、土性、排水条件与状态的合理选择非常重要,它们对支护结构的安全度和造价影响程度都不容忽视。

表 3.11 某基坑工程设计参数表

土层及参数	土层厚度 d	重度 γ	直剪固快 c_{cq}	直剪固快 φ_{cq}	三轴 CU c_{cu}	三轴 CU φ_{cu}	三轴 CU 测孔压 c'	三轴 CU 测孔压 φ'	静止侧压力系数 K_0
	m	kN/m³	kPa	(°)	kPa	(°)	kPa	(°)	—
②黏土	2.0	18.1	21	13.5	19	18.9	9	26	0.45
③淤泥质粉质黏土	6.0	17.5	14	12.5	13	19.3	3	26.9	0.53
④层淤泥质黏土	8.0	16.9	14	11.0	13	17	5	23.5	0.55

表 3.12 水土压力(主动区开挖范围内)计算对比表

方法	水土合算		水土分算			静止侧压力
指标分类	总应力		总应力		有效应力	K_0
试验方法	直剪固快	三轴 CU	直剪固快	三轴 CU	三轴 CU 测孔压	K_0 试验
土压力/(kN·m⁻¹)	208.0	157.2	92.02	67.0	110.7	203.0
水压力/(kN·m⁻¹)	—	—	180	180	180	180
等效力矩/(kN·m)	409.1	313.0	549.1	494.0	641.1	962.5

3.3.3 变形参数

正常固结土的沉降量估算及基坑回弹量估算可按《建筑地基基础设计规范》(GB 50007—2011)的规定执行,根据应力范围选择相应的压缩模量(E_s)、回弹模量(E_c)。

超固结及欠固结土的固结沉降量估算可参考行业标准《高层建筑岩土工程勘察标准》(JGJ/T 72—2017)的相关规定,选用回弹再压缩指数(c_s)、压缩指数(c_c)。

(1) 由于水是不可压缩体,只存在孔隙水压力消散过程,变形仅发生在土颗粒骨架上,所以固结沉降估算均为有效应力状态。

(2) 黏性土地基的总沉降由三部分组成:瞬时沉降(S_d)、主固结沉降(S_c)、次固结沉降(S_s)。

① 瞬时沉降(S_d):采用弹性参数估算,厚度按1倍基础宽度计算。

② 主固结沉降(S_c):常规的固结沉降计算。

③ 次固结沉降(S_s):采用次固结系数(C_s)计算,对于塑性指数较大的软黏土、有机质土,一般情况下次固结沉降量可占总沉降量的5%~15%,有资料表明,某些地区软黏土的次固结沉降量比例超过30%。

(3) 基坑开挖垂直方向卸荷作用不可避免地引起坑底土体的回弹,目前,回弹估算的方法主要有回弹模量(E_c)法和回弹指数(c_s)法,回弹指数法可用于超固结土的回弹量估算。土的实际回弹量与基坑的卸载速度和时间直接相关,可参照土层固结度的反向理念,根据回弹作用周期来选择合适的回弹修正系数。

3.4 勘察与设计专业间的沟通与衔接

目前,岩土工程勘察专业工作中所执行的勘察规范基本为本专业人员编制,勘察从业人员也以满足专业规范的要求来布置勘察工作量,但勘察专业为前置专业,勘察工作的最根本目的是满足土建工程专业设计与施工的要求。勘察也是土建设计和施工最基础的依据,由于勘察技术人员对设计方案不太了解或并不清楚所作结论对设计的影响程度,许多结论甚至是以确保安全留有一定余地的心态给出的,比如对不利地段的认知和判断等,往往会人为放大不利因素的影响,这也与相关规范编制时某些条文引用不当有关,类似这种结论或建议对投资的影响都是系统性的。

作为岩土工程勘察成果的使用者,设计人员拿到勘察报告后,首先要审查一下勘察工作范围与设计要求范围是否一致,勘察报告提供资料的内容及分析的深度是否满足设计技术要求,当存在设计变更时,是否满足方案变更后的范围及设计参数需要。在使用岩土工程勘察成果时,设计人员不仅要清楚自己需要什么,还要基本了解各参数的来源及应用边界条件。随着现场原位测试技术及试验室设备技术的进步,国内大的勘察企业基本具备根据城市轨道交通建设工法设计要求提供特殊参数的能力,近几年,随着相关规范的修编换版,对岩土参数的要求也愈加严格。可能由于行业沟通问题,土建设计人员对勘察行业的规范更新和技术进步并不十分了解,对勘察成果的认知往往停留在设计参数表上,甚至对参数表中多种参数的使用条件和适用范围也不了解,绝大多数的情况是直接从《土层物理力学性质参数建议表》中查取设计计算中习惯采用的指标。如对于强度指标,不少的设计单位不论工法、边界条件一概选用固结快剪指标的做法,不仅与现场实际情况不符,还可能造成较大的投资浪费或带来工程风险隐患。

加强勘察人员与设计人员之间的技术衔接与沟通,是正确理解和应用岩土设计参数,以及顺利完成土建工程设计工作的关键,也是确保工程建设质量和投资优化的基础。

3.4.1 室内试验边界条件与实际工况之间的差异

岩土层是经过自然的沉积和固结作用形成的,其中许多土层经历过复杂应力历史的变化,取土样试验是通过钻探工具,将需要测试的土样按照一定的取土规格取出包装后运送到试验室,土样运送至室内时处于应力释放状态,实际工况原位土样处于原始应力场作用状态,现有的勘察手段无法保证取土样的应力环境不发生变化,常规的土工仪器也难以还原初始应力环境,试验过程难以模拟实际现场应力变化。即使模拟了初始应力,对于试样也是处于应力释放回弹后再压缩状态。

固结试验采取侧限状态分级加载,实际工况处于初始围压应力开始的固结过程,虽然三轴试验可以部分模拟围压,但实际试验很难还原地层的初始围压应力。

室内直剪试验为处于侧限水平向剪切破坏,剪切面与实际土体破坏面不一定相符,试验中剪切面逐渐变小,实际破坏面则由土层原始强度和残余强度控制。

室内试验设备的设计无法真实模拟实际工况的排水状态,即使采用三轴试验进行排水状态模拟,但与实际的排水条件、排水状态相差甚远。

目前三轴试验均为加载试验,基坑开挖为卸载过程,应力路径不同,且三轴试验 $\sigma_1 > \sigma_2 = \sigma_3$,实际破坏状态一般情况下 $\sigma_2 \neq \sigma_3$。即使设计过程中采用较为接近工程实际的三轴试验成果,仍然与基坑开挖卸载现场的应力状态存在差异。

3.4.2 抗震评价

勘察报告提供抗震地段划分、场地类别、场地土类型、抗震设防烈度、设计地震加速度和设计地震分组等,并对场地和地基的地震效应作出评价。

1. 抗震地段划分

《建筑抗震设计标准》(GB/T 50011—2010)规定,选择建筑场地时,应根据工程需要和地震活动情况、工程地质和地震地质的有关资料,对抗震有利、一般、不利和危险地段作出综合评价。对不利地段,应提出避开要求;当无法避开时应采取有效的措施。对危险地段,严禁建造甲、乙类的建筑,不应建造丙类建筑。

抗震地段按《建筑抗震设计标准》(GB/T 50011—2010)划分为有利地段、不利地段、一般地段、有利地段。相关的城市轨道交通勘察、设计规范编制时均直接引用,采用经验定性判定。目前,城市轨道交通勘察所依据的抗震规范为《建筑抗震设计标准》(GB/T 50011—2010)、《城市轨道交通结构抗震设计规范》(GB 50909—2014)、《铁路工程抗震设计规范》(GB 50111—2006),对工业与民用建筑等项目可直接依据《建筑抗震设计标准》(GB/T 50011—2010),但在城市轨道交通工程的地下工程中依据上述标准存在一定适用性问题。

勘察报告中常出现的不利地段的划分,主要依据对地面建筑的震害影响,对地下建筑的影响要结合拟建结构的空间位置,软弱土因无量化指标,容易引起误判,局部存在液化土对地下工程而言也不要一定判为不利地段。

2. 液化的评价精度及影响

可液化土层水平向、垂直向均存在液化势的变化,一般设计工点的划分是按结构单元划分的,液化土层的评价应分段、分层进行,特别是土性相同而强度存在明显差异的层位,勘察人员往往习惯于按土性分层,而忽视了虽为同一土性但上下存在强度的差异,分层及判定的精度对工程抗震设计可能有较大影响。如徐州轨道交通 5 号线某区间,初步设计阶段由于液化地层的影响,需采取液化层加固处理方能满足液化抗浮安全要求,经咨询审查后建议可液化土层精细分层判定,穿越部位虽为砂质粉土但并不液化,上覆厚度也能满足液化抗浮安全要求,施工图设计取消了相关的加固措施,节省了大量的工程投资。

对地下工程要注意可液化土层与结构物的空间关系,浅部的可液化土层对穿越工程、车站的影响要结合设计方案根据具体情况判定。

3.4.3 基床系数与基床系数比例系数

基床系数是弹性地基梁计算中重要的参数,目前勘察单位获取土层基床系数采用的试验方法有扁铲试验、标准贯入试验、室内三轴试验和固结试验等,由于各家单位的经验及采取的试验方法不同,所得到的数据差别数倍甚至数十倍,最终勘察报告所提供的值往往是由参考经验查表法确定。由于尺寸效应问题,室内试验成果只能作为相对参考,有条件的地区尽量采用原位测试的手段取得,地下水位埋藏较深的城市可采用基床系数载荷试验来测定,并根据测试成果建立扁铲试验、标准贯入试验的地区经验公式。

由于土层基床系数值不是一个常量,不是土的性质参数,其值的大小与土的类型、结构埋深、结构形状、结构的刚度及荷载作用的时间等因素有关,勘察成果提供的基床系数为基准值,实际计算时要根据使用条件进行修正。盾构法隧道目前荷载结构法计算内力变形所采用的盾构隧道抗力系数与基床系数的力学定义一致,综合反映了地基土的基床反力系数,因此,抗力系数的取值也需要根据盾构直径的大小和埋深进行修正。

从基准基床系数的定义可以看出,其值反映的是地基的弹性模量,对于相邻土层的具体取值可以视为与土层的压缩模量 E_s、静力触探 P_s 值正相关,由此可简单判定建议值的合理性。

由于土层成因和土性的差异,土的水平向、垂直向基床系数并不完全相同,对于湖相、海相沉积的土层差异并不大,而对于河流相沉积和冲洪积形成的土层,水平向基床系数会略大于垂直向基床系数,有试验证明差异性一般不超过5%,对于存在夹层的差异性会略大,可以采用夹层土层厚度权重予以核算。残积土、风化层由于原岩可能存在结构性差别,二者会有一定差异。

基床系数的比例系数 m 值是板式支护体系设计的重要参数,其取值受支护结构的控制变形影响,与该段经深宽修正后的水平基床系数正相关,因为是比例系数,与计算点代表的深度值之积为该处的基床系数设计值,当开挖面以下涉及多层土时,m 值在代表深度范围内取各层土厚度等面积加权平均值。

桩基设计中采用的 m 值是由水平桩荷载试验得到的,其被动侧土体的应力状态与基坑开挖时连续墙内被动侧土体的应力状态有较大差别。单独的桩体水平受力是空间问题,地下连续墙受力是平面问题,对于同一土层,即使取相同的变形控制标准,受应力叠加影响,板式支护结构被动区的土层参数 m 值取值略低于排桩支护结构并显著低于独立的空间桩体被动侧土层取值,有研究表明,大约为空间桩体被动侧土层取值的30%~40%。为取得较为合理的土层参数 m 值,可结合本地区工程实测数据,经位移反分析得到较可靠的 m 值经验取值。

3.4.4 抗浮设防水位与抗浮设计

抗浮设防水位是近年来城市轨道交通工程勘察成果验收评审中争议较多的问题之一,抗浮设防水位的确定对工程安全性及造价有重大影响,采用场地历史最高水位作为抗浮设防水位基准再累加一定的安全冗余,从工程安全角度看最为可靠但不太经济,若采用的设防水位低于实际值许多,则存在极大的安全隐患。

《建筑工程抗浮技术标准》(JGJ 476—2019)中抗浮设防水位的定义为:建筑工程在施工期和使用期内满足抗浮设防标准时可能遭遇到的地下水最高水位,或建筑工程在施工期和使用期内满足抗浮设防标准最不利工况组合时地下结构底板底面上可能受到的最大浮力折算的地下水位。抗浮设计要求包括施工期抗浮、运营期抗浮设计,岩土工程师与结构设计人员首先要清楚具体需要，才能选择合适的抗浮设防水位。

当地表径流与地下水有水力联系时，尚应考虑地表径流对地下水位的影响。当大面积填土面高于原有地面时，应按填土完成后的地下水位变化情况考虑。当拟建结构改变地下水径流环境可能形成局部壅水时，应考虑局部壅水的最大高度对抗浮设计影响。

城市轨道交通工程的地下工程抗浮与常规的建筑工程抗浮设计有一定差异，从结构受水浮力的本质可以看出，地下结构受到的水浮力就是顶底板的水压力差，因此，对于潜水区域，场地最高抗浮设防水位取到地表或设计场坪标高，对于存在承压含水层的地区，受承压水头影响，抗浮设防水位可能会高出地表。

基岩地区的抗浮设计是一个复杂且充满争议的问题，相对完整的基岩与土体有着完全不同的透水概念，基岩中存在的裂隙使得岩层的现场试验得到的等效渗透系数有时会大于正常的土层，这也导致许多岩石地基工程的抗浮设计直接参照土层进行，在大多数情况下是对水浮力机理的误解。相对完整的基岩，基岩裂隙水对底板形成的是裂隙发育处局部的压力，是底板抗水压强度的问题，而不是土层的孔隙形成的连续的水压力作用面，这是二者的本质区别。因此，在进行基岩地区的地下工程设计时，如果基底的岩石较完整，应避免采用透水性垫层或全包防水的概念人为形成连续的透水面。当基底岩层节理发育、较破碎或风化程度较高，基底岩层的透水性接近第四系孔隙土层时，为保证安全，可参照土层的抗浮设计理念进行。

因岩石的区域差异性较大，相关的国家标准并没有对基岩地区的抗浮设计作出明确规定。《岩土工程勘察规范》(GB 50021—2001)对地下水作用的评价中规定，对基础、地下结构和挡土墙，应考虑在最不利组合情况下，地下水对结构物的上浮作用，对于节理不发育的岩石和黏土，且有地方经验和实测数据时，可根据经验确定。《铁路路基设计规范》(TB 10001—2016)中规定挡墙的墙身浮力计算，碎石土、砂类土(细砂、粉砂除外)和节理很发育的岩石地基，按计算水位的100%计算；节理不发育的岩石地基，按计算水位的50%计算。因此，在节理和裂隙不发育的基岩地基上，作用在基底上的水压力与土层相比存在作用面积的显著折减。目前，城市轨道交通设计行业中普遍采用的抗浮设防水位取值与底板水浮力作用计算模式的合理性尚值得商榷。

济南城市轨道交通某线路的地下车站，受线路坡度影响设置为2层深埋站，为减少顶部覆土采用拱顶设计，侧壁、基底位于岩性较好的中风化灰岩层，场地浅部为上层滞水，基岩裂隙水不发育，勘察报告建议的抗浮设计水位到车站中板高度。综合场地条件，该车站取消底板及侧墙外包防水设计，底板满足结构设计和局部可能的最大抗裂隙水压设计要求，结构底板直接与底部岩层地基直接浇筑连接，侧墙及顶板防水方案均采用防水涂料涂层。该车站基坑最大挖深为23.1 m，基坑边坡设计为1∶0.1，直接放坡喷护，肥槽采用低标号素混凝土回填，与同场地换乘车站采用的常规支护、全外包防水和抗浮设计相比较，不仅节约了大量的支护设计费用,也节约了由于防水措施设计不当引起的抗浮设计附加费用。该车站已安全运营多年,底板及侧壁均无明显渗漏水现象出现。该线路基岩地层车站基坑的岩层条件及施工现场如图3.2所示。

图 3.2　某线路基岩地层车站基坑的岩层条件及施工现场

3.4.5　腐蚀性与耐久性

水土腐蚀性的判定是岩土工程勘察中一个非常重要的环节,它关系到工程的耐久性与安全性。在勘察成果中,水土腐蚀性评价与耐久性设计环境分类判别结论是存在问题比较多的地方,也恰恰是影响工程造价的关键结论。对于存在多层地下水的情况应分层评价,若发现腐蚀性异常的情况,勘察工作应查明指标异常的含水层,且必须经复核验证后的结论方能作为设计依据。存在腐蚀性中等以上判定结论的含水层,要查清与拟建结构的空间关系,选择采用隔断措施还是防腐蚀设计,要进行经济技术分析比较。在耐久性设计环境分类问题上,大部分勘察单位缺乏对耐久性设计本质要求的认识,勘察成果原则上可仅提供耐久性设计环境分类判定的基础数据,不进行环境分类、作用等级判定及提供耐久性设计建议,应由设计单位根据勘察报告提供的基础数据来自行判定。

勘察报告提供水土腐蚀性判定的依据是《岩土工程勘察规范》(GB 50021—2001)中的相关规定,场地环境类型的判定对腐蚀性结果的评定影响较大,上海市地方标准规定在弱透水层中宜按Ⅲ类环境评价,在强透水层中宜按Ⅱ类环境评价。国家标准按实际条件分类判定,但对于地下洞室规定为Ⅰ类不适用于明挖法施工的地下车站和盾构法区间。

对城市轨道交通主体工程,可参考使用铁路耐久性规范,附属建筑、车辆基地的建(构)筑物可使用国标耐久性规范。

在实际设计过程中,有关干湿交替的理解往往会影响设计人员的判断和选择正确的设计应对措施。干湿交替环境作为一种特殊的腐蚀环境,对建筑材料的影响尤为显著,勘察报告中有关水土腐蚀性评价会提供长期浸水环境和干湿交替环境的判定结论,干湿交替状态的腐蚀等级往往会高于长期浸水环境。要正确理解干湿交替环境所表达的状态与工程建设真实环境的吻合程度,才能作出正确选择,避免投资浪费或设计应对措施不当。

相关规范中对干湿交替环境的定义略有差别,其中《混凝土结构耐久性设计标准》(GB/T 50476—2019)表第4.2.1条备注3为干湿交替指混凝土表面经常交替接触到大气和水的环境条件,该规范第4.2.1条说明:在反复干湿交替作用下,混凝土碳化有条件进行,同时钢筋锈蚀过程由于水分和氧气的交替供给而显著加强,因此对钢筋锈蚀最不利的环境条件是反复干湿交替。此类构件包括经常与大气降水接触的地上构件,与地下水接触的地下室构件,以及直接处于水位变动区的构件。《混凝土结构设计标准》(GB 50010—2010)第3.5.2条说明:干湿交替主要指室内潮湿、室外露天、地下水浸润、水位变动的环境。由于水和氧的反复作用,容易引起钢筋锈蚀和混凝土材料劣化。《工业建筑防腐蚀设计标准》(GB/T 50046—2018)第3.1.11条规定:建筑物和构筑物处于干湿交替环境中的部位应加强防护。相应条文说明:干湿交替情况多种多样。地面受液态介质作用,时干时湿属于干湿交替作用;在高透水土层下,基础和桩基础在地下水变化的部位,有可能存在干湿交替作用;建筑物在地面标高上下各1 m的范围内,也容易出现干湿交替作用;储槽、污水池、排水沟在液面变化的部位,也有干湿交替作用。

根据各标准对干湿交替环境的定义和相关条件,对于水工建筑、其他直接临水建筑、储槽、污水池、排水沟等在液面变化的部位,混凝土表面经常交替接触到大气和水,均可直接按干湿交替环境处理。由于土体为土粒、孔隙中的水和空气组成的固液气三相体系,饱和土基本不含空气,对于地下结构来讲要结合土性、结构埋深、地下水位变动来综合判定干湿交替环境的划分:

(1) 对于高渗透性土层,水位下降后孔隙迅速被空气充填,毛细作用的高度和影响范围也明显低于低渗透性土层,因此可以将地下水变幅区及毛细水作用区划分为干湿交替环境。

(2) 对于低渗透性土层且均为饱和土的状态下,即使位于地下水位变动带也无需考虑干湿交替作用。

(3) 对于高地下水位地区,综合考虑毛细作用,地表下土体常年保持饱和状态,地下构件也可按正常腐蚀环境处理,无需考虑干湿交替作用。

(4) 对于高地下水位地区,受毛细作用影响,露出地表的混凝土结构需考虑干湿交替影响,处理高度不宜小于场坪高度 1 m。

干湿交替环境评价需要综合考虑混凝土结构空间位置、地下水位变化、土层性质、气候区域影响、建筑材料特性及相应的规范标准等因素,合理评估并采取相应防护措施,既能保障建筑物的长期安全与功能,又可以有效节约工程投资。

图 3.3 为某车辆段工程结合地基土性质、地下水位变幅及水土腐蚀性评价结果,对场区内干湿交替环境作了综合判定,并对建筑基础抗腐蚀采取了分段处理措施,柱、检查坑侧墙基础顶及地坪以上 1 m 高度,外表面喷涂 10 mm 厚聚合物水泥砂浆处理。避免了干湿交替问题误判导致整个场区的基础处理投资浪费。

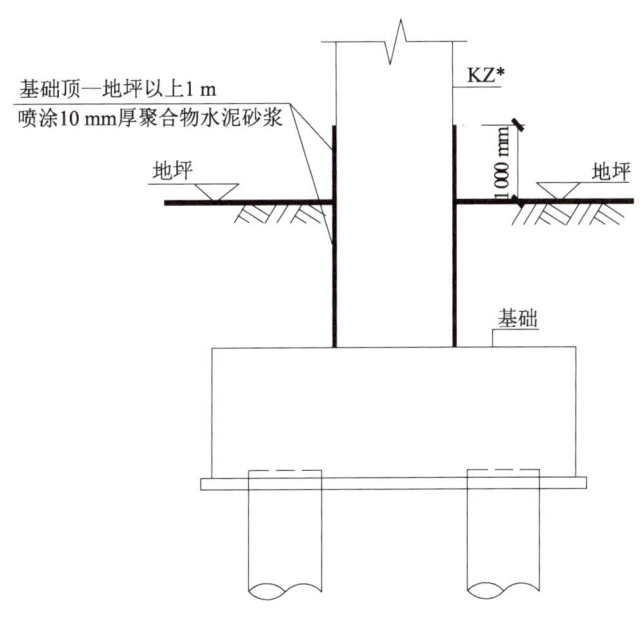

图 3.3　某车辆段建筑基础干湿交替环境抗腐蚀处理措施

分区、分段进行腐蚀性评价和耐久性环境分类是设计工作面临的另一个重要问题。对于腐蚀性评价应根据腐蚀性水土异常的层位进行平面和竖向划分,为设计采取相应处理措施提供依据,勘察过程应落实分层取水、土试验要求,指标异常时应进行平行取样验证,对于场区应根据腐蚀性异常分区并增补工作量精确划定范围,同时根据异常层位进行竖向分区,防止少数指标异常导致整个场区均需处理的情况发生。

对于耐久性环境类别及作用等级判定,设计人员拿到勘察分层试验成果后,结合建设环境条件进行大的环境类别划分,环境分类可能存在混合环境类别的情况,但要注意存在平面分区和竖向分区的问题,如地下工程,由于分层试验成果的差异,主体结构和桩基工程可能分属不同的环境类别,应分别针对每种环境类别进行耐久性设计。对于离子异常区、近海工程、填海工程等,环境的细分及精细化设计可以避免大量的工程浪费。

3.4.6 抗突涌与抗渗流

基坑工程中,抗突涌与抗渗流是确保工程安全的两个重要方面,二者虽然都是地下水控制中的渗透稳定性问题,但侧重点及应对措施有所不同。抗突涌是指防止水压力差导致基坑底部土体向上隆起涌出的现象,验算时将上覆土层视作不透水层,用其重力来平衡水压力,当基坑下部存在承压水层,且上覆土层不足以抵抗下部水压力时,存在突涌的可能和风险,采取的应对措施有降低压力水头、增加基坑底部荷重或采用含水层水平隔断等。抗渗流指的是防止地下水通过土壤孔隙流动对基坑造成影响,当基坑内外水位差较大、土层渗透性较好且基底无有效相对隔水层时,存在渗流破坏的可能,通常的应对措施有采用止水帷幕、延长渗流路径和降低坑内外地下水位差等。

1. 抗突涌问题

根据《建筑基坑支护技术规程》(JGJ 120—2012)第 7.1.4 条的规定:当坑底以下有水头高于坑底的承压水时,各类支护结构均应按本规程第 C.0.1 条的规定进行承压水作用下的坑底突涌稳定性验算。当不满足突涌稳定性要求时,应对该承压含水层采取截水、减压措施。其中 C.0.1 条规定突涌稳定安全系数 K_{ty} 不应小于 1.1。上海市工程建设规范《基坑工程技术标准》(DG/TJ 08—61—2018)第 6.7.1 条规定抗承压水安全系数取 1.05。

现行规范和行业通行做法均采用重力平衡法验算,仅考虑将上覆土层视作不透水层,用其重力来平衡下部水压力,城市轨道交通的车站主体结构基坑一般为长条形,长宽比通常在 10 倍以上,相对隔水层通常为可塑及以上黏性土层,因有一定的厚度和强度,是良好的安全储备。

承压水的突涌破坏安全度是由重力平衡和基底相对隔水层土的强度共同决定的,对于车站等狭长形基坑,基底土的强度作用较为显著。对于隔水层的强度参与抗突涌安全计算,国内多位学者进行了专门研究,浙江省也尝试将其列入了地方标准。浙江省工程建设标准《建筑基坑工程技术规程》(DB33/T 1096—2014)第 13.5.2 条第 2 款对类似情况作出规定,适当考虑基底土层的强度作用。

根据突涌稳定性安全度要求,国家标准基坑技术规程中规定安全系数不应小于 1.1,上海地方标准为 1.05,设计通常取最高水位进行验算,安全系数在 1.0 的状态下为重力平衡临界状态,仅仅是存在承压水突涌的风险,结合风险管理理论和基底土强度的影响,在安全系数 1.0~1.1 的状态只要降低突涌风险发生的概率同样可满足工程安全,而不是只要抗突涌验算安全系数小于 1.1(上海 1.05)就必须采取隔断等工程措施。在目前的规范体系下,即使不考虑基底土强度和基底加固的安全系数,仅采用备用减压井配合措施来降低风险发生概率,可满足基坑工程的安全要求。

某车站为标准 2 层站,其基坑承压水突涌临界状态地层示意如图 3.4 所示,按场地最高承压水位抗突涌安全系数为1.0,原设计方案为地下连续墙加深素墙隔断下部承压含水层,基坑底为厚层可塑~硬塑状黏性土,优化设计方案采用满足正常受力设计的连续墙插入深度,配合布置适量的减压备用井,有效节省了工程投资。

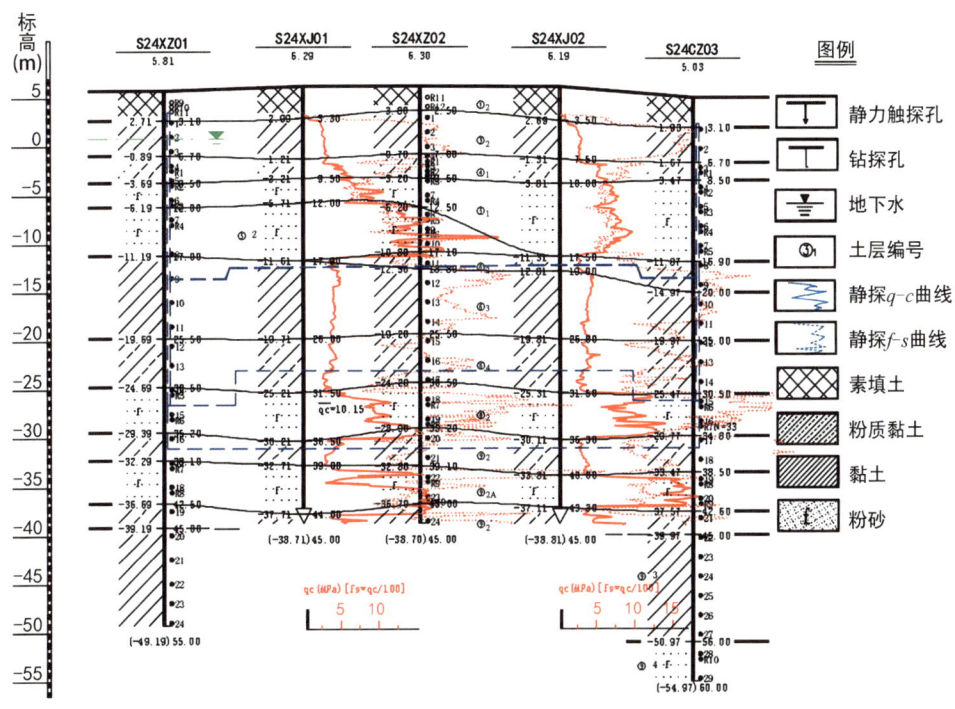

图 3.4 某车站基坑承压水突涌临界状态地层示意

2. 抗渗流问题

根据《建筑基坑支护技术规程》(JGJ 120—2012)附录 C.0.2 条,悬挂式截水帷幕底端位于碎石土、砂土或粉土含水层时,对均质含水层,地下水渗流的流土稳定性安全系数 K_{se} 应满足:当安全等级为一、二、三级的支护结构,K_{se} 分别不应小于 1.6、1.5、1.4;对于渗透系数不同的非均质含水层,宜采用数值法进行渗流稳定性分析。该条明确规定了公式适用于均质土。在实际的工程中,冲洪积、河流相沉积形成的大部分砂土或粉土含水层,或多或少都夹有黏性土薄层,在无特殊勘察要求的情况下,勘察单位无论是进行室内渗透试验还是现场常规的注水、抽水试验,对大部分含水层都按相对均质土处理,现场试验往往也仅仅提供综合渗透系数,甚至仅仅提供多层含水层混合抽水的综合渗透系数。设计人员拿到勘察报告后一般也会按均质土进行设计,对于水平渗透性与垂直渗透性存在较大差异的含水层,按均质土处理无疑会造成巨大的工程浪费。

对含水层予以细分,按多层含水层的综合渗透系数计算公式:

水平等效渗透系数 k_h:
$$k_h = \frac{\sum k_i \cdot h_i}{\sum h_i} \tag{3.1}$$

竖向等效渗透系数 k_v：
$$k_v = \frac{\sum h_i}{\sum \dfrac{h_i}{k_i}} \qquad (3.2)$$

式中　h_i——各土层厚度；

　　　k_i——各土层渗透系数。

从式(3.1)和式(3.2)可看出，水平等效渗透系数是各土层渗透系数按厚度加权平均值，夹有黏性土薄层对等效渗透性影响较小。竖向等效渗透系数主要由渗透系数小的土层控制，夹有的黏性土薄层会大幅降低土层的综合渗透性，土层的厚度并不是主要控制因素。

在自然沉积的土层中，即使为相对均质含水层，由于水平层理的存在，垂直渗透性一般也会低于水平渗透性，往往会有数倍到十余倍的差别，夹有多层黏性土薄层的含水层，二者的差值甚至可达 2 个数量级或者更多，由勘察基础参数误差或勘察不足带来的影响不容忽视。

因此，除非对于相对均质的碎石土、砂土含水层可以按均质土进行抗渗流验算，对于粉土特别是明显夹有多层黏性土薄层的粉土层，在前期提供勘察技术要求时，应明确现场分别进行水平、垂直两个方向的水文参数测试，并采用数值法进行渗流稳定性分析，这样可显著优化悬挂式帷幕的插入深度。

以某车站地基土为例，从图 3.5 所示可以看出，⑤₂ 粉砂夹砂质粉土层土质较均可看作均质含水层，⑤₃ 砂质粉土层、⑧₂ 砂质粉土层均夹有多层的黏性土薄层，勘察时应进行现场专项水文地质试验，分别提供水平向、垂直向渗透系数，为悬挂式帷幕设计提供可靠依据。

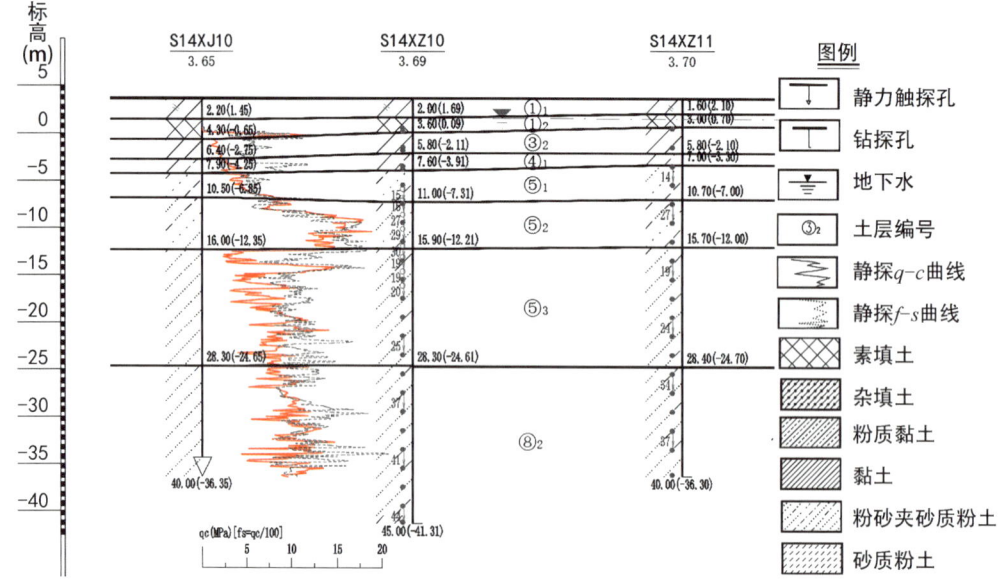

图 3.5　某车站附属结构基坑地基土层示意

3.4.7 数值分析参数

随着数值分析及计算机技术的发展,以固体力学理论为基础,以数值分析为手段的有限元、离散元分析技术得到迅速推广,目前常用于地下工程设计分析的数值分析软件较多,如设计人员熟悉的 ANSYS、ABAQUS、Z-SOIL、PLAXIS、MIDAS-GTS、FLAC-3D 等。数值分析可用于处理很多复杂的岩土工程问题,由于采用不同的本构模型,各数值分析软件需要输入不同类型和相应状态的土工参数。

土的本构关系又称为本构模型,即描述土的应力-应变关系的数学表达式。土的应力-应变(σ-ε)关系很复杂,具有非线性、黏弹塑性,同时强度发挥程度、应力历史以及土的组成状态和结构等对其都有影响。常用的本构模型有弹性模型(Winkler 模型、弹性半空间模型、分层地基模型等)、非线性弹性模型(D-C 模型)、弹塑性模型(剑桥模型、清华模型)、黏弹性模型等。各模型均有适用范围及优缺点,可根据工程实际的应力-应变关系分析的需要及工程边界条件来选择较合适的分析模型。

大多数土的本构关系模型是以三轴压缩试验结果为依据。常规的数值分析软件所需的物理力学参数基本上可通过室内试验提供,由于土的特性及各软件的数值分析内核不同,设计人员在正确使用土工参数的基础上,根据工程结构特点及实测数据进行反分析,优化试验安排及参数选用,并需注意以下几点:

(1) 根据常规三轴试验的结果确定非线性模量的参数,用于数值分析的增量法比较方便。但是这种模型忽略了应力路径对变形的影响。试验表明,按不同应力路线进行试验,得到的模量(E)、泊松比(μ)也不相同,条件具备时可开展按实际应力路径测定 E、μ 的试验。

(2) 土的弹性模量(E)是采用应力式三轴仪在 K_0 状态下反复加载、卸载得到的加荷卸载应力-应变关系曲线而获得。

(3) 各类切线和割线模量 E 值的选用根据土层围压及应力-应变关系(加载固结、卸载回弹),选择对应的三轴排水试验的应力-应变关系曲线获取。

(4) 本构关系模型中需要的体积变形模量(K)、剪切模量(G),同样也由三轴排水试验应力-应变关系获取。

(5) 应注意同一土层的各类模量 E 值随深度的变化,厚层沉积土层应根据有效围压变化安排室内试验。有研究表明,初始切线模量(E_t)、割线模量(E_{50})、回弹模量(E_{ur})均与 σ_3 呈近似线性关系。

(6) 在土的应力-应变曲线中,越接近破坏区域其非线性特征越明显。非线性弹性模型就是通过不断修正地基弹性模量模拟岩土的非线性特性。

(7) 数值分析的实质是将连续的岩土体分割成有限的单元或离散单元,采用有效应力的受力传递,因此,除非分析软件有特殊要求,一般输入的强度参数为有效应力状态下的强度指标值。

第 4 章
勘察总体总包管理

城市轨道交通工程的勘察设计工作是一项系统性工程,涉及几十个专业和数十家勘察设计单位,为确保工程的系统性、统一性、完整性,技术的协同管理工作尤其重要。承担项目的总体总包单位根据技术分工和管理体系要求,设置各专业的技术总体岗位并划分相应总包业务管理职责,各专业通过总体总包组综合协调管理,共同完成城市轨道交通工程的勘察与设计及相关服务工作。城市轨道交通岩土工程勘察总体总包管理架构示例如图 4.1 所示。

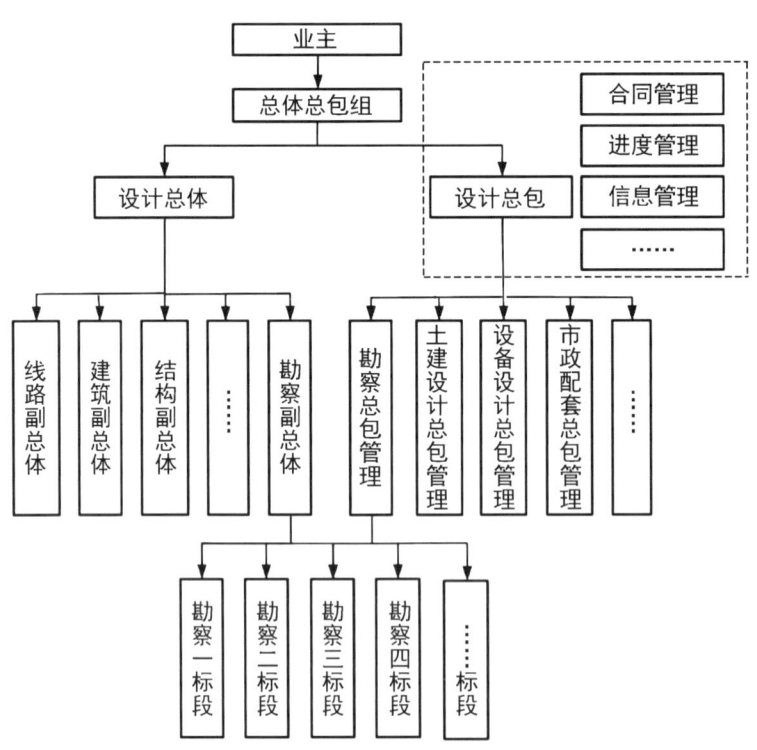

图 4.1 城市轨道交通岩土工程勘察总体总包管理架构示例

4.1 勘察总体总包的任务与职责

勘察总体总包负责岩土工程勘察专业总的技术协调与管理工作,包含勘察总体管理和相应的总包管理。勘察总体负责汇总各分项设计单位的勘察技术要求,编制全线勘察技术原则及主要技术标准文件,统一技术接口文件并下发勘察总体技术要求,提供勘察依据的基础技术资料,同时对各勘察单位提交的勘察技术成果的符合性进行验收。勘察总包管理则统筹相应阶段勘察依据的设计文件、基础资料的下发与管控,负责勘察合同、质量、进度、成果交付及各专业接口协调等相关的管理工作,勘察总体和勘察总包管理工作既有各自工作的侧重面和独立性、又有工作的融合性和统一性,两项工作相辅相成,构成一个有机的整体,全面覆盖城市轨道交通工程岩土工程勘察工作的各个环节。

勘察总体总包单位职责一般如下:

(1) 建立健全科学有效的安全与质量管理体系及相关责任制度。

(2) 协调各单位之间的技术接口,统一勘察技术标准、地层分层体系和勘察报告编制格式等,编制勘察总体技术要求和不同勘察阶段技术要求。

(3) 勘察实施前,应及时组织设计单位对勘察单位进行技术交底,并做好勘察纲要、勘察报告的总体审查工作。

(4) 构建勘察全过程风险管控机制,督促勘察单位建立健全安全生产保障体系和应急救援体系。

(5) 定期组织召开勘察工作例会,及时掌握勘察过程质量、安全、进度的情况,并督促勘察单位对存在的问题进行整改。

(6) 组织勘察单位向设计、施工单位及时进行勘察成果的技术交底。

(7) 对勘察单位提交的勘察成果进行符合性验收,必要时协助业主单位组织专家对勘察成果予以评审验收。

(8) 勘察总体总包工作结束后,应编写勘察总体总包工作报告,对勘察单位完成的过程资料、勘察报告及图件等的完整性、准确性和可靠性提出评价意见。

4.2 勘察总体总包的工作范围及工作流程

勘察总体总包的工作范围是根据总体总包的招标文件要求和与业主签订的合同约定

来确定的,依据行业惯例,总体总包的招标通常是在可行性研究报告审批后进行的,后续的阶段为总体设计、初步设计、施工图设计直至线路的试运营,总体总包工作则是涵盖后续工作的设计管理及相关服务。勘察总体总包的工作是对应的初步勘察、详细勘察及相应阶段的专项勘察、补充勘察的管理与配合服务、技术接口协调等工作。城市轨道交通岩土工程勘察总体总包管理流程如图4.2所示。

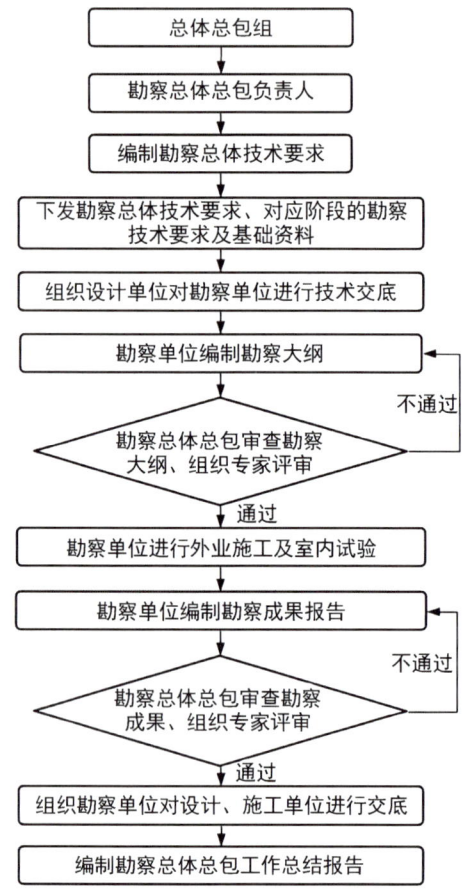

图4.2 城市轨道交通岩土工程勘察总体总包管理流程图

● 4.3 勘察总体管理

城市轨道交通勘察是一项系统性工程,勘察成果要满足系统性、网络化建设的需要。部分城市由于缺乏有效的前期管理和总体协调,没有建立统一的地方分层体系、统一的编制标准、统一的技术接口，以至于各条线、每家勘察单位的技术成果深度、格式均存在较大差异，给后期的网络化成果管理、各条线资料经验参考及共享均带来较多困难。因此，勘察总体技术管理是规范化勘察标准、技术接口、勘察流程和勘察成果，确保勘察成果质量、节约工程投资，并为土建工程设计、施工和工程管理提供可靠依据的基础保障工作。

4.3.1 技术标准与技术接口

城市轨道交通工程的勘察与设计工作是一项复杂、繁重的系统性工程，参与建设的勘察、设计单位来自不同的地区和行业，各单位的行业习惯和通常采用的技术标准有着较大差异。来自铁路、市政、电力、建筑、地矿等行业的勘察设计单位，在工作中难免带有行业习惯做法和相应行业技术标准痕迹，勘察与设计总体的工作首先就是要协调统一全线所执行的技术标准和技术接口。勘察总体根据工程建设需求，在国家及行业规范的基础上，结合设计单位的勘察技术需求，选择相关的行业、地区标准作为补充，进行系统梳理并下发给各勘察单位以作为勘察工作开展的依据。

城市轨道交通岩土工程勘察涉及的技术接口包括勘察单位与设计单位之间的技术接口、勘察单位与土建施工企业的技术衔接、施工图审查机构的格式及程序要求、地方政府档案管理的格式及相关要求等。其中，与设计专业的技术接口主要包括土建、线路、站场等相关专业，勘察总体需要制定相应的技术接口规定及衔接程序，协调勘察、设计使用的规范体系、参数格式及适用范围等。

4.3.2 勘察总体技术要求

勘察总体技术管理工作前期最重要的工作是编制和下发线路的勘察总体技术要求，勘察总体技术要求一般包括工程概况、勘察阶段及勘察技术要求（相应阶段的勘察技术要求）、执行的技术标准、各工点的编号和勘探孔的编号及符号规定、岩土的分层系统、勘察大纲内容组成与规定、成果报告编制要求与规定、勘察成果文件标识及格式等内容。勘察总体技术要求是本线路岩土工程勘察管理的纲领性技术文件，确保了各勘察单位的执行技术标准、勘察标识、分层体系、编制深度和成果格式的统一，并保证了勘察成果的完整性、系统性。

根据设计阶段的划分以及设计、施工需求，各阶段同时下发相应的勘察技术要求，一般为初步勘察技术要求、详细勘察技术要求、专项勘察技术要求和补充勘察技术要求，根据城市轨道交通勘察特点，要求后一阶段勘察（或后续勘察）应引用经过修订的前一阶段（或前次勘察）合适的勘察成果，以保持成果的连续性和完整性，并要求与邻近标段或工点的勘察成果能够有效衔接和相互印证。

各阶段的勘察技术要求是在汇总各分项设计单位提出的勘察技术要求的基础上，根据工程特点、施工工法、国家和行业标准等,由勘察总体统一编制,细化勘察目的、任务及相应建(构)筑物的勘察技术要求,并对本阶段的勘察工作量布置原则、采用的勘察手段及实施技术要求、原位测试及室内试验方法、子样数及统计要求、需提供的物理力学参数建议等作出的系统性规定。

勘察标识包括各工点的编号、勘探点的编号及符号规定,各工点的编号由勘察总体统一规定,一般包含线路编号、工点性质及顺序编号,勘探点的编号根据工点编号、勘察阶段、勘探孔的类型、里程方向依次编排,所有的勘探点标识在线网里均具有唯一性,便于后期的资料检索和网络化勘察成果共享,其中线路编号在勘察实施阶段可以省略,在提交录入线网资料系统时统一添加。某线路勘探点标识规定如图4.3所示。

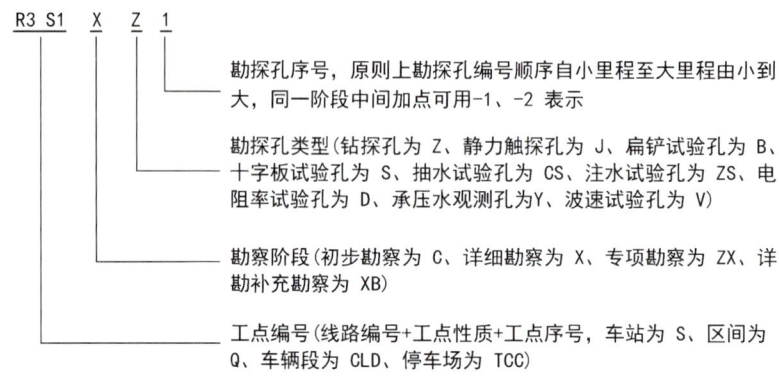

图4.3 某线路勘探点标识规定

岩土分层系统是根据区域地质特点、地貌单元划分和地层特征,对城市轨道交通工程影响范围内的岩土层从线网层面进行的综合分层标准化,包括分层原则、层位定名及亚层定名的规定,分层系统的确立不仅方便了设计、施工及监理等后续工作使用,减少因岩土分层差异问题而产生的遗漏或误解,同时为整个线网的岩土工程勘察、设计资料的管理和资源共享奠定了基础。

4.3.3 勘察大纲与成果文件编制规定

勘察大纲的编制深度除常规的基本内容外,应根据城市轨道交通岩土工程勘察的特点,对岩土工程勘察手段及工作方法、勘察风险的梳理和评估、安全施工及应急预案、勘探施工环境保护等作出明确要求,同时对大纲附图、附表的格式也须作统一规定。大纲章节的基本内容详见本章附件一。勘察单位依据勘察总体单位统一下发的勘察技术要求和相关设计基础资料开展勘察大纲的编制,大纲的格式、编制深度及内容应满足总体单位的统一规定,经勘察总体审查同意后方可开展下一步工作。

由于每条线的勘察工作量大、标段划分多,承担勘察业务的勘察单位来自不同行业,勘察报告的编制通常也有各自的习惯和侧重点,勘察总体应对报告的格式、基本内容、编制深度等作出详细规定,勘察成果报告的基本内容详见本章附件二。因勘察阶段和地区特点的差异,章节的安排和内容可能略有差异,但对基本内容的要求不仅可以确保线网内勘察成果格式和编制深度的统一,以保证勘察成果文件的完整性和编制质量,还有利于相邻勘察标段资料的有效衔接,也方便了设计专业的使用和专业间的沟通。

为满足城市轨道交通工程勘察设计成果数字化管理的要求,所有勘察阶段的成果标识均须满足线网内唯一性的要求。勘察成果文件的标识、格式在满足本单位文件管理要求的基础上,应同时满足总体技术要求的标识和格式规定。

4.3.4 总体技术审查

勘察总体技术审查是符合性审查,按阶段可分为勘察大纲审查和勘察成果审查。

勘察大纲编制依据的设计提资必须由勘察总体总包单位统一下发,勘察过程中的设计变更也必须经勘察总体签署确认后方可作为大纲的变更依据。勘察总体应对每一阶段的勘察大纲编制前的线路平面、纵断面及技术要求等设计提资予以审查确认,招投标的技术方案未经勘察总体确认不可作为勘察工作的依据。勘察总体应对勘察大纲的编制深度、范围是否满足设计及总体技术要求予以审查,经勘察总体审查签署后的勘察大纲方可作为下阶段工作的依据。

勘察成果审查含中间成果协调审查和勘察最终成果审查。由于城市轨道交通岩土工程勘察作业周期长、影响因素多,设计周期也往往要求紧张,有时需要勘察单位提交中间成果来满足阶段性设计需求,勘察总体应协调和审查勘察中间成果的深度、可靠性,并提醒设计单位注意中间成果存在的相关风险,其中未经勘察总体审查及程序确认的中间成果不宜直接提交设计单位使用。

勘察总体对各勘察单位提交的阶段性勘察成果进行符合性审查,内容包括:审查勘察成果的勘察工作范围、勘察工作方法、完成的勘察工作量是否与批准的勘察大纲相符合;审查成果报告中技术分析的范围、深度、岩土工程风险评价以及结论建议是否满足本阶段勘察技术要求和勘察总体技术要求;审查全线勘察成果的完整性、统一性、协调性,核查勘察成果的格式、标识等是否符合总体技术要求和技术接口文件的规定。

● 4.4 勘察总包管理

城市轨道交通工程的勘察、设计工作是一项多单位相互协作的系统性工程,只有通过总体总包的综合协调管理，才能保证整个勘察、设计工作有序进行。勘察总包管理与勘察总体管理相互衔接、相辅相成，按照总体总包合同要求及相关管理范围约定建立有效的勘察质量保证体系，通过全过程的管理和协调，确保勘察质量满足建设项目要求。

4.4.1　勘察依据及相关文件管理

勘察依据是勘察工作的基础，相应阶段勘察依据的设计文件、基础资料经勘察总体确认后由勘察总包统一下发与管控。勘察过程中设计方案调整、平纵断面升版等，必须经勘察总体确认、由勘察总包备案后方可作为勘察工作的依据。因建设环境复杂，线路方案、站位可能会存在多次调整的情况，勘察最终出图的依据为勘察总体总包及设计协调后确认的版本文件，在不满足设计要求时，经勘察总体审查签署后可进行必要的补充勘察。

由分项勘察单位自行收集的区域资料、既有工程的勘察成果等经勘察单位内部评审后可以采用，但要确保资料的准确性及可靠性。

4.4.2　技术接口及协调管理

技术接口与协调管理是勘察总包管理的一项重要工作，协调和落实各勘察单位与设计、施工、施工图强审、档案管理等单位之间的技术接口规定，也是确保全线勘察成果技术格式统一性的关键。

组织勘察单位与分项设计单位进行专项对接，沟通落实技术接口采用的规范体系、试验及测试方法、参数格式及适用范围、文件格式规定等，并在勘察过程中予以检查，监督各单位对不符合情况完成整改，确保全线技术接口规定的统一性。同时，对接口管理过程中所有信息记录、协调会议记录、技术接口变更等予以保存，技术接口的变更应经勘察总体会同相关方签署同意后方可实施。

4.4.3　过程管理

勘察过程管理是勘察质量管理的关键环节。健全的安全质量管理体系是保证勘察质量的首要条件，勘察总包应组织相关人员对各勘察企业的质量管理体系、安全生产管理制度的建立健全情况进行系统检查，对不符合勘察总体总包管理要求的限期予以整改完善，对关键节点岗位的职责制度、岗位资格以及勘察企业的质量手册、程序文件、作业指导书等完整性予以抽检，确保勘察工作全过程安全受控。

勘察总包应根据项目总体进度安排，协调勘察进度与设计进度节点配合工作，督促勘察单位落实各项工作进度计划，因故延误的应及时调整并上报勘察总体总包组审批。勘察进度在满足招标文件规定周期的同时，应满足设计节点的需求，初步勘察阶段的进度同时要满足配合建设程序的上报时间节点要求。

在勘察工作实施前,勘察总包负责组织各设计单位对勘察单位进行技术交底,通过充分沟通了解设计方案、技术难点以及勘察技术要求中重点要解决的问题。勘察成果提交后,及时组织勘察单位向设计单位、施工单位进行勘察成果的技术交底工作,对岩土工程风险防控及设计、施工中须注意的问题应予以重点提示。

建立良好的专业沟通机制,组织勘察单位参与相关的设计例会及技术方案会议,及时沟通解决勘察、设计过程中遇到的岩土工程问题。建立勘察例会、周报和月报制度,全面掌握勘察过程的质量、安全、进度等情况,发现问题及时沟通整改。检查勘察总体及各级审查意见的落实情况,涉及严重不符合的应组织整改或返工处理,并记入企业考评。

勘察总包应配合建设单位对分项勘察单位的质量、进度、人员配置、设计配合度等进行综合检查考核,督促勘察单位及时对存在的问题进行整改,考核成果可作为勘察企业考评及合同款项支付的依据。

4.4.4 成果验收及配合服务

勘察总包负责勘察全过程的勘察总体总包管理文件及勘察成果文件的管理工作,勘察成果提交后首先送勘察总体、工点设计单位进行符合性审查,必要时协助业主单位组织专家对勘察成果予以评审验收。目前,各地城市轨道交通工程岩土工程勘察实行强审制度,强审通过的详勘成果报告方可作为设计、施工的依据。

勘察总包应组织协调分项勘察单位做好配合服务工作,包括勘察过程中根据设计需要及时提供勘察中间技术成果,勘察成果交付后对设计单位的技术交底与相关风险提示,施工前对施工、监理、监测等单位的技术交底,参与施工现场验槽及现场岩土工程风险事故处理,协助解决施工中遇到的各类岩土工程问题,并根据工程管理需要参加各类工程竣工验收等。

4.4.5 勘察变更及合同管理

勘察变更指因设计方案变动、地质条件发生变化、不可预见因素等原因引起,且达到勘察合同约定的变更条件的勘察工作量的变化。因设计方案变更调整、地质条件变化等因素,原勘察方案不满足设计要求的变更工作量可由勘察总包确认,其他因素引起的变更由勘察总包、监理单位等共同确认。但所有变更后的勘察技术方案须经勘察总体等审查确认后方可实施。

根据总体总包或设计总承包合同条款约定,勘察总包负责相对应范围的勘察合同管理,合同管理严格遵循并执行总体总包的合同管理规定,结合勘察企业质量、进度及服务配合等考评业绩,依据条款约定采取相应的奖惩措施。

附件一：勘察大纲基本内容规定

1. 综合说明
    1.1 工程概况
    1.2 编制依据
    1.3 编制原则
2. 场地工程地质条件
    2.1 自然气候条件
    2.2 地形地貌特征
    2.3 区域地质条件
    2.4 地基土构成及特性
    2.5 场地地震效应
    2.6 水文与水文地质
    2.7 不良地质及地下障碍物
3. 勘察目的及需解决的主要技术问题
4. 勘察工作量布置
    4.1 勘探点平面布置及孔深确定
    4.2 取土及原位测试
    4.3 室内土工试验
    4.4 勘察工作量统计
5. 提交的成果报告内容
6. 勘察质量保证措施
7. 勘探施工安全保证措施及应急预案
8. 勘探施工环境保护措施
9. 职业健康安全
10. 勘察施工组织
11. 工程勘察进度安排及进度保证措施
12. 勘察风险管理
13. 服务、承诺与配合

附表（根据实际情况增减）

　　附表1　布置勘探孔主要信息一览表
　　附表2　项目人员配备表

附表 3　岩土工程勘察任务作业计划进度表

附表 4-1　岩土工程勘察风险调查表

附表 4-2　岩土工程勘察风险评估表

附表 4-3　岩土工程勘察风险事件和控制措施一览表

附图（根据实际情况增减）

附图 1　勘探点平面布置图

附图 2　工程地质剖面图（搜集或上一阶段成果）

附件二：岩土工程勘察报告基本内容规定

1. 前言
   1.1　概述
   1.2　勘察依据
   1.3　采用的规范、规程及标准
   1.4　勘察目的及技术要求
   1.5　勘察工作量布置
      1.5.1　工程地质调查
      1.5.2　勘探孔平面布置
      1.5.3　勘探孔深度确定
      1.5.4　取样
      1.5.5　原位试验
      1.5.6　水文地质试验
      1.5.7　室内试验
   1.6　勘察工作方法
   1.7　勘察工作量利用及完成情况
   1.8　勘探孔定位及测量
2. 场地工程地质条件
   2.1　自然地理及气象
   2.2　区域地质概况
   2.3　地形、地貌特征
   2.4　场地环境条件
   2.5　岩土层特征
   2.6　岩土物理力学性质

        2.6.1 地基土物理力学指标的统计与分析

        2.6.2 原位测试

        2.6.3 地基承载力

    2.7 水文与水文地质

        2.7.1 区域水文

        2.7.2 地表水

        2.7.3 地下水

        2.7.4 水、土腐蚀性评价

    2.8 不良地质、特殊性岩土及地下障碍物

        2.8.1 不良地质

        2.8.2 特殊性岩土

        2.8.3 地下障碍物

    2.9 场地地震效应

        2.9.1 场地土类型与场地类别

        2.9.2 地震基本参数

        2.9.3 地震液化评价

        2.9.4 软土震陷

        2.9.5 抗震地段的划分

3. 岩土工程分析与评价

    3.1 场地稳定性和适宜性评价

    3.2 岩土特性分析

    3.3 地基均匀性与稳定性评价

    3.4 岩土施工工程分级与围岩分级

    3.5 岩土分析与评价（内容根据工程实际增、删）

        3.5.1 基坑工程分析与评价

            1) 基坑工程安全等级

            2) 基坑开挖及支护结构涉及地层

            3) 基坑围护方案选型建议

            4) 岩土工程问题分析

            5) 基坑设计、施工岩土参数建议

            6) 立柱桩、抗拔桩分析与评价

        3.5.2 盾构法隧道工程分析与评价

            1) 盾构掘进影响范围内地层及隧道综合围岩分级

2) 盾构选型分析与建议

3) 岩土工程问题分析

4) 盾构法隧道设计、施工岩土参数建议

5) 联络通道分析与评价

3.5.3 沉管法隧道分析与评价

1) 沉管法隧道涉及地层

2) 地下水控制

3) 岩土工程问题分析

4) 岩土参数建议

3.5.4 矿山法隧道设计施工岩土分析与评价

1) 隧道开挖影响范围内地层及隧道综合围岩分级

2) 岩土工程问题分析

3) 矿山法隧道设计、施工岩土参数建议

3.5.5 桩基工程分析与评价

1) 桩基持力层选择

2) 桩型选择及沉(成)桩可行性分析

3) 岩土工程问题分析

4) 桩基承载力估算

5) 桩基沉降估算参数

3.5.6 路基工程分析与评价

1) 路基持力层评价与地基处理方案

2) 岩土工程问题分析

3) 岩土参数建议

3.5.7 浅基础分析与评价

1) 天然地基持力层评价

2) 岩土工程问题分析

3) 岩土参数建议

4. 岩土工程风险提示

4.1 不良地质风险提示

4.2 工程设计风险提示

4.3 工程施工风险提示

4.4 工程运营风险提示

5. 工程周边环境与工程的相互影响分析

5.1　工程周边环境对工程的影响分析

5.2　工程对工程周边环境的影响分析

6. 结论与建议

6.1　结论

6.2　建议

7. 有关说明

附表(根据实际情况增减)

附表1　勘探孔主要数据一览表

附表2　土层物理力学性质参数统计表

附表3　静力触探分层参数统计表

附表4　侧胀试验分层参数统计表

附表5　抽(注)水试验分层参数统计表

附图(根据实际情况增减)

附图1　图例

附图2　勘探点平面位置图

附图3　工程地质剖面图

附图4　钻孔柱状图

附图5　静力触探测试成果图表

附图6　扁铲侧胀试验成果图表

附图7　十字板试验成果图表

附图8　波速试验成果图表

附图9　电阻率测试成果图表

附图10　钻孔抽(注)水试验成果图表

附图11　土层压缩曲线图表

附图12　河床断面图

附图13　土工试验成果表

附图14　固结试验成果图表

附图15　水质分析报告书

附图16　其他试验图表

第 5 章
岩土工程勘察咨询与勘察监理

　　城市轨道交通岩土工程勘察周期长、任务量大、管理环节多,涉及众多的勘察设计单位和复杂的技术接口,参与项目的勘察企业来自不同的行业和地区,在技术组织架构、技术水平等方面存在较大差异,需在有限的周期内完成繁重的勘察业务,建设方在专业的技术管理深度和广度方面都可能会存在不足。引进有经验、高水平的专业技术团队协助进行咨询和管理,不仅可以提高勘察管理的效率,也能有效提高和控制勘察成果的质量和可靠性。

　　城市轨道交通岩土工程勘察咨询与勘察监理作为第三方的服务方式,已在我国多个城市的多条线路上得到实践。勘察咨询可以作为总体设计咨询分项的形式提供技术服务,也可根据工作需要独立招标;勘察监理则通常作为独立的第三方为建设方提供岩土工程勘察专业全过程监理服务工作。当勘察咨询作为总体设计咨询分项的工作形式时,勘察咨询的服务范围、职责与工作流程遵循总体设计咨询合同的约定及有关规定。

　　勘察咨询与勘察监理的服务区间及范围有交叉,勘察咨询工作的重点是为建设方提供技术和管理咨询服务,对勘察过程中遇到的特殊岩土工程问题进行技术咨询并提出解决方案建议,通过咨询审查、专项咨询等方式来提高勘察成果的技术水平;勘察监理的工作重点则是通过全方位的过程监督管理来保障勘察质量、生产安全和工作进度。在工程实践中,为了工作的需要,有些项目的勘察咨询工作范围也涵盖了部分过程管理的内容,勘察监理有时也要求为业主、勘察单位提供各类的技术支持和咨询服务,但勘察安全管理及现场监督检查等工作由独立的第三方监理单位完成更符合专业特点的管理要求。

● 5.1　勘察咨询

　　勘察咨询是城市轨道交通工程咨询服务的重要组成部分,它贯穿于岩土工程勘察工作从筹划到竣工验收的多个阶段,旨在由专业的技术团队为建设方提供相关政策、技术等方面的咨询和支持服务,通过勘察管理过程咨询和对勘察安全风险管理体系、勘察工作大纲、各阶段勘察成果咨询审查等方式,提高勘察单位的技术和管理水平、优化工程建议,并出具技术咨询报告。

勘察咨询服务也可以是独立的专项咨询,如勘察招标文件编制、勘察方案咨询审查、勘察风险评价及控制措施咨询或专项审查、专项勘察成果及各阶段勘察成果文件的咨询审查等。

5.1.1 勘察咨询的任务与职责

勘察咨询是对城市轨道交通工程勘察的全过程提供技术咨询与服务工作,协助业主编制勘察招标及勘察管理程序文件,对勘察过程中的各类技术问题及各阶段的勘察成果提出咨询意见及建议,并参与业主组织的勘察成果评审及验收工作等。

勘察咨询服务基于独立、科学、公正的原则,运用技术团队的专业优势和经验,确保岩土工程勘察项目从决策到实施的各个环节都能获得专业的支持和优化。

勘察咨询单位的职责一般如下:

(1) 建立健全勘察咨询管理体系、岗位分工及相关责任制度。

(2) 为业主提供相关政策、技术等方面的咨询和支持服务,协助业主编制勘察专业招标技术要求及完善相关勘察专业管理文件。

(3) 对勘察总体总包提供的技术接口、分层体系、总体技术要求及各阶段勘察技术要求提出咨询审查意见。

(4) 勘察实施前,对勘察大纲及勘察风险管控体系提出咨询审查意见,并参与相关方组织的勘察大纲评审。

(5) 参加勘察工作例会,对勘察过程中的各类技术问题提供技术支持,对专项勘察成果提出咨询审查意见。

(6) 对各阶段勘察成果进行咨询审查,并提出咨询审查意见,参加相关单位组织的勘察成果评审验收。

(7) 勘察咨询工作结束后应编写勘察咨询工作报告,对勘察咨询过程中存在的问题予以总结,对咨询过程中解决的技术难题和重要咨询优化建议予以汇总,对咨询成效进行自我评估,并为后续工程建设中勘察专业管理的进一步改进提供建议。

5.1.2 勘察咨询的工作流程

勘察咨询的技术接口与管理框架因参与的方式不同而有一定差别,以总体设计咨询一体化方式提供服务的,遵循总体设计咨询的技术接口和管理框架,也可参考勘察咨询独立服务的模式。

勘察总体总包应根据进度安排及时为勘察咨询单位提供咨询审查所需的文件、资料。送审的文件和图纸应经勘察单位自审、勘察总体总包单位初审,且校审须签署齐全。

勘察成果文件管理审查流程为：勘察单位管理体系自审→勘察总体总包管理审查→勘察监理审查(如有)→勘察咨询审查→业主组织专家组审查验收。管理流程自上而下，原则上每一级流程须完成上一级审查意见闭合后方能送至下一级，勘察咨询审查意见可以直接与成果编制单位交流确认，但重大问题应抄报业主单位和勘察总体总包。勘察咨询管理及技术信息路径如图5.1所示。

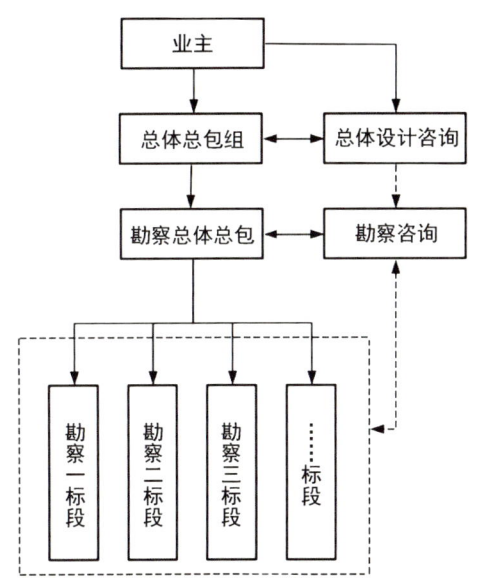

图 5.1　勘察咨询管理及技术信息路径

5.1.3　勘察咨询工作内容

根据招标文件和勘察咨询合同的约定，制定勘察咨询工作大纲，根据勘察工作进展，分阶段开展相应的咨询工作。

1. 勘察咨询工作依据

勘察咨询工作依据如下：

（1）国家、行业和地方有关工程建设的法规、政策、规定等。

（2）国家、行业和地方有关城市轨道交通岩土工程勘察、设计的技术规范、规程、标准。

（3）各阶段相关勘察设计技术文件及评审意见。

（4）勘察咨询单位与业主签署的勘察咨询合同。

（5）勘察实施单位与业主签署的勘察项目合同。

（6）业主签署的其他书面授权文件及专项咨询委托等。

2. 勘察咨询工作内容

勘察咨询工作内容包括为业主提供国家、行业及地方的行业政策与勘察技术等方面的咨询和支持服务，为勘察实施单位提供技术咨询、进行文件审查等。主要分以下几个阶段进行。

1）勘察项目准备阶段

（1）为业主提供与项目相关的国家、行业及地方的行业政策咨询。

（2）协助完善建设方勘察管理体系及制度建设。

（3）协助业主与勘察总体总包单位合理划分勘察标段、梳理全线勘察重难点。

（4）协助业主编制勘察招标文件、参与招标答疑等。

2）勘察实施阶段

（1）审查勘察总体总包单位提出的勘察总体技术要求。

(2) 审查勘察总体总包单位提出的分层体系、技术接口及相关文件。

(3) 审查勘察总体总包单位提供的各阶段勘察技术要求。

(4) 对各阶段勘察大纲进行咨询审查。

(5) 对专项勘察技术要求、专项勘察大纲进行咨询审查。

(6) 参与勘察例会,为勘察过程中遇到的勘察疑难问题和特殊岩土工程问题提供技术咨询。

3) 勘察成果验收交付与服务阶段

(1) 对各阶段勘察成果进行咨询审查。

(2) 对各类专项勘察成果进行咨询审查。

(3) 参与勘察成果的相关评审及验收。

(4) 对施工过程中遇到的岩土工程问题提供专题咨询和技术支持。

(5) 为业主提供勘察变更等相关咨询。

(6) 编制勘察咨询工作报告。

5.2 勘察监理

20 世纪 80 年代末,在工程建设领域引入了国际资金和先进的管理方法,率先在世界银行贷款项目上采用了国际项目管理方式,引进了工程监理机制,确保了工程质量和建设进度,有效控制了成本。上海轨道交通 1 号线一期工程于 1990 年 1 月开始动工建设,并引入工程监理制,工程监理也正式进入城市轨道交通建设领域。2002 年,上海长江隧道工程启动勘察工作,由于承担水域勘察任务的企业并没有隧道工程的勘察经验,为确保勘察质量,为当时世界最大直径的越江隧道保驾护航,建设方引进有着丰富水底隧道勘察和设计经验的上海市隧道工程轨道交通设计研究院(简称上隧院)作为勘察监理单位,实施全过程监理,这也是市政工程行业勘察项目第一次正式采用监理制。作为行业先行者,上隧院从 2005 年开始陆续在深圳、福州、宁波、苏州、常州、合肥、济南、南通等地的数十条城市轨道交通工程中推广了勘察监理制,并不断完善体系文件。自勘察劳务分离制度实行以来,勘察外业施工质量和土工试验分包质量的控制一直是行业关注的热点,勘察成果质量对建设工程整体质量的影响程度不容忽视,第三方监管的重要性逐渐显现。随着新一轮城市轨道交通工程建设的展开,同时期国内其他城市的轨道交通工程和其他大型市政工程的岩土工程勘察也陆续采用了监理制,在提高和保证行业勘察质量,保障城市轨道交通工程建设的顺利进行起到了重要作用。城市轨道交通工程勘察监理管理关系框架如图 5.2 所示。

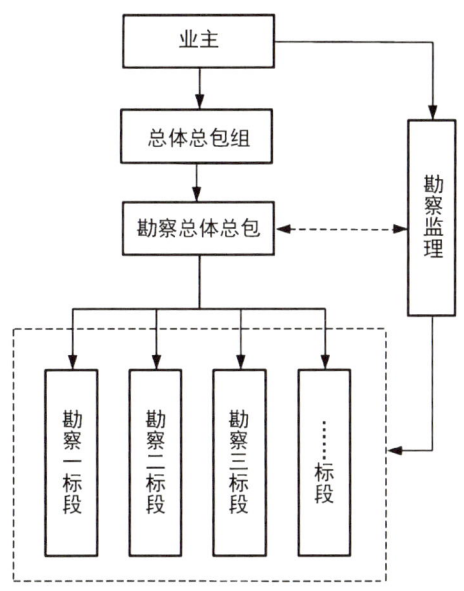

图 5.2　城市轨道交通工程勘察监理管理关系框架

勘察成果的质量和技术水平主要取决于勘察工作承担单位的技术水平和整体实力,过程控制是勘察成果质量管理的最重要组成和保障,良好的过程控制及重要节点监管控制是岩土工程勘察工作必不可少的环节。同时,由于城市轨道交通工程勘察的复杂性,综合的协调及对各个环节的监管也尤为重要。

5.2.1　勘察监理目标、任务与职责

勘察监理是根据业主及勘察总体总包单位下发的勘察技术原则、勘察技术要求及相关管理文件,监督管理并协助勘察单位按照合同约定和相关法律、法规及标准的规定完成勘察业务。根据勘察合同、勘察监理合同约定的工作内容,对勘察质量、勘察费用、勘察进度、安全文明施工、信息管理及综合协调等勘察全过程进行监督管理工作,负责对勘察大纲及各阶段勘察技术成果进行审查,并协助业主组织勘察成果的评审及验收。

勘察监理目标分为质量控制、安全控制、进度控制和投资控制等方面。

(1) 质量控制目标:通过系统的监理体系和管理措施对勘察全过程进行有效的监控,将各环节质量保证措施落到实处,及时发现问题并提出改正建议,保障勘察资料真实可靠,对各阶段勘察成果进行合规性和质量审查,杜绝重大质量问题的发生,确保勘察成果结论正确、建议合理,满足相关法律、法规、标准和设计要求,并顺利通过专家评审。

(2) 安全控制目标:建立健全勘察安全保障体系,监督落实安全防范及勘察风险应对措施,确保勘察全过程风险处于受控状态,勘察工作安全零事故、无管线损坏和无人员伤亡。

(3) 进度控制目标:跟踪掌握进度情况,控制关键节点的进度,确保勘察进度符合设计与项目进度要求,及时完成各个阶段的工作。

(4) 投资控制目标：确保勘察完成工作量与批准的勘察大纲相符合并满足规范及设计要求，严控变更管理，避免浪费，保证工程勘察投资经济、合理。

1. 勘察监理单位的具体任务与职责

(1) 建立健全勘察监理管理体系、岗位分工及相关责任制度，确保勘察过程的各个环节监督受控。

(2) 为确保勘察业务的合规性，梳理并审查勘察所依据的相关法律、法规和标准等支撑性文件。

(3) 勘察实施前，对勘察大纲及勘察风险管控体系提出监理审查意见，协助业主组织勘察大纲评审工作。

(4) 严格实施过程监督管理职责，对勘察外业施工、室内试验等实行旁站和巡视方式的监控管理，对内业整理及成果报告编制实行动态跟踪管理。

(5) 建立勘察周报、月报管理制度，确保工程能够按照计划的时间节点推进，及时完成各个阶段的工作。

(6) 组织勘察工作例会，协调勘察过程存在的各类问题，并形成会议纪要，重大问题及时上报勘察总体及业主。

(7) 负责勘察合同的履行管理，审查各类勘察变更申请，严格控制勘察成本。

(8) 对各阶段勘察成果进行监理审查，确保勘察成果的合规性，并提出监理审查意见，协助业主组织勘察成果评审验收。

(9) 勘察监理工作结束后，应编写勘察监理工作报告，对勘察监理过程中关键问题和重要成果予以总结，对监理成效进行自我评估并提出相关工作改进建议。

2. 勘察监理项目负责人（总监理工程师）职责

(1) 主持编制勘察监理工作大纲，组织编写各专业监理细则。

(2) 签发本工程勘察监理机构的各类文件和指令。

(3) 确定本工程勘察监理机构人员组成、分工和岗位职责。

(4) 负责管理勘察监理机构的日常工作。

(5) 检查和监督各岗位监理人员的工作，根据项目的进展情况需求进行人员调配。

(6) 主持勘察工作例会及勘察监理工作相关会议。

(7) 组织审查并签署各勘察单位提交的勘察大纲、开工申请等。

(8) 审核、签署各勘察单位的各类申请、支付凭证和勘察完工结算等。

(9) 审查和处理勘察变更事宜。

(10) 审核、签署勘察实际工作量。

(11) 主持或参与本项目勘察质量及相关事故的调查。

(12) 组织对各阶段勘察成果、专项勘察成果的审查，并提出监理审查意见。

(13) 参与调解本项目建设单位与勘察单位的合同争议、变更争议等事务。

(14) 组织编制并签署勘察监理月报、周报、勘察监理工作阶段报告、专题报告和勘察监理工作总结等文件。

3. 勘察各专业监理工程师职责

(1) 负责编制本专业的勘察监理细则。

(2) 负责本专业勘察监理工作的具体实施。

(3) 组织、指导、检查和监督本专业监理员的工作。

(4) 审查勘察单位提交的相关申请、进度计划、勘察方案调整、勘察变更等文件，并向项目负责人提出书面审查意见。

(5) 核查并签署钻探及原位测试设备、试验仪器及数据检测系统的计量认证、检测报告等合格认证文件。

(6) 根据本专业监理细则开展工作，勘察外业施工、室内试验等实行旁站和巡视方式监控管理，负责填写勘察监理日志等相关记录，参与编写监理月报、周报。

(7) 定期向项目负责人提交本专业勘察监理工作实施情况报告，对于重大问题应及时向项目负责人汇报和请示。

(8) 负责本专业监理资料的收集、汇总及整理，参与编制勘察监理阶段报告及勘察监理工作总结等。

(9) 负责本专业勘察工作量的审核及签署工作。

4. 勘察安全监理人员职责

(1) 编制勘察安全监理实施细则。

(2) 检查各勘察单位的安全保障体系及安全风险防范措施的落实情况。

(3) 审查各勘察单位勘察风险梳理情况及各项应对措施。

(4) 核查各勘察单位的专职安全生产管理人员、各类作业人员的岗位资格。

(5) 巡视、检查及处理安全监理的日常事务，发现安全事故隐患及时向项目负责人报告。

(6) 编制勘察安全监理日志或有关报告中的安全监理内容等文件。

5.2.2 勘察监理工作基本原则

基于勘察监理的工作性质和城市轨道交通岩土工程勘察的专业特点，以及勘察监理的目标和职责，在勘察监理过程中一般须遵循以下基本原则。

(1) 实事求是、独立公正的原则。勘察监理单位根据合同的授权，独立地行使职权，在工作中尊重科学、尊重事实，不受外界的干扰或干预，向业主提供科学、公正的意见和建议，维护业主和工程整体利益，遵守职业道德，坚持监理工作的独立性和科学态度。

(2) 严格把关、注重实效的原则。依据相关法律、法规、标准、设计技术要求、勘察合同、勘察监理合同等相关文件，严格把关，认真履行规定的程序、制度和岗位职责，做到监理措施到位、责任到人。为业主提供全方位、多层次的服务，维护建设方的合法权益，遇到重大问题及时向业主汇报，并与勘察单位建立良好的沟通交流渠道，在监理过程中发现问题主动沟通解决，及时消除各类不利隐患。

（3）过程监控、目标控制的原则。勘探监理工作应具有前瞻性，充分发挥监理单位的行业经验和技术优势，注重预控和过程监控，避免问题的堆积和因勘察的重大返工而影响勘察设计进度及工程质量，通过事先策划、重点梳理，提出各阶段岩土工程勘察监理工作要点和监理目标，强化过程监控，及时规避各类安全事故和质量风险。

（4）动态跟踪、现场服务的原则。城市轨道交通岩土工程勘察工作量大、现场实施环境条件复杂，勘察监理人员需根据实施过程中的动态信息及时调整工作安排，加强与业主、总体总包（勘察）、工点设计、勘察实施等有关单位的沟通。根据勘察工作需要，及时安排旁站、巡视等现场监理工作，做好过程监理和动态监理，切实履行监理单位的管理与协调职责。

5.2.3 勘察监理的工作范围与工作流程

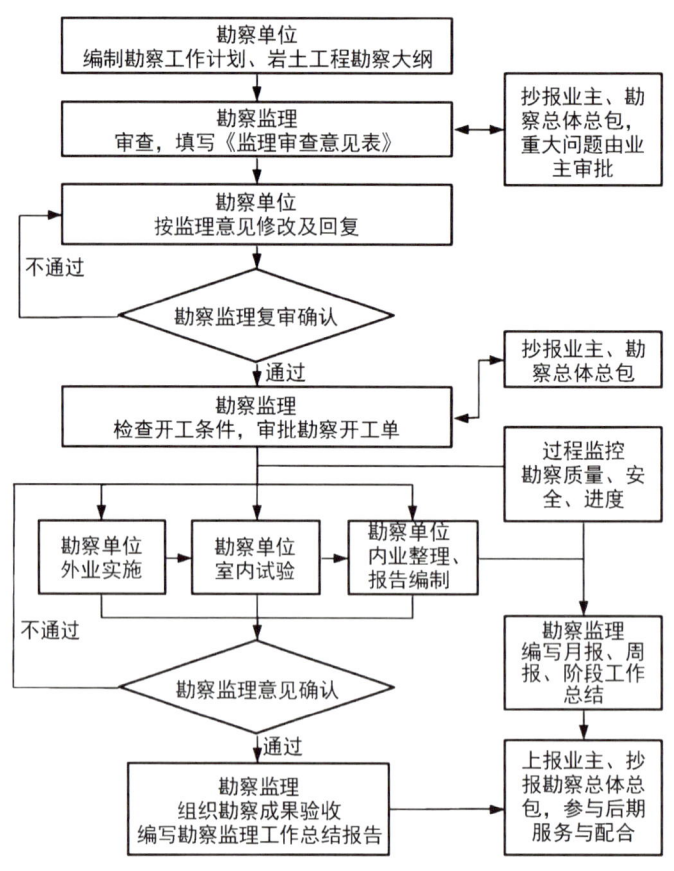

图 5.3 勘察监理工作流程

勘察监理服务招标时间一般是在工点设计招标后,与勘察分项的招标同期进行。根据勘察监理进场的时间节点和勘察监理合同的约定,勘察监理服务范围一般包括:初勘准备阶段的监理、初勘外业实施监理、初勘室内试验监理、初勘内业整理阶段的动态跟踪监理、初勘中间资料审查、初勘报告送审稿审查、组织初勘报告专家评审验收等;详勘准备阶段的监理、详勘外业实施监理、详勘室内试验监理、详勘内业整理阶段的动态跟踪监理、详勘中间资料审查、详勘报告送审稿审查、组织详勘报告专家评审验收等;合同约定的专项勘察、补充勘察的相关监理工作。勘察监理工作流程如图5.3所示。

5.2.4 勘察监理工作方法及控制措施

承担城市轨道交通工程勘察监理工作的单位一般具有较丰富的行业经验和技术优势,通过项目技术团队对勘察全过程重难点的梳理和分析,采取目标控制与关键节点控制相结合的方式,把质量控制、安全控制、进度控制、投资控制目标分解后,落实到监理的各环节。依据项目监理工作大纲和各专业监理细则,认真履行管理程序和岗位职责,督促勘察单位把安全、质量等保证措施落到实处,在勘察具体实施中进行全过程监控,并通过现场旁站、抽查和动态跟踪等监理手段,及时发现问题并提出改正建议,确保各类安全风险全过程受控,且勘察的进度和投资满足建设时间节点及合同约定需要,同时还应确保各阶段勘察成果满足相关法律、法规、标准和设计要求,顺利通过专家评审验收和施工图审查。

1. 勘察监理的主要工作方法

(1) 根据勘察阶段工作安排和进程细化各环节监理工作目标,采取目标管理的方法,项目负责人根据相应需求合理安排人员、调配监理资源,目标明确地开展针对性监理工作。

(2) 勘察准备阶段,监理团队要充分熟悉线站位设计方案,认真领会勘察技术要求、设计需求和勘察工作边界,详细梳理和分析勘察全过程重难点,对岩土工程勘察大纲进行审查。

(3) 核查勘察单位的相应资质,对勘察单位的人员岗位资质、钻探设备、原位测试设备、物探和测量仪器等进行核检,并审查计量有效性,以及各类人员资质和设备是否符合勘察大纲和勘察工作实施要求。对勘察使用的软件的有效性、合规性进行专项核查。

(4) 勘察工作开展前,对勘察单位的质量管理体系、安全保障体系进行专项检查,督促勘察单位落实安全风险防范措施,确保每个环节、每道工序都在安全受控的状态下进行,从而确保勘察工作质量、安全达到要求。

(5) 勘察外业实施前,检查开工相关许可、现场文明施工及安全措施的落实情况。对勘探、测试等各工序的质量与进度采取过程跟踪检查的形式进行监理,外业工作分区安排专人监控,对关键勘察工序的施工进行旁站监理,对外业成果实行单孔验收制。

(6) 试验开始前,对试验室环境、试验室设备及计量认证、岗位职责制度等进行系统性检查。根据试验环节安排和试验方法,采取旁站监理、抽检和动态跟踪相结合的监理方法,对试验过程的标准化和规范化监督检查,避免人为因素导致的数据偏差,确保试验成果的客观性和准确性,对特殊试验等根据需要进行单项成果验收。

(7) 内业整理和成果报告编制阶段,采取动态跟踪和节点抽检的监理方法,核查各级质检的履行情况和内业各环节工作进度。

(8) 勘察成果验收阶段组织监理专家团队对岩土工程勘察成果进行审查,满足勘察大纲和合规性要求,详勘成果满足施工图强审要求,督促检查各级审查意见的修改及意见闭环情况。

(9) 项目负责人全面负责勘察监理日常工作,巡视重要部位、环境条件复杂的勘察现场,掌握现场质量动态,发现并处理勘察施工质量问题。专业监理工程师对外业施工、室内试验全过程跟踪监理,对现场质量问题及时处理,及时上报重要问题,检查并核对相关记录。安全监理工程师对勘察实施中各安全环节采取预检和日常巡查,并填写安全巡检记录。

(10) 对于一般问题,采取口头通知的方式督促勘察单位及时整改;对于较为重要的问题及口头通知后尚未及时执行的问题,发出书面整改通知;对于严重问题,直接书面通知并及时抄报勘察总体总包和业主单位;对于关键或有争议的部位、现象,进行照相、录像取证。

(11) 建立信息反馈机制,规范过程记录及信息流程管理,收集整理监理过程的信息记录,实行周报、月报制度,动态监督勘察进度完成率及总进度。

(12) 采取例会制度,及时掌握工程进展动态和沟通解决勘察过程中各方遇到的问题。

2. 勘察质量监理控制措施

(1) 组建人员梯队合理的现场勘察监理团队,监理责任落实到人。根据勘察现场情况,对监理人员进行分级合理调配,保证勘察过程各环节均处于受控状态。

(2) 建立并完善勘察监理工作团队的规章制度和内部奖惩考核措施,采取质量目标岗位责任制,明确勘察工作的重难点、具体要点和质量要求。

(3) 熟悉设计需求、勘察技术要求及勘察大纲的各项技术要点,进行必要的现场踏勘和基础资料收集,充分了解地形地貌、地质构造、工程地质、水文地质、不良地质等情况,编写针对性强、具可操作性的勘察监理工作大纲和专业监理细则。

(4) 根据批准的勘察监理工作大纲和专业监理细则,按照检查要点和工作需求,对勘察野外作业与室内试验过程加强巡视、检查和旁站等监理工作,并加强内业整理和成果报告编制的动态跟踪监督检查。

(5) 勘察单位应严格按照操作规程进行外业施工和室内土工试验,对开孔、终孔、封孔等关键工序应留有必要的影像资料。

(6) 对现场勘探、测试、室内试验成果采取分项、分阶段验收制度,对不满足要求的一律要求返工并保留相关记录。

(7) 加强对勘察过程中不合格品的识别和控制,对违反国家强制性规范条文,以及岩土工程勘察中存在安全、质量问题的操作按不合格品进行控制,明确不合格品处置的有关职责和权限。

(8) 组织专家团队对各阶段勘察成果进行质量监理审查和合规性把关,满足相关法律、法规、标准和设计要求。

3. 勘察安全及文明施工监理控制措施

(1) 开工前,安全监理工程师组织对勘察单位的安全文明施工规章制度及保障体系进行专项检查,审查勘察风险清单,监督落实安全防范及勘察风险应对措施,分级签订安全生产责任书,提高全员安全意识。

(2) 勘察单位应设班组安全员,负责日常勘察安全管理和风险隐患排查工作,安全监理工程师在勘察过程中对各环节安全问题进行定期检查和不定期抽查。

(3) 外业实施前,专业监理工程师对各部门相关进场许可予以核查,督促完成各类地下管线、架空线、障碍物等既有资料的收集排查和现场交底工作。单孔施工前,班组安全检查员现场核实确认高压架空线、重要管线的安全距离,所有勘探孔均应采用挖探开孔。重要风险位置勘探点开孔须采取旁站监理,孔位改移须报安全监理工程师审批。

(4) 占用道路勘探点施工前,专业监理工程师和安全监理工程师对交通疏导方案和安全防护围挡等进行检查,相应的导向标识、警示设施须满足交通管理要求,并制定专门的交通安全应急措施和风险预案。需夜间施工的,应设置夜间交通导流设施及专用灯光、反光标识等,经监理工程师现场确认后方可施工。

(5) 水域勘探施工作业须制定专项安全实施方案及安全风险防范措施,安全监理工程师核查各类水域施工专项许可、救生及消防设备、船只手续证明、安全标识及防护设施等,检验合格后方可批准开工。

(6) 安全监理工程师应督促勘察单位进行相关人员岗前安全教育,明确班组安全员的工作职责,严格遵守国家有关劳动保护法规。外业现场必须佩戴安全帽和其他劳动保护用品,班组安全员负责日常职业安全管理工作,形成班组安全日、安全周记录,并上报安全监理工程师。

(7) 现场文明施工监理控制措施:①进场前由项目负责人组织检查勘察单位的勘察施工组织方案,贯彻业主单位关于勘察现场文明施工管理的相关规定,以及对于勘察施工围挡规格、色彩、标识和人员着装要求等,整改合格后方可批准开工;②专业监理工程师对勘察单位是否贯彻环境管理体系文件标准,以及是否及时填写质量、环境、安全因素清单予以核查;③监督检查勘察过程中产生的泥浆、废油、污水、岩芯等弃置物是否满足环境管理体系文件标准要求,是否符合相关法律、法规的规定;④监督检查现场钻孔完工确认后是否按要求及时回填封堵,道路路面、绿化设施、农田等是否及时恢复原有功能和面貌,符合要求后方可完成单孔验收;⑤监督核查现场噪声、光电污染等防护措施是否满足周边环境要求,相关投诉处理及整改是否及时有效。

4. 勘察进度监理控制措施

(1) 勘察实施前,项目负责人组织各专业监理工程师对勘察大纲中的勘察工作量、勘察进度计划及节点要求、投入人员与设备、后勤保障、工期风险及应对措施等进行核查,满足工作量与资源投入匹配要求方可签署开工单。

(2) 勘察开工前,对各勘察单位的勘察前期准备工作、相关许可手续的办理及落实情况予以核查,接到业主勘察进场许可后,督促勘察单位及时组织人员和设备进场施工。

(3) 勘察实施过程中,加强勘察进度检查,核查实际进度与进度计划及节点要求的符合性,对外业施工、室内试验、成果整理与编制报告等阶段性关键节点进行控制,出现进度滞后时及时督促勘察单位增加资源配置,确保满足各节点进度的需要。

(4) 通过勘察例会、专项协调会等形式沟通协调勘察实施过程中遇到的各类问题,因拆迁、用地权属等外部协调因素影响勘察进度的,及时与勘察总体总包、工点设计、业主等相关方进行沟通,并督促协调有关方落实相关手续。

(5) 项目负责人及时与设计单位沟通,跟踪设计进展情况。当线站位等方案出现重大调整时,需协调督促勘察单位及时与设计人员沟通,调整勘察方案和进度方案,可能导致工期节点延误的,监理工程师应督促勘察单位调整勘察人员、设备的配置,确保满足工期节点要求。

5. 勘察投资监理控制措施

(1) 勘察准备阶段,监理工程师对岩土工程勘察方案和施工组织措施进行审查把控,并审查各类专项费用的合理性。

(2) 勘察实施过程中,通过现场管理和动态跟踪,对于地质条件变化或设计方案调整的,及时组织各方沟通,协调勘察方案调整及优化,尽可能减少现场工作量损失。涉及勘察资费调整的及时上报业主相关部门。

(3) 严格执行过程管理的签署程序,对各阶段勘察实物工作量实行签署验收制度,与勘察大纲目标工作量有偏离的,要分析原因并及时纠正。

(4) 严格执行勘察合同中的变更管理规定,专业监理工程师按照变更管理程序对变更原因及调整后的勘察技术方案、施工组织进行审查,确保变更的必要性、合理性。勘察变更管理流程如图 5.4 所示。

(5) 严格按照勘察合同约定履行各阶段款项支付签署程序。

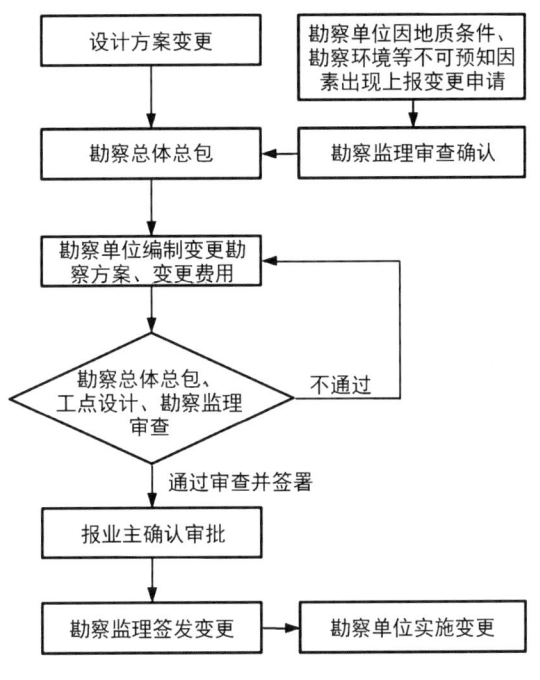

图 5.4 勘察变更管理流程图

5.2.5 勘察监理工作大纲与专业监理细则

勘察监理开展工作的基本依据是经业主批准后的勘察监理工作大纲和各专业监理细则。

1. 勘察监理工作大纲

勘察监理工作大纲由项目负责人(勘察总监理工程师)主持编写,是开展勘察监理工作的指导性文件,一般包括以下内容。

工程概况:拟建工程的线站位方案、敷设方式、设计要素及工法、建设环境条件、勘察阶段及勘察等级等。

勘察监理工作范围、内容、目标:工作范围按照勘察监理合同的约定及勘察合同涵盖的相关内容,一般包括各阶段的勘察准备、现场实施、室内试验、内业整理及成果编制、勘察成果验收、相关配合服务,以及合同、委托书约定的其他内容。工作目标可分为质量控制目标、安全控制目标、进度控制目标和投资控制目标等。

勘察监理工作依据:国家、行业、地方的法律、法规、规章,以及行业管理部门的相关规定等,勘察、设计所依据的规程、规范及相关技术手册,勘察监理合同、勘察合同、经批准的本阶段勘察大纲等文件。

勘察与勘察监理工作重难点:为保证勘察监理工作质量,全面分析梳理不同阶段、不同工法的勘察重点及勘察工作难点,梳理勘察监理工作中的重难点及管理工作的关键环节,为整个勘察工作的顺利完成奠定基础。

勘察监理机构设置及职责：依据合同约定,设定满足勘察监理工作需求的监理工作机构及相关配置,包括管理体系设置、各级人员配置及资源投入、岗位分工及相应的职责制度等。

勘察监理工作程序与方法：制定勘察监理工作流程,厘清各阶段工作步序、管理流程及信息传递渠道,并结合工作流程,编制以目标管理为导向、关键环节和关键节点控制的全过程监控的监理工作方法。

勘察监理工作制度：勘察监理工作的基本原则、监理工作考核及奖惩机制、监理例会及专题会议规定、监理日志及周报和月报规定、监理方法（旁站、巡视、动态跟踪等）及要点规定、勘察成果审查规定、各类签署及验收规定等。

勘察质量、安全、文明施工及进度控制：针对项目特点制定勘察质量、安全、文明施工及进度控制目标、措施及监理实施方案。

勘察风险管理：根据各阶段勘察风险的特点,制定针对风险因素核查、风险应对措施落实情况的监督检查、动态跟踪重大风险应对措施有效性的管理方案。

勘察成果验收：各级勘察成果验收程序及验收标准、专家评审制度等。

勘察投资控制：投资控制目标及控制手段,包括勘察实物工作量签署验收管理方法,与勘察大纲目标工作量有偏离的应对措施等。

勘察变更及合同管理：勘察变更管理程序、变更后管理,勘察合同管理流程及各阶段款项支付监理工程师签署规定等。

监理信息与资料管理：监理工作过程中各类信息管理的约定,包括文件标识、传递、签署等,以及所产生的各类监理资料、成果的分类、归档等相关管理规定。

检验与验证：日常监理工作的抽检或验证工作,对于勘察监理过程中存在异议的地层、重要试验参数等可提出平行验证或检验的要求,也可根据勘察监理合同约定,由监理方自行验证或委托第三方进行。

勘察监理成果：根据工作进展情况和合同约定要求提供的勘察监理阶段性总结汇报或成果报告,一般包括监理月报、监理成果总结报告等。

2. 专业监理细则

专业监理细则由项目负责人组织各专业监理工程师编写,是开展日常监理工作的基础,也是各专业监理人员开展对本专业勘察相关工作监督检查的依据。

根据各专业监理工作开展要求和各阶段勘察工作特点及要素,编制相应的监理工作细则,专业监理细则一般包括勘察前期准备工作检查要点、勘察大纲审查细则、外业实施（钻探、原位测试、水文地质试验）工作监理细则、室内试验监理细则、内业整理及成果编制动态跟踪监理细则、勘察成果审查细则、安全文明施工监理细则、合同管理及信息管理要点、勘察风险监理细则等。

3. 勘察监理工作用表

勘察监理工作用表主要包括勘察人员岗位资质检查表，勘察设备、仪器检查表，勘察工作开工审批单，勘察例会记录表，单孔开孔、验收记录表，旁站、巡视记录表，勘察监理工作日志表，监理工作联系单，勘察文件审查意见表，勘察工作量变更审批单等。

第6章
岩土工程勘察风险管理

6.1 概述

工程风险管理已被广泛应用于城市轨道交通建设的规划设计、土建施工等多个环节，从风险评价到现场管控，已建立起较成熟的风险管理体系。岩土工程勘察作为规划设计的基础专业，勘察实施过程中对风险的评价及管控也进行了一定的探索，采用科学的风险管理手段，既可防止岩土工程勘察工作实施过程中将较低概率的风险影响主观扩大化，又能系统地梳理各类风险因素，避免因遗漏而造成不必要的风险损失。

6.1.1 岩土工程勘察风险管理的特点

城市轨道交通工程岩土工程勘察与设计的风险管理因建设规模、建设环境、实施条件等有着明显的行业特点，其中岩土工程设计风险管理是工程建设管理的重要环节，风险管理的程序可按照《城市轨道交通地下工程建设风险管理规范》（GB 50652—2011）的有关规定执行。岩土工程勘察风险管理的阶段性较为明确，有着较强的系统性和阶段继承性，岩土工程勘察成果是城市轨道交通建设各阶段风险评价的前置条件，并且岩土工程勘察风险管理涉及现场实施中的过程管理，因风险因素类别众多、勘察遇到的环境问题千变万化，相关规范并没有对岩土工程勘察专业的风险管理作出明确规定，但风险管理的程序、评价和接受准则可以参照上述规范执行。岩土工程勘察风险的系统性及阶段划分如图6.1所示。

岩土工程勘察风险管理是指在岩土工程勘察过程中，对相关风险进行界定、识别、评估和控制，以确保工程勘察的质量和安全。岩土工程勘察风险对象涉及人身、环境、经济、社会影响等，风险类型有人员伤亡风险、环境影响风险、经济损失、工期风险和社会影响风险。

岩土工程勘察风险管理的目标是针对勘察过程中的各类风险及其特点，对可能出现的风险进行识别和分级，并分析原因，采取相应的风险预防和控制措施，规避相关风险或将风

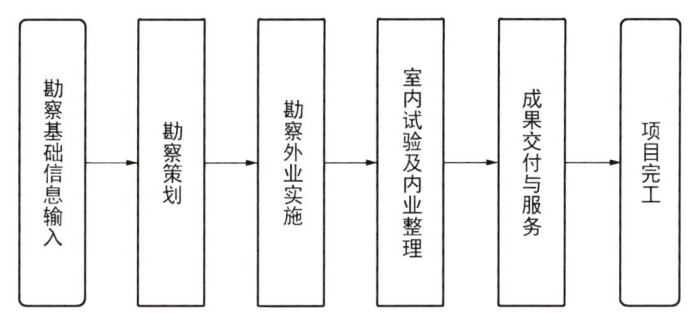

图 6.1　岩土工程勘察风险的系统性及阶段划分

险等级降低到合理、可接受的水平,以及根据各阶段风险管理成果动态调整和优化勘察实施方案,完善相关岩土工程分析评价,提供可靠的岩土工程勘察成果并做好相关服务工作。

6.1.2　风险分析评价的方法

风险分析的过程根据岩土工程勘察风险的特点,可采用因果分析法、专家评议法、事故树分析法、概率评价法等专业评价方法,以找出风险发生原因、影响因素、逻辑关系及发展过程、发生的可能性,为风险判定提供依据。

风险矩阵判定法是一种简单、便于实际操作的风险等级判定方法,基本可以满足常规工程风险管理的需求。《城市轨道交通地下工程建设风险管理规范》(GB 50652—2011)即采用了这种便于操作的评判方法。勘察工作风险管理的风险等级标准及风险接受准则可参考该标准执行。

1. 风险发生可能性等级标准

风险发生可能性采用概率或频率表示,划分为五级,如表 6.1 所示。

表 6.1　风险发生可能性等级标准

等级	1	2	3	4	5
可能性	频繁的	可能的	偶尔的	罕见的	不可能的
概率或频率值	>0.1	0.01～0.1	0.001～0.01	0.000 1～0.001	<0.000 1

2. 风险损失等级标准

风险损失等级按照损失的严重程度划分为五级,如表 6.2 所示。

表 6.2　风险损失等级标准

等级	A	B	C	D	E
严重程度	灾难性的	非常严重的	严重的	需考虑的	可忽略的

风险损失一般需考虑人员伤亡、环境影响、经济损失、工期拖延和社会影响等几方面。

3. 风险等级标准

按照风险发生可能性和风险损失，可将工程建设风险等级划分为四级，风险等级标准如表 6.3 所示。

表 6.3 风险等级标准表

可能性等级		损失等级				
		A	B	C	D	E
		灾难性的	很严重的	严重的	较大的	可忽略的
1	频繁的	Ⅰ级	Ⅰ级	Ⅰ级	Ⅱ级	Ⅲ级
2	可能的	Ⅰ级	Ⅰ级	Ⅱ级	Ⅲ级	Ⅲ级
3	偶尔的	Ⅰ级	Ⅱ级	Ⅲ级	Ⅲ级	Ⅳ级
4	罕见的	Ⅱ级	Ⅲ级	Ⅲ级	Ⅳ级	Ⅳ级
5	不可能的	Ⅲ级	Ⅲ级	Ⅳ级	Ⅳ级	Ⅳ级

4. 风险接受准则

风险接受准则如表 6.4 所示。

表 6.4 风险接受准则

等级	接受准则	处置原则	控制方案	应对部门
Ⅰ级	不可接受	必须采取风险控制措施降低风险，至少应将风险降低至可接受或不愿接受的水平	应编制风险预警与应急处置方案或者进行方案修正或调整等	政府主管部门、工程建设各方
Ⅱ级	不愿接受	应实施风险管理降低风险，且风险降低的所需成本不应高于风险发生后的损失	应实施风险防范与监测、制定风险处置措施	
Ⅲ级	可接受	宜实施风险管理，可采取风险处置措施	宜加强日常管理与监测	工程建设各方
Ⅳ级	可忽略	可实施风险管理	可开展日常审视检查	

6.2 勘察风险管理的工作流程

城市轨道交通岩土工程勘察风险管理是一个分阶段实施的全过程管理，包括可行性研究勘察、初步勘察、详细勘察等勘察的不同实施阶段，风险类型、影响程度随勘察工作的进展发生动态变化，但避免风险的发生和将风险损失降低到最低程度是各勘察阶段选择风险对策的基本原则。各勘察阶段的岩土工程勘察风险管理可根据具体实施阶段的特点，简要划分为勘察策划阶段、外业实施阶段、内业阶段(室内试验、内业整理及报告编制)、成果交付与服务阶段,其中,外业阶段的风险管理是勘察风险管理中不确定性因素影响最复杂的阶段。

岩土工程勘察风险管理工作流程如图6.2所示。

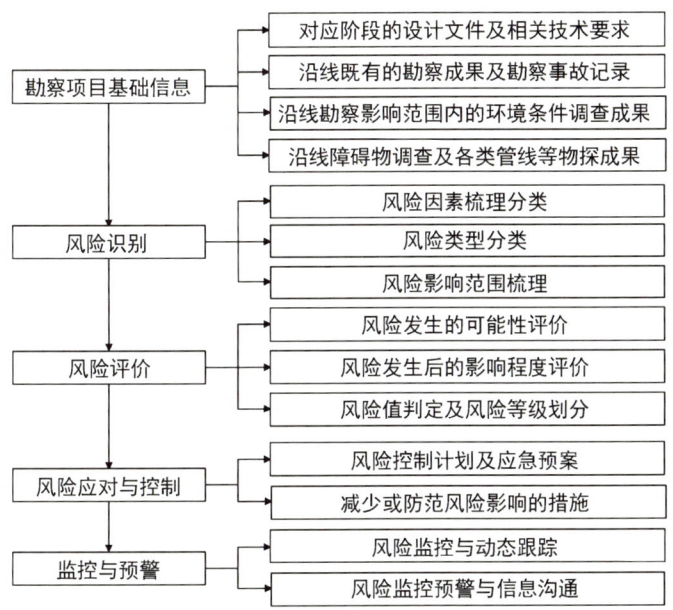

图6.2 岩土工程勘察风险管理工作流程图

6.3 风险识别

项目的基础信息是岩土工程勘察工作开展的前提,由于城市轨道交通工程的特殊性,其具有勘察工作规模大、勘察技术要求高、勘察施工环境条件复杂、协调难度大、技术接口多、服务周期长等特点,从勘察策划、外业实施、测试与试验、技术分析与评价等各方面对基础信息都有着较全面的要求。

勘察策划是岩土工程勘察工作实施的纲领,同时也包含勘察风险管理的相关策划内容,策划成果一般以勘察大纲的形式体现。策划前应取得相应的城市轨道交通的线路平纵面及土建工程设计文件、总体设计单位及分项设计单位的勘察技术要求,充分搜集工程沿线既有的勘察成果、勘察事故经验及相关风险资料、沿线勘察影响范围内的环境调查成果、沿线障碍物调查及各类管线等物探成果,这些前置资料既是合理布置勘察工作量、选取适当勘察手段的依据,也是勘察实施过程中从勘察策划阶段到勘察成果交付与服务阶段进行全过程风险管理的基础。

勘察风险管理的策划内容主要包括对勘察过程中存在的风险因素予以全面梳理,对可能发生的风险事件、风险影响及损失、风险发生可能性予以评估,制定风险应对措施和紧急预案,根据风险分析评价的成果优化和动态调整勘察方案,为下一步工作的顺利开展和实施奠定基础。

6.3.1 风险因素

风险因素是指能够引起风险事故的潜在主客观因素,是造成损失的间接或内在的原因,对风险因素的梳理与分类是风险识别的基础工作。根据城市轨道交通岩土工程勘察的特点,风险因素可按照自然因素、人为因素进行划分,其中人为因素根据性质可分为人工环境因素和管理因素,与自然因素和其他因素交叉相关的可归类为客观因素。因勘察项目各阶段的特殊性,再根据勘察策划阶段、外业实施阶段、内业阶段、成果交付与服务阶段的特点和性质予以详细划分。因各条线路面临的建设环境和场地条件千差万别,风险因素也各不相同,表6.5—表6.8

表6.5 勘察策划阶段常见的风险因素

自然因素	人为因素	
	人工环境因素	管理因素
地质条件复杂; 沿线多个地质单元、地貌单元; 存在多层对工程影响的地下水; 存在对工程影响的地表水体; 穿越不良地质或地质灾害发育区; 穿越污染场地	既有城市轨道交通设施、市政隧道及地下通道结构; 既有高铁及普铁设施; 电力、燃气、热力、给排水、通信等管线设施; 人防等地下障碍物; 建设环境条件改变(降水、挖填方等)	设计基础资料不全面; 勘察技术要求深度或范围有误; 管线、障碍物等资料收集有缺失; 设计方案调整或上下游专业间沟通不畅; 设计方案或技术要求理解不当; 选择规范依据不当; 勘察手段选择不当; 试验及测试安排缺乏针对性; 勘察总工期要求欠合理

表6.6 勘察外业实施阶段常见的风险因素

自然因素	人为因素	
	人工环境因素	管理因素
地质条件复杂; 地下水季节性变化大; 雷雨、大风、严寒等极端天气; 穿越地表水体、需水上勘察施工; 不良地质或地质灾害发育区; 穿越污染场地勘察施工	临近高压架空线缆; 临近或穿越城市轨道交通设施; 临近高铁及普铁设施; 临近或穿越市政隧道及地下通道结构、人防工程等地下障碍物; 电力、燃气、热力、给排水、通信等地下管线设施; 施工场地道路交通状况复杂; 突发公共卫生等不可预见事件	勘察安全管理及风险防范体系不全面; 勘察设备选择不当; 现场施工组织措施不当; 安全防护措施有缺失; 现场勘察作业操作不规范; 安全教育不到位、安全意识薄弱; 设备维护保养不及时; 勘察设备不足或现场工期要求欠合理

表 6.7 勘察内业阶段常见的风险因素

土工试验	内业整理及报告编制
试验室管理制度不全面； 试验室环境与试验设备要求不匹配； 上下游专业间的衔接沟通不畅； 试验方法选择不当； 试验操作不规范； 设备维护、计量鉴定不及时； 数据处理不规范； 试验样品维护措施不到位； 危险品存储保护措施不当； 试验设备不足或工期要求欠合理	勘察质量管理体系欠完整； 专业间沟通协调不畅； 设计方案有变更； 有效子样数偏少、参数欠合理； 岩土工程分析评价缺乏针对性； 岩土工程风险提示不全面； 结论建议不全面； 产品交付周期欠合理

表 6.8 勘察成果交付与服务阶段常见的风险因素

客观因素	管理因素
地质条件复杂，局部与勘察成果有差异； 建设环境条件改变（降水、挖填方等）； 施工事故导致地质环境改变； 极端天气影响，地下水条件有较大改变	设计方案有变更导致勘察范围与技术深度不满足要求； 设计采用的勘察中间成果没有及时更新； 勘察技术交底不全面； 地质异常处没有及时补勘

对城市轨道交通工程勘察各阶段较为常见的风险因素进行了简单梳理，每个阶段因工作的递进和边界的变化，同样的风险因素引起的风险和风险影响范围可能有所不同。

6.3.2 风险类型

城市轨道交通岩土工程勘察面临着沿线地质地貌单元众多、地质条件复杂、勘察施工环境复杂多变、不良地质及特殊性岩土问题，以及在勘察现场施工中难以预见的各种难题和风险。结合岩土工程勘察风险的特征，无论是自然风险因素还是人为风险因素，导致的风险事件及风险后果，大体可归类为技术型风险和管理型风险。岩土工程勘察技术型风险是指因勘察技术本身的局限性、地质条件及环境条件的复杂性、岩土数据处理失误、规范标准的使用或技术接口等偏差导致的风险。管理型风险是指在勘察过程中，因管理流程、资源配置、施工组织及安全措施、专业沟通机制等因素不当导致的目标偏离或损失等风险。在风险管理过程中，应针对不同的风险类型采取对应的风险处置流程和应对措施。

6.3.3 风险影响的范围

对岩土工程风险影响范围进行界定，旨在更有效地开展风险管理工作，使得制定的风险应对措施更具针对性，有效降低或消除潜在风险的影响，防止风险分析评价工作遗漏或扩大化。勘察风险管理的作用是系统地进行勘察全过程的风险管理，满足勘察实施各阶段的风险控制，并且为设计、施工提供翔实可靠的岩土参数及相关风险提示，防止设计、施工阶段勘察成果的不足导致后续风险管控措施不当及灾害的发生。

勘察策划阶段同时也是勘察风险管理的纲领阶段,该阶段的风险影响涉及勘察工作的全过程,其中,复杂地质条件、不良地质及地质灾害等风险的应对措施及处置的影响可能延伸到设计、施工阶段。受复杂场地条件与环境条件、勘察手段的选择、勘察方案的完整性、试验及测试方法的选择与安排、施工组织措施的合理性等综合因素影响,勘察策划阶段风险影响的范围涵盖了勘察工作相关的人员伤亡、环境影响、经济损失、工期拖延、社会影响等各个方面。

外业实施阶段是勘察方案的现场作业落实阶段,面临复杂的勘察作业环境和场地条件,风险影响的范围主要取决于勘察实施面临的自然环境、人工环境以及管理因素,以及相应风险应对措施的完善性和落实情况,主要包括人员伤亡、环境影响、工期拖延、社会影响等,其中人员伤亡、环境影响等也会带来一定的经济损失。

内业阶段主要包括室内试验、内业整理及勘察成果报告编写,除试验设备使用不当或危险品存储环节可能导致人身伤害外,室内试验的风险主要是对试验数据的可靠度、试验成果质量和报告成果编制质量造成影响,同时可能会因设备配置不足、工期不当等导致工期拖延影响等。内业整理及勘察成果报告编写阶段的风险,主要为勘察程序管理不完善和技术类风险带来的勘察成果质量影响,对设计质量、施工安全及工程投资控制影响较大。由于城市轨道交通岩土工程勘察项目的勘察工作量大、勘察工期紧,留给技术人员的内业整理时间往往非常有限,所以同时也面临着工期拖延影响。

成果交付与服务阶段主要是客观因素引起的勘察成果与现场实际地质条件存在较大差异,导致设计风险应对措施失控、施工风险增加或引发施工事故,以及管理和沟通问题引起的勘察范围不满足要求或技术深度不足导致的相关风险。由地质条件的差异及技术深度的不足引起的相关风险可能会导致人员伤亡、工期拖延等,也可能会对环境造成影响。

6.4 风险评价

通过城市轨道交通岩土工程勘察各阶段风险因素、风险类型的梳理,结合勘察策划、外业实施、内业、成果交付与服务等阶段的特点,对可能的风险事件、风险事件发生的可能性、风险发生后的损失进行系统的分析评价,并对风险等级进行划分,为优化勘察方案、制定合理的风险应对措施提供依据。

6.4.1 风险事件

风险事件是由一种或几种风险因素相互作用而发生的,包括内在的管理缺陷、外部环境的不确定性等。风险事件的梳理是后续风险损失评价的基础,城市轨道交通工程岩土工程勘察可能的风险事件有着较显著的阶段性特征,可采用专家评议、事故树分析等方法,结合行业和地区经验,对各阶段常见的风险因素以及风险事件予以分析梳理。表6.9—表6.18是对前述城市轨道交通岩土工程勘察各阶段常见的风险因素可能导致的风险事件的梳理。

表 6.9 勘察策划阶段自然因素及可能导致的风险事件

自然因素	可能的风险事件
1. 地质条件复杂	既有的勘察手段或所布置的勘察工作量不能完全查明
2. 沿线多个地质单元、地貌单元	收集资料或前期调查不足,勘察工作量布置没有分段考虑复杂性
3. 存在多层对工程影响的地下水	水文地质专项工作考虑不足,既有工作量或方法不能完全查明各含水层性质及影响
4. 存在对工程影响的地表水体	未布置相关试验,或既有手段和方法难以查明与含水层水力联系及对工程的影响。涉及水上施工的,策划阶段的水上勘察施工组织考虑不周
5. 穿越不良地质或地质灾害发育区	勘察手段或工作量布置缺乏针对性,施工组织中对天然气、塌陷场地等防护措施考虑不周
6. 穿越污染场地	前期调查不充分,工作量布置缺乏针对性或污染土性质认识不足,勘察手段或安全防护考虑不周

表 6.10 勘察策划阶段人工环境因素及可能导致的风险事件

人工环境因素	可能的风险事件
1. 既有城市轨道交通设施、市政隧道及地下通道结构	收集资料或前期调查不足,导致勘察孔位布置侵入结构轮廓
2. 既有高铁及普铁设施	沟通难度考虑不足,布置的勘察工作量无法实施或现场防护措施考虑不周
3. 电力、燃气、热力、给排水、通信等管线设施、非开挖管线设施	收集资料或前期调查不足,工作量布置未有效规避管线密集区或施工组织中管线安全防护措施缺乏针对性
4. 人防等地下障碍物	收集资料或前期调查不足,导致勘察孔位布置侵入结构轮廓
5. 建设环境条件改变(降水、挖填方等)	前期环境调查不足,勘察工作量布置未考虑环境边界条件的改变,可能导致施工期与勘察期岩土环境不相符

表 6.11 勘察策划阶段管理因素及可能导致的风险事件

管理因素	可能的风险事件
1. 设计基础资料不全面	工作量布置或勘察范围出现偏差
2. 勘察技术要求深度或范围有误	勘察深度不满足工程实际要求或勘察工作针对性出现偏差

(续表)

管理因素	可能的风险事件
3. 管线、障碍物等资料收集有缺失	现场勘察工作难以落实,勘探点位大量调整
4. 设计方案调整或上下游专业间沟通不畅	勘察工作范围或勘察技术深度出现偏差、野外或试验委托出现失误
5. 设计方案或技术要求理解不当	勘察范围或技术深度不满足设计及工程实施要求
6. 选择规范依据不当	工作量布置与设计要求出现偏差
7. 勘察手段选择不当	难以查明岩土层性质或提供的岩土参数不满足技术要求
8. 试验及测试安排缺乏针对性	岩土参数不满足技术要求或不能真实反映岩土层性质
9. 勘察总工期要求欠合理	各阶段工作策划安排不合理,导致勘察成果质量问题较多

表 6.12　勘察外业实施阶段自然因素及可能导致的风险事件

自然因素	可能的风险事件
1. 地质条件复杂	勘察手段不当或操作不当,造成卡钻、断杆等事故,或无法取得合格岩土样品
2. 地下水季节性变化大	地下水观测数据可能出现较大偏差
3. 雷雨、大风、严寒等极端天气	引发人身伤害事故、设备损失、工期延误等
4. 穿越地表水体,需水上勘察施工	引发水上施工安全事故、封孔不当地表水与地下水连通
5. 不良地质或地质灾害发育区	勘察方法不当无法有效查明,或操作不当引发次生灾害
6. 穿越污染场地勘察施工	勘察方法不当现场无法查明,或防护措施不当造成人身伤害

表 6.13　勘察外业实施阶段人工环境因素及可能导致的风险事件

人工环境因素	可能的风险事件
1. 临近高压等架空线缆	防护不当造成线缆损坏或引发人身伤害
2. 临近或穿越城市轨道交通设施	防护不当或钻孔移位审批把关不严造成既有设施损坏
3. 临近高铁及普铁设施	防护措施不当引发设施受损或其他危害
4. 临近或穿越市政隧道及地下通道结构、人防工程等地下障碍物	防护不当或钻孔移位审批把关不严,钻孔侵入结构轮廓
5. 电力、燃气、热力、给排水、通信等地下管线设施	现场管线避让排查措施不当或钻孔移位审批把关不严,造成管线损坏或人身伤害等事故
6. 施工场地道路交通状况复杂	交通临时导流措施不当或现场防护设施不当引发交通事故、人身伤害等
7. 突发公共卫生等不可预见事件	防护措施不当引发群体感染或工期拖延

表6.14　勘察外业实施阶段管理因素及可能导致的风险事件

管理因素	可能的风险事件
1. 勘察安全管理及风险防范体系不全面	引发勘察多方面安全事故及质量问题
2. 勘察设备选择不当	现场施工困难、无法取得合格样品、引发钻探事故等
3. 现场施工组织措施不当	引发安全事故、人身伤害或工期拖延
4. 安全防护措施有缺失	引发人身伤害、经济损失等
5. 现场施工操作不规范	引发安全事故、人身伤害、勘察质量、次生地质风险等问题
6. 安全教育不到位，安全意识薄弱	引发安全事故、人身伤害、经济损失等
7. 设备维护保养不及时	引发安全事故、工期拖延、勘察质量等问题
8. 勘察设备不足或现场工期要求欠合理	造成工期拖延、勘察质量等问题

表6.15　勘察内业阶段室内试验及可能导致的风险事件

室内试验	可能的风险事件
1. 实验室管理制度不全面	引发实验室各类质量及安全事故
2. 实验室环境与试验设备要求不匹配	引发试验设备故障或试验精度不满足要求
3. 上下游专业间的衔接沟通不畅	试验安排不合理或有效数据子样数不足
4. 试验方法选择不当	试验数据偏差或试验成果不符合技术要求
5. 试验操作不规范	试验失效或试验数据偏差
6. 设备维护、计量鉴定不及时	试验数据偏差或失效
7. 数据处理不规范	试验数据偏差或统计成果误差大
8. 试验样品维护措施不到位	样品损毁或试验数据偏差
9. 危险品存储保护措施不当	人身伤害或危险品损毁
10. 试验设备不足或工期要求欠合理	工期延误或试验成果质量下降

表6.16　勘察内业阶段内业整理与报告编制及可能导致的风险事件

内业整理与报告编制	可能的风险事件
1. 勘察质量管理体系欠完整	勘察成果质量低劣或出现重大偏差
2. 专业间沟通协调不畅	设计方案理解偏差、试验数据或设计参数缺失
3. 设计方案有变更	成果深度或范围不满足最新设计要求
4. 有效子样数偏少、参数欠合理	指标参数建议值比实际偏差大
5. 岩土工程分析评价缺乏针对性	勘察成果不满足要求或技术深度不足
6. 岩土工程风险提示不全面	影响设计阶段工程风险的规避
7. 结论建议不全面	成果深度不满足要求
8. 产品交付周期欠合理	赶工期导致指标参数等差错多或勘察成果质量差

表 6.17 勘察成果交付与服务阶段客观因素及可能导致的风险事件

客观因素	可能的风险事件
1. 地质条件复杂,局部与勘察成果有差异	与设计条件不匹配导致施工风险增加或施工事故等
2. 建设环境条件改变(降水、挖填方等)	与设计条件不匹配导致施工风险增加
3. 施工事故导致地质环境改变	参数失真,与设计条件不匹配导致施工风险增加
4. 极端天气影响,地下水条件有较大改变	与设计条件不匹配,导致抗浮措施失效,发生事故

表 6.18 勘察成果交付与服务阶段管理因素及可能导致的风险事件

管理因素	可能的风险事件
1. 设计方案有变更,导致勘察范围与技术深度不满足要求	设计条件与勘察范围不匹配,导致工程风险增加或工程事故
2. 设计采用的勘察中间成果没有及时更新	地质条件或参数变化,导致工程风险增加或投资浪费
3. 勘察技术交底不全面	施工风险增加或风险应对措施不足
4. 施工发现地质异常处没有及时补勘	与设计条件不匹配,导致施工风险增加或施工事故等

6.4.2 风险可能性分析

城市轨道交通工程岩土工程勘察风险评价有着显著的阶段特点、行业特点和地区特点,其中,行业经验及地区经验对评价成果的可靠度影响重大。风险的可能性分析常采用各相关专业的专家综合评议法,通过专家经验、历史数据等方式定性评估,同时可结合统计方法、概率评估等工具来量化分析。

参考《城市轨道交通地下工程建设风险管理规范》(GB 50652—2011)的有关规定,风险发生可能性划分为频繁的、可能的、偶尔的、罕见的和不可能的五个等级。如根据行业经验,城市轨道交通岩土工程勘察外业的作业环境面临众多的管线问题,每条线路的勘察外业实施中都会遇到或大或小的管线事故,通过工程类比法,勘察外业中普通的管线事故可能性可判断为可能的;上水管、燃气管、普通电力管线等发生事故的可能性因标识、现场管线交底等较明确,综合可判断为偶尔的;对于超高压电力管线、燃气主干管线、通信光缆等,由于较为重视,防护范围等标识较为规范、明晰,管线的资料一般也比较详细,风险发生的可能性根据地区经验和管线管理方的制度完善性等,可判定为罕见的或不可能的。然而,对于平行于线路敷设且敷设范围与勘探点多次重合的上述重要管线,风险的可能性等级宜适当上调。

6.4.3 风险损失评价

风险损失一般需考虑人员伤亡、环境影响、经济损失、工期拖延和社会影响等几个方面。根据城市轨道交通岩土工程勘察各阶段的风险因素可能导致的风险事件,对上述各方面产生的不利影响予以综合评判。参考《城市轨道交通地下工程建设风险管理规范》(GB 50652—2011)的有关规定,风险损失等级按照损失的严重性程度划分为灾难性的、非常严重的、严重的、需考虑的和可忽略的五个等级。岩土工程勘察由于专业的特殊性和传统认知的局限性,对于风险损失估计往往局限于勘察外业对作业环境损坏,例如,钻探作业对人防工程、隧道工程、运营的城市轨道交通工程等既有结构的损坏等,人身的伤害也主要关注勘察外业操作安全环节等。从勘察工作全过程风险管理以及对工程的投资影响来讲,复杂地质条件的勘察误差、岩土工程参数的合理性及专业沟通等问题导致的各方面的风险损失应该更需要关注。

由于岩土工程勘察专业的特殊性和勘察外业作业的规模,参考的风险损失分级标准要合理可行并具有可操作性,环境影响及社会影响等级标准可参考上述规范执行,必要时可根据专业特点予以优化和细化。对于人员伤亡、经济损失的分级标准,根据专业特性可参照上述规范中的第三方标准执行。由于岩土参数偏差及地质条件偏差造成工程本体损失的,经济损失分级按工程本身标准执行。

勘察外业中较常见的管线损坏风险损失分级,可根据管线的性质、环境及社会范围、经济损失、是否造成人身伤害等进行综合评判。例如,对于燃气主干管线,经济损失一般为 C 级,社会影响可达到较严重的程度,判定为 C 级,环境影响和工期延误一般可判定为 D 级,综合判定为 C 级;对于电力管线,根据供电压力分级,超高压电缆的损坏社会影响和经济损失都比较严重,一般可达到 B 级甚至更高,事故一旦发生往往还会有人员伤亡问题。我国多地在勘察外业实施中屡次发生钻探打穿运营城市轨道交通区间隧道(甚至造成运营车辆破坏)事故,社会影响较恶劣,经济损失严重,综合评判风险损失等级最低为 B 级,运营繁忙的线路风险损失等级可达到 A 级。对于高铁、干线铁路、城市轨道交通设施,以及重要的燃气、电力、通信光缆等,根据社会影响的大小,损失等级可以适当调高。

工期拖延可参照短期工程标准或根据行业及地区经验制定更符合本专业需求的标准。上述风险管理规范中的短期工程,通常指建设工期两年以内的建设项目,由于地质条件差异等风险造成的主体工程工期拖延可参考执行。城市轨道交通岩土工程勘察项目的勘察周期短,初勘、详勘正常工期一般控制在 2~4 个月,因征地等协调问题造成的延误通常不计算在工期内,参考上述规范的短工期标准与工程实际差异较大。根据实践经验,勘察工期延误的损失标准划分可参照招标文件的工期,以此作为基准,最迟的极限延误时间以不耽误建设程序审批的上报日期和施工图的设计节点日期控制,特别是建设流程中的审批上报时间,勘察、设计的工期拖延都是不可接受风险。表 6.19 为某城市轨道交通线路初步勘察阶段的工期风险评价参考标准,招标控制工期为 60 天。按招标工期比例划分风险损失等级参考如表 6.20 所示。

表 6.19　某线路初步勘察阶段工期风险损失等级标准

等级	A	B	C	D	E
工期延误 d /天	$d \geqslant 20$	$20 > d \geqslant 15$	$15 > d \geqslant 10$	$10 > d \geqslant 5$	$d < 5$

表 6.20　按招标工期比例划分风险损失等级参考

等级	A	B	C	D	E
工期延误比例 t /%	$t \geqslant 30$	$30 > t \geqslant 20$	$20 > t \geqslant 10$	$10 > t \geqslant 5$	$t < 5$

6.4.4　风险等级评定

风险等级的评定是根据勘察各阶段梳理的可能的风险事件、风险发生的可能性及风险损失的等级进行评估,并综合行业经验和地区经验,按照损失等级与可能性的组合进行分级量化评价,为后续风险分级控制和制定风险应对措施提供依据。

按照风险发生的可能性和风险损失,可将工程建设风险等级划分为Ⅰ～Ⅳ级四个等级。以勘察外业人工环境因素为例,进行风险初始等级判定(表 6.21)。

表 6.21　勘察外业人工环境因素风险等级评定

人工环境因素	可能的风险事件	损失等级	可能性	初始等级
1. 临近高压等架空线缆	防护不当造成线缆损坏或引发人身伤害	B	4	Ⅲ级
2. 临近或穿越城市轨道交通设施	防护不当或钻孔移位审批把关不严造成既有设施损坏	B	3	Ⅱ级
3. 临近高铁及普铁设施	防护措施不当引发设施受损或其他危害	A	5	Ⅲ级
4. 临近或穿越市政隧道及地下通道结构、人防工程等地下障碍物	防护不当或钻孔移位审批把关不严,钻孔侵入结构轮廓	C	3	Ⅲ级
5. 电力、燃气、热力、给排水、通信等地下管线设施	现场管线避让排查措施不当或钻孔移位审批把关不严,造成管线损坏或人身伤害等事故	B～C	2	Ⅰ～Ⅱ级
6. 施工场地道路交通状况复杂	交通临时导流措施不当或现场防护设施不当引发交通事故、人身伤害等	C	2	Ⅱ级
7. 突发公共卫生等不可预见事件	防护措施不当引发群体感染或工期拖延	C	4	Ⅲ级

注:风险损失等级为所涉及的人员伤亡、环境影响、经济损失、工期拖延、社会影响等综合判定等级。

风险初始等级可根据行业经验、地区经验、环境条件等因素进行适当调整,但不可跨等级。由于城市轨道交通工程的特殊性,即使是同一勘察标段的同一风险因素,风险边界情况也可能有较大变化,风险等级可以分段评价。

6.5 勘察风险处置措施

城市轨道交通工程岩土工程勘察的风险接受准则和风险处置原则可参考《城市轨道交通地下工程建设风险管理规范》(GB 50652—2011)的有关规定执行。对于Ⅰ级、Ⅱ级重大风险必须采取风险控制措施降低风险,并编制相应的风险应急处置预案,使得采取风险处置措施(或专项应对方案)后的风险等级降低至可接受(Ⅲ级)及以下等级。Ⅲ级及以下等级风险,可按照相应的风险管理程序和风险应对措施开展各项勘察业务,需加强日常安全管理及核查工作。风险处置降级流程如图 6.3 所示。

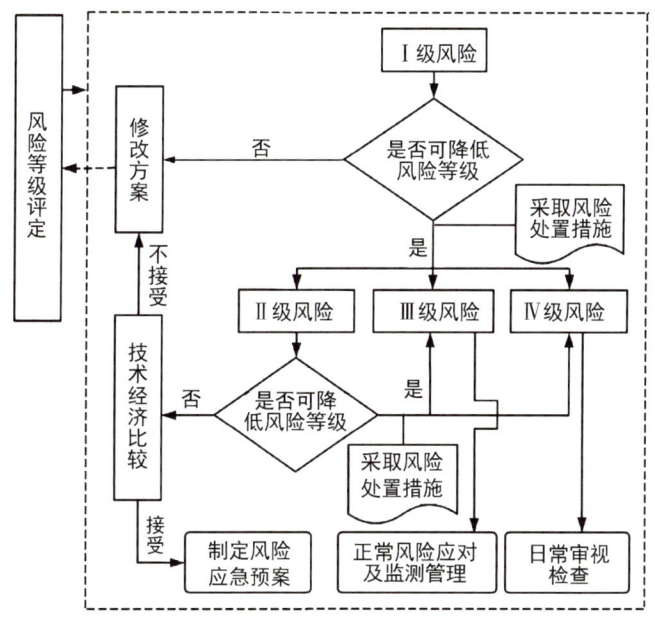

图 6.3 风险处置降级流程图

风险应对措施是指有助于降低风险发生概率或者减轻后果严重程度的行动。风险处理是风险评价的目的,采取积极有效的措施,消除风险隐患或有效降低风险发生的可能性,以期预防和降低风险损失,避免风险的发生和将风险损失降低到最低程度是选择风险对策的基本原则。根据勘察风险的特点,风险处理采用的方法主要为风险承担、风险规避、风险转移和风险降低。

对于评估后风险等级为Ⅲ级及以下的风险,或现有风险应对措施的损失高于原生风险的,在不采取风险处置措施的情况下,勘察过程中可选择风险承担的处理手段,按正常勘察程序作业并承担风险的后果。

　　风险规避是风险处理的首选方法,采取事先主动控制措施来降低风险发生的概率或减少风险可能产生的损失。首先,在勘察策划阶段,通过前期的资料收集和评估,在满足工程要求和相关规程、规范的前提下,结合工程沿线的管线、障碍物等市政设施调查成果,充分优化勘察方案予以调整避让。其次,对于勘察外业施工要严格遵守安全操作规程、加强职工安全教育、设立专职安全员工序巡检制度等,这样可规避大部分风险的发生。同时,城市轨道交通项目的作业环境复杂,区间、车站基本上布设在管线复杂的市政既有道路上,加强与管线权属单位沟通,须采取现场交底、事先挖探、局部动态调整勘察点位等应对措施,在满足技术要求的前提下尽可能远离风险较大的燃气、电力、通信、主供水等管线设施。

　　岩土工程勘察项目的风险转移通常采用工程保险和专项分包的方式,其中涉及水上施工、市区密集高风险管线区段,采取工程保险的方式适当进行风险转移,以减轻勘察企业的风险压力。专项分包是城市轨道交通岩土工程勘察常用的风险转移方式,将特定业务外包给具有特定专长和经验的第三方,有助于给勘察企业减轻不必要的风险负担。例如,目前众多的城市轨道交通线路穿越江河等重要水体,一般的勘察企业的水上作业经验少、风险大,可采用劳务分包的方式转移相关风险,寻找行业内较优秀的水上勘察施工队伍合作,可有效降低风险影响。虽然专项分包是一种有效的风险转移方式,但并不意味着所有的风险都能被完全转移出去,也不能完全免除勘察企业承担的风险责任。

　　风险降低是勘察设计风险管理工作中采用的最主要的方法,通过采取技术或管理措施等,降低风险发生的概率或减少风险的损失程度,从而减轻风险发生的可能性和影响。

　　岩土工程勘察中的技术型风险,应对措施主要包括培养勘察从业人员特别是项目负责人的专业技术能力、提升勘察单位的勘察综合技术实力、加强岩土试验数据和原位测试数据的分析和应用能力、加强业务学习和技术培训、注重勘察新技术的应用和技术更新。

　　针对管理型风险,可以采取一系列综合性的应对措施来降低风险、提升管理效率和效果,包括建立完善的风险管理体系、进行勘察全过程风险评估与控制、合理配置各阶段资源、建立健全风险管理和安全管控机制、规范各相关专业工作流程,以及完善安全规章制度、强化从业人员的全过程风险管理意识等。例如,对于勘察作业人员的人身安全,除开展安全教育外,加强个人安全防护、增加安全设施及标识等,可有效降低触电、坠落、落物砸伤等人身伤害风险发生的概率。

　　以勘察外业实施阶段人工环境因素为例,针对可能的风险事件,结合风险类型特点,从技术、管理等方面采取主动的风险控制措施,并对采取风险控制措施后的风险予以评价(表6.22)。

表 6.22　勘察外业实施阶段人工环境因素风险控制

人工环境因素	可能的风险事件	风险控制措施	初始等级	剩余等级
1. 临近高压等架空线缆	防护不当造成线缆损坏或引发人身伤害	(1) 保持安全施工防护距离、采用合适的施工方案和设备； (2) 加强安全教育及安全防护措施； (3) 制定应急预案，建立有效的沟通机制，事故发生后及时采取应急措施将损失降到最低	Ⅲ级	Ⅲ级及以下
2. 临近或穿越城市轨道交通设施	防护不当或钻孔移位审批把关不严造成既有设施损坏	(1) 现场逐孔位复核轨道交通设施的保护边界； (2) 保持安全施工防护距离、采用合适的施工方案及设备； (3) 严控钻孔移位审批程序并加强作业人员安全教育； (4) 制定应急预案，建立有效的沟通机制，事故发生后及时采取应急措施将损失降到最低	Ⅱ级	Ⅲ级及以下
3. 临近高铁及普铁设施	防护措施不当引发设施受损或其他危害	(1) 保持安全施工防护距离、采用合适的施工方案和设备； (2) 严控钻孔移位审批程序并加强作业人员安全教育； (3) 制定应急预案，建立有效的沟通机制，事故发生后及时采取应急措施将损失降到最低	Ⅲ级	Ⅲ级及以下
4. 临近或穿越市政隧道及地下通道结构、人防工程等地下障碍物	防护不当或钻孔移位审批把关不严，钻孔侵入结构轮廓	(1) 充分收集资料，现场逐孔位复核各类设施的性质及保护边界； (2) 保持安全施工防护距离、采用合适的施工方案和设备； (3) 严控钻孔移位审批程序并加强作业人员安全教育； (4) 制定应急预案，建立有效的沟通机制，事故发生后及时采取应急措施将损失降到最低	Ⅲ级	Ⅲ级及以下
5. 电力、燃气、热力、给排水、通信等地下管线设施	现场管线避让排查措施不当或钻孔移位审批把关不严，造成管线损坏或人身伤害等事故	(1) 充分收集资料，采取管线权属单位现场交底并逐孔位复核各类设施的性质及保护边界； (2) 保持安全施工防护距离、采用合适的施工设备及施工方案； (3) 逐孔位采取人工开孔挖探措施，确保安全后方可下一步施工； (4) 非开挖深埋管线应现场复核线位、无法复核的应确保安全距离或调整孔位方案； (5) 严控钻孔移位审批程序并加强作业人员安全教育及安全防护； (6) 制定应急预案，建立有效的沟通机制，事故发生后及时采取应急措施将损失降到最低	Ⅰ～Ⅱ级	Ⅲ级及以下
6. 施工场地道路交通状况复杂	交通临时导流措施不当或现场防护设施不当引发交通事故、人身伤害等	(1) 严格遵守交通管理部门的道路安全施工规定及施工时段安排； (2) 配合交通管理部门采取合理的交通临时导流措施及设置现场围挡、警示等防护设施； (3) 夜间施工作业人员要按规定佩戴警示标识、并设置夜间安全警示及防护设施； (4) 加强作业人员安全教育，提高占路施工安全意识	Ⅱ级	Ⅲ级及以下
7. 突发公共卫生等不可预见事件	防护措施不当引发群体感染或工期拖延	(1) 严格遵守防疫规定，落实防疫措施； (2) 做好作业人员的防疫教育及个人安全卫生防护； (3) 制定应急预案，建立有效的沟通机制，突发事件发生后及时向相关部门反馈和报告，将影响降到最低	Ⅲ级	Ⅲ级及以下

采取主动风险应对措施后,风险降至Ⅲ级及以下等级,可按正常的风险管理方案和勘察工作流程开展各项工作。受勘察作业手段或环境的限制,采取主动风险应对措施后的剩余风险评级依然不低于Ⅱ级(不愿接受)的,在加强现有风险管控措施的同时,可配合风险转移等综合手段来降低风险的影响,但对于Ⅰ级风险无法降低的,应修改勘察方案或设计方案。

尽管采取了有效的风险管理手段和风险应对措施,风险的影响一般不会完全消除。管理经验不足以及一些不可预见的事件依然可能对项目造成影响,在现场勘察实施过程中人员疏忽、判断失误或错误决策,依然会导致风险事件的发生。对于事件发生频率较高的野外操作流程或技术管理问题,可以进一步优化风险管理措施,通过加强内部控制、增加风险监测频率等方式来提高风险管理的效率和效果,以确保风险得到有效控制。

6.6 勘察风险防范与应急预案

建立健全城市轨道交通工程岩土工程勘察全过程的安全风险管理制度是风险防范的基础。因城市轨道交通工程岩土工程勘察的特殊性,安全风险的社会影响和对工程投资的影响远大于一般的市政工程、工业与民用建筑项目的勘察,实行勘察全过程的风险管理,对优化各阶段勘察方案、完善相关岩土工程分析评价、提供可靠的岩土工程勘察成果有着重要作用。

同时,勘察企业通过完善勘察质量管理体系,把岩土工程勘察全过程的工作程序、作业文件与风险管控机制有机结合,通过制度或有效的手段来减缓或避免风险损失的发生。

勘察应急预案是指勘察风险发生后采取的应急措施,及时控制损失的蔓延,以减少风险事件带来的损失。勘察风险常用的应急预案根据勘察策划阶段、外业实施阶段、内业阶段、成果交付与服务阶段的风险特点和风险管理需求制定。

1. 勘察策划阶段

(1) 制定勘察全过程风险应急预案,梳理完善各类安全生产规章制度。

(2) 设计变更、管线和障碍物资料缺失控制程序及应急预案。

2. 外业实施阶段

(1) 人身安全(中暑、机械损伤、触电、溺水、跌落等)防护措施及应急预案。

(2) 管线(通信、电力、燃气、供排水、供暖等)安全防护措施及应急预案。

(3) 水上施工安全措施及应急预案。

(4) 铁路、城市轨道交通设施防护及应急预案。

（5）极端天气勘察施工防护措施及应急预案。

（6）市政、人防设施勘察施工防护措施及应急预案。

3. 内业阶段

（1）试验室安全防护措施及应急预案。

（2）勘察成品质量控制程序及应急预案。

4. 成果交付与服务阶段

（1）常见工程事故专业配合应急预案。

（2）施工环境或地质条件异常处置应急预案。

根据城市轨道交通工程岩土工程勘察风险管理的特点和全过程风险管理需求，须在勘察策划阶段结合项目成立相应的风险管理应急组织，制定相关的岗位职责，勘察大纲必须包含相应的章节内容。

应急组织架构包括设立专门的应急管理小组，应急管理小组工作内容包含事故调查、技术支持、信息联络等，同时要明确应急管理小组的职责范围、岗位分工，以及在突发事件发生时的应对流程，确保快速有效的应急响应，并定期对参与人员进行各类可能风险事故的安全培训及必要的应急演练。

根据风险评价成果和风险管理计划，建立有效的全过程风险监控体系，确保风险管理达到预期目的。完善风险监控与预警机制，及时发现问题并采取措施予以解决，消除风险隐患。同时，根据勘察过程中风险动态变化的特征，调整相应的风险应对措施，确保风险处置及时有效、方案合理，尽可能将风险损失降到最低。

第7章
岩土工程设计

岩土工程设计工作有着较显著的行业和地域特点,受建设条件、使用功能、敷设方式等因素影响,城市轨道交通岩土工程设计工作的涵盖范围和内容也较广泛,主要包括基坑工程、边坡工程、暗挖工程、桩基工程、地基处理和地下水控制等,如遇到污染土、岩溶、采空区等特殊岩土工程问题时,需进行专项的岩土工程设计工作。城市轨道交通岩土工程设计工作范围与内容如图7.1所示。

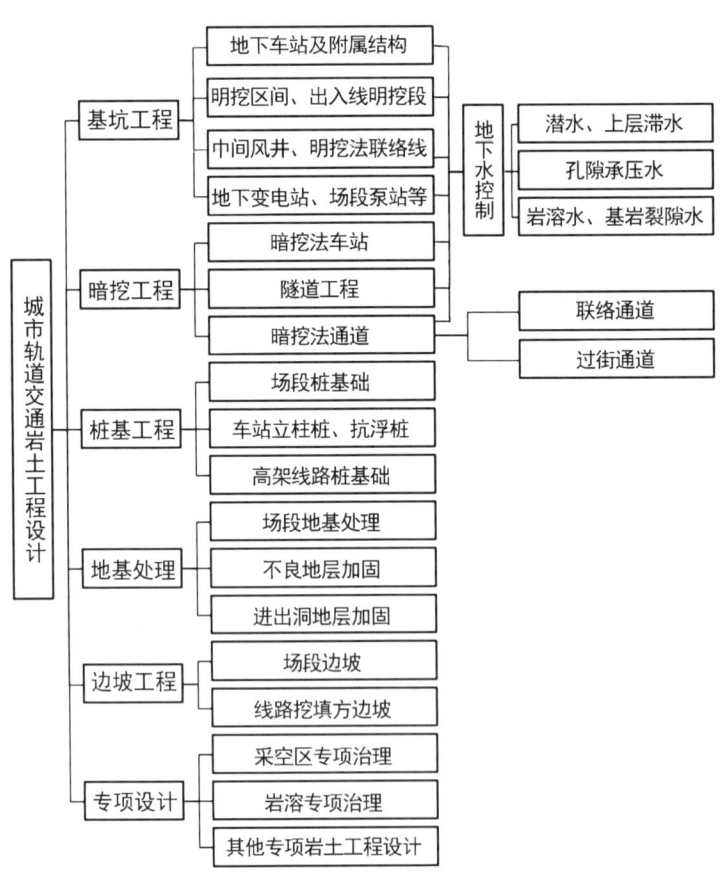

图7.1 城市轨道交通岩土工程设计工作范围与内容

7.1 基坑工程

基坑工程是城市轨道交通地下工程建设的重点也是核心难点，对工程安全、进度和投资有着重要影响，包括明挖法施工的地下车站及附属结构、明挖法施工的区间及出入线、中间风井或工作井、地下变电站和明挖法施工的地下联络线等工程基坑，其中，最主要的是地下车站及附属结构的基坑工程，无论是建设规模、实施难度，还是风险控制等，均具有代表性。

7.1.1 地铁车站基坑工程特点

1. 工程规模大

城市轨道交通工程地下车站主体基坑多为狭长条形深大基坑，呈现基坑长、开挖深度大等特点。一般标准车站长度在170～300 m，带配线车站最长可超过500 m。例如，上海嘉闵线丰茂路站总长度达1 286 m，是目前国内轨道交通领域单体最长的地下车站。地下车站基坑开挖深度大，标准地下二层站挖深一般为16～18 m，地下三层站挖深一般为22～24 m，地下四层站挖深一般为29～32 m。南京轨道交通4号线二期滨江站基坑开挖深度达到了50.8 m，为目前已知国内最深地铁车站基坑。地下车站基坑呈明显的狭长形特点，一般标准车站宽19～21 m，即使宽度较大的双岛四线车站，一般也控制在50 m以内，标准车站的基坑的长宽比在10左右，带配线车站一般达到15～20，甚至更高。

2. 施工环境复杂

随着城市轨道交通工程建设的快速发展，大量位于中心城区的车站投入建设，基坑施工建设存在周边建筑物密集、市政管线众多、道路交通压力大、环境保护要求高、施工场地狭小等特点。地下车站基坑一般由车站主体基坑和附属基坑两大部分组成，车站主体一般设置于道路红线内，施工时需临时占用市政道路，附属结构常设置于道路红线外的周边地块内，需占用地块进行施工。城市轨道交通车站一般位于城市主干路，面临交通导改、地下管线搬迁和保护等众多难题，为保障市政道路交通畅通和各类管线的运营功能，尽量减少对周边建筑物的影响，基坑施工须采取多种有效措施，保证自身及周边环境的安全。

3. 施工周期长

车站建设施工一般分为三个阶段：第一阶段对主体基坑场地范围内受影响的市政管线进行迁改和道路交通导改；第二阶段开展主体基坑支护结构施工、降水、土石方开挖，同步回筑结构及恢复市政管线道路；第三阶段开展附属结构施工。车站站位受交通导改、控制性市政管线及附属结构用地等因素制约，每个阶段可能会再细化成若干分期，每个分期少则2～3个月，长则达半年至一年,如采用半盖挖法或逆作法施工,将导致工期更长。根据工程经验,标准地下二层车站,采用明挖法施工正常工期一般需要 12~18 个月,采用盖挖法施工工期增加至 20~25 个月。若为地下三层车站,基坑开挖工效进一步降低,工期增加 6~12 个月不等。

4. 支护形式多样

几乎所有的基坑支护形式和开挖模式都有在城市轨道交通建设的基坑工程中应用,支护形式选择是依据场地工程地质及水文地质条件、基坑开挖深度、周边环境要求,并结合经济性、工期要求等因素综合确定的。车站主体基坑主要采用钻孔灌注桩排桩、套管咬合桩、地下连续墙等,配合内支撑或锚索形成支护体系。若地层条件较好,如为土岩二元基坑,可采用吊脚桩加放坡或钢管桩联合支护;车站附属基坑一般采用 SMW 工法桩、钻孔排桩、钢板桩配合内支撑等,当深度较浅且周边环境条件允许时,可采用放坡、土钉墙或水泥土重力式挡墙。城市轨道交通工程基坑支护型式受周边环境影响较大,上述仅为常规选型,在实际应用时,同一个基坑可能会采用多种支护型式相结合的方式,以应对不同的工程地质、水文地质条件及建设场地环境。

7.1.2 支护结构体系方案及技术经济比选

1. 设计目标

基坑支护结构体系设计目标是确保基坑施工安全、经济高效,并减少对环境的影响,具体可分为安全可靠、技术可行、经济合理、施工方便、环境保护和可持续发展等方面。

2. 支护结构体系方案

支护结构体系方案的设计是一个系统工程,需要综合考虑技术、经济、环境和社会影响等多方面因素,其中,建设场地环境和施工方法是选择支护结构体系的先决条件。当采用明挖顺作法时,可采用放坡开挖、自立式支护体系(含土钉墙、水泥土重力式围护墙、悬臂式围护墙等)、板式支护体系(围护桩墙加内支撑或锚杆系统)等支护结构体系。当采用盖挖逆作法时,可采用全逆作法或半逆作法,采用车站结构梁板作为临时支撑,或支护结构与车站结构结合设计。

3. 技术经济比选

技术经济比选主要遵循以下原则及进行以下相关工作:

(1) 基坑工程总体方案设计应采取合理、有效的支护结构形式与技术措施,以控制造价和实现工期目标。

(2) 对于技术均可行的多个设计方案,从投资、工期、主体结构等多角度进行定性、定量的分析和对比,以确定最适合的方案。

(3) 综合比较支护结构的工程费用、土方开挖、降水与监测等工程费用及施工技术措施费。

(4) 综合比较工期差异带来的社会效益和经济性影响。

(5) 综合考虑基坑设计方案对车站主体结构设计、防水、承载能力、耐久性要求等方面的影响,并考虑不同基坑围护结构的占地要求。

4. 环境影响评价

绿色环保与可持续发展是工程建设的主旋律,选择支护方案应综合评价基坑工程全寿命周期可能对环境带来的不利影响,优先选择环境友好型方案。例如,综合考虑止水帷幕体系可能对地下水环境的长期不利影响,选择材料与工艺时,在满足结构安全的情况下,尽可能采用可循环利用的支护结构及支撑系统,选择避免地下水污染和环境污染的环保材料。施工工艺要综合考虑施工期噪声、振动、粉尘及废弃物等对环境的影响。

7.1.3 基坑支护体系的稳定性验算

基坑稳定性验算包括整体稳定性验算、坑底抗隆起稳定性验算、抗倾覆稳定性验算、抗渗流稳定性验算、抗承压水稳定性验算及抗水平滑动稳定性验算等。

1. 整体稳定性验算

整体稳定性验算针对锚拉式、悬臂式及双排桩式支挡结构,主要为开挖深度较浅(一般小于10 m)的附属结构基坑,场地条件允许时设置锚拉式,场地条件受限时采用悬臂式或双排桩式。圆弧滑动条分法整体稳定性验算如图7.2所示。

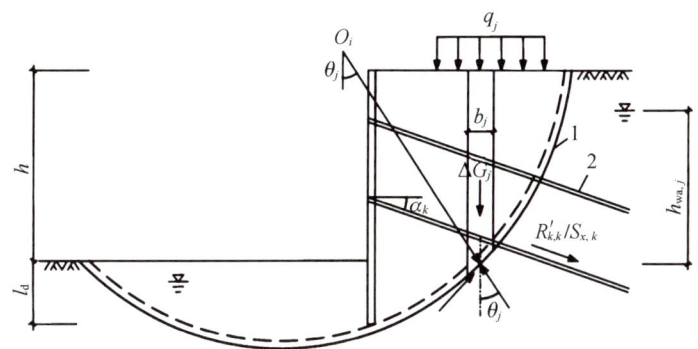

1—任意圆弧滑动面;2—锚杆;O_i—圆弧滑动中心;R_i—圆弧滑动面半径(m);h—计算工况下的基坑开挖深度(m);L_d—挡土构件的嵌固深度(m);θ_j—第j土条滑弧面中点处的法线与垂直面的夹角(°);b_j—第j土条的宽度(m);q_j—第j土条上的附加分布荷载标准值(kPa);ΔG_j—第j土条的自重(kN);$h_{wa,j}$—基坑外侧第j土条滑弧面中点的压力水头(m)

图 7.2 圆弧滑动条分法整体稳定性验算示意图

2. 坑底抗隆起稳定性验算

坑底抗隆起稳定性验算一般分为两种情况:一是针对采用内支撑的板式支护(钻孔排桩、地下连续墙等)基坑,按圆弧滑动模式验算绕最下道支撑点的坑底抗隆起稳定性(图7.3);二是针对水泥土重力式支护(无内支撑或锚拉)结构,按墙底地基承载力模式验算坑底抗隆起稳定性(图7.4)。

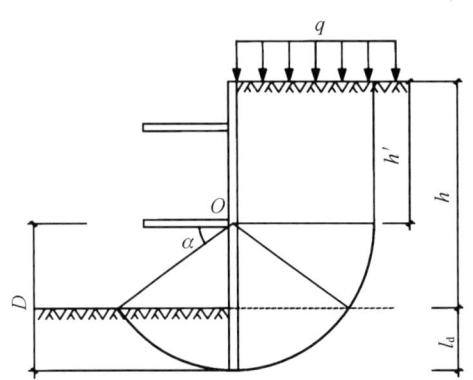
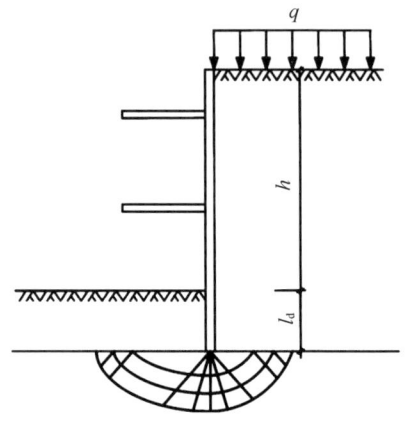

q—坑外地面超载(kPa);h—基坑开挖深度(m);h'—最下道支撑距地面的距离(m);l_d—围护结构在基坑开挖面以下的入土深度(m);D—围护结构在最下道支撑以下部分的深度(m);α—圆弧滑动面(绕最下道支撑点 O)坑底处滑动半径与最下道支撑的水平交角(°)

图 7.3　圆弧滑动模式抗隆起分析示意图

q—坑外地面超载(kPa);h—基坑开挖深度(m);l_d—围护结构在基坑开挖面以下的入土深度(m)

图 7.4　地基承载力模式抗隆起分析示意图

3. 抗倾覆稳定性验算

抗倾覆稳定性验算主要分为两种情况:一是针对采用内支撑的板式支护(钻孔排桩、地连墙等)基坑,支护结构需验算绕最下道支撑或锚拉点的抗倾覆稳定性(图 7.5);二是针对重力式水泥土墙类支护(无内支撑或锚拉),支护结构需验算绕墙趾(临基坑开挖一侧的墙体脚趾点)的抗倾覆稳定性(图 7.6)。

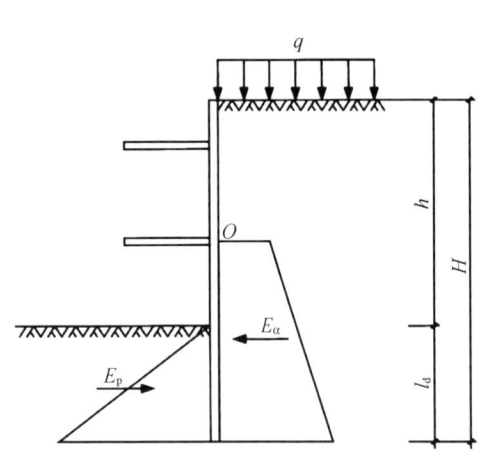
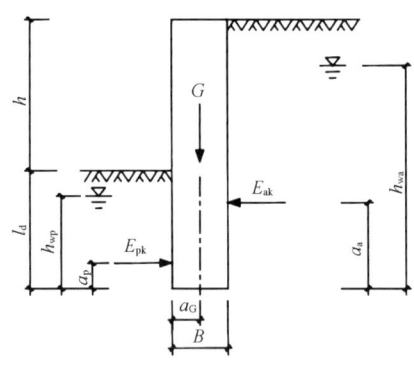

q—坑外地面超载(kPa);h—基坑开挖深度(m);l_d—围护结构在基坑开挖面以下的入土深度(m);H—围护结构长度(m);E_p—墙前被动土压力(kN/m);E_a—最下道支撑至围护结构底之间的墙后主动土压力(kN/m)

图 7.5　板式支护基坑倾覆稳定性验算示意图

h—基坑开挖深度(m);l_d—水泥土墙的嵌固深度(m);B—水泥土墙的宽度(m);a_G—水泥土墙重心至墙底内脚点的距离(m);h_{wa}—坑外地下水位至墙底的距离(m);h_{wp}—坑内地下水位至墙底的距离(m);G—水泥土墙自重标准值(kN);E_{ak}—墙后主动土压力标准值(kN/m);a_a—墙后主动土压力作用点至墙底的距离(m);E_{pk}—墙前被动土压力标准值(kN/m);a_p—墙前被动土压力作用点至墙底的距离(m)

图 7.6　重力式水泥土墙类支护倾覆稳定性验算示意图

4. 抗渗流稳定性验算

验算开挖后基坑外部与内部形成较大水头差时,内外地基土绕基坑止水帷幕墙趾的抗渗流和抗管涌稳定性,当基坑坑内开挖面以下为高渗透性土层(如砂性土、砂质粉土等)时,应重点关注。

5. 抗承压水稳定性验算

当基坑开挖面下存在水位高于开挖面的承压含水层且满足以下两个条件:一是止水帷幕未有效隔断承压含水层;二是承压含水层上部存在相对不透水层(渗透系数一般小于 10^{-4} cm/s)时,应验算开挖过程中上覆不透水层的抗突涌稳定性。

6. 抗水平滑动稳定性验算

一般针对重力式水泥土墙,验算沿墙地面的抗滑动稳定性。滑动力由围护墙背后的主动土压力和水压力组成,抗滑力则考虑墙底与地基土之间的滑动摩擦力和坑底被动区土压力(图7.7)。

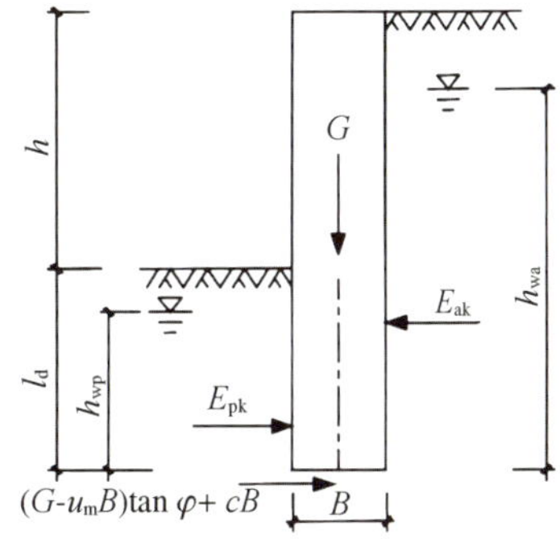

c、φ—水泥土墙底土层内聚力(Pa)、内摩擦角(°);u_m—水泥土墙底面上的水压力(kPa);其余符号含义同图7.6

图 7.7 抗水平滑动稳定性验算示意图

7.1.4 地下水控制与保护

1. 一般情况下的地下水控制

基坑工程中地下水控制措施主要有截水、降水、集水明排或其组合等方法。例如,基坑降水周期较长,当对基坑周边建(构)筑物、地下管线、地面道路等造成不利影响时,应当采用截水方法控制地下水,同时降水设计应满足周围环境沉降控制的要求。当基坑底部存在水头高于坑底的承压水且不满足抗突涌稳定性要求时,尚应对该承压含水层采取隔断或减压措施。

根据周边环境保护要求、地层条件、开挖深度和实施条件,采用不同等级的截水措施,一般在要求最高时采用地下连续墙,其次为钻孔咬合排桩,正常要求可选用水泥土搅拌桩帷幕或高压旋喷桩帷幕,当基坑深度不大但地下水位较高时,也可采用钢板桩,上述为城市轨道交通工程基坑工程中常用的截水措施。近年来,随着设备国产化率提高,GSM 双轮搅挡墙、TRD 工法止水墙等也大量地应用于地层条件复杂和环境条件要求较高的城市轨道交通基坑工程。

基坑降水方法根据降水需求和地层条件确定,以管井最为普遍,对一般填土、粉质黏土、粉土、砂层、碎石层及全强风化岩层等渗透性较强的地层(渗透系数 $\geqslant 10^{-4}$ cm/s)均适用。当基坑为黏性土等渗透性较小地层时(渗透系数 $\leqslant 10^{-5}$ cm/s),也可采用真空井点或喷射井点。

受基岩裂隙水分布特征的影响,现有的勘察规范条文规定和勘察工作量均难以提供可靠的岩石基坑地下水控制设计依据。无论是采用排桩的基坑支护方式还是采取直接放坡开挖的方式,均无法有针对性地止水及有效地降排水。当基坑为岩石或土岩结合的二元基坑时,土层部分可采用常规的止水帷幕,岩层一般采用集水明排的降水方法。随着环境保护要求及地下水资源保护要求的提高,同时考虑施工的工效需求,岩石基坑工程中基岩裂隙水带来的降排水影响也逐渐受到重视,结合局部裂隙预封堵配合积水明排的地下水控制措施,更适合于地下水较丰富的岩石基坑。

2. 特殊环境下的地下水控制与保护

对特殊的地下水环境采取相应和适当的工程措施,是降低工程建设对环境影响的重要手段。工程应对措施要因地制宜,根据场地工程地质条件、水文地质条件,结合地下水特殊环境保护要求等综合考虑。城市轨道交通线路常遇到的特殊环境包括地下水源保护地、环境保护区、地下水渗流通道、泉水保护区和变形敏感严禁降水区域等。例如,针对济南等地特殊的地下水和泉水环境,城市轨道交通工程建设应从可能影响地下水的因素出发,有针对性地采取工程措施,降低或避免工程建设对地下水和泉水环境造成不良影响。

(1) 基坑工程建设采取全封闭的施工方式。针对变形敏感严禁降水区域或泉水保护区敏感地段,在基坑工程建设过程中,采取基坑全封闭不降水施工,仅对封闭体内的土体进行有限疏干,围护结构一般采用地下连续墙配合基底全封底技术,防止封闭体外地下水进入开挖范围。

(2) 控制注浆压力、采用静力爆破的施工措施。在基坑工程建设过程中,当需采用注浆工法进行加固、堵漏作业时,应采用非高压注浆工法并结合适宜的浆液配比,避免高压注浆范围失控而破坏地下水原有的径流路径或渗流通道,对地下水环境产生不良影响。同时,岩石基坑施工应避免采取常规爆破开挖方式,可采用静力爆破或机械破碎施工,以减小对地下水保护区基岩结构的破坏,尽量不影响原始的径流、排泄方式。

(3) 采用环保材料。基坑止水帷幕、填充注浆等材料可能会对地下水质造成影响。对于地下水源保护地、环境保护区等,注浆材料应选择低毒环保材料,并采取防护措施避免施工及运营过程地下水被污染。

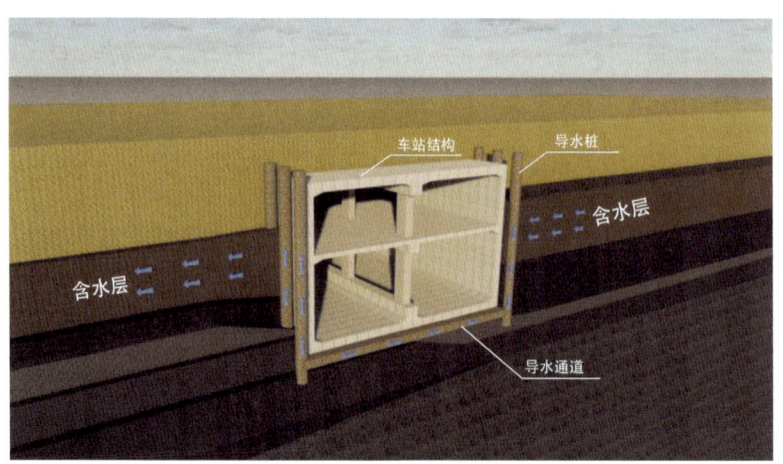

图 7.8 地下车站补偿式渗流通道示意图

(4) 设置补偿式渗流通道。地下工程的建设占用一定的地下空间,当结构体处于地下水补给区或含水层中时,不可避免地会对地下水局部渗流场产生一定的影响,对于重要的地下水渗流通道,在建设前期可通过线位及纵断面调整来规避或降低阻隔程度。当难以避开时,可设置适当的渗流补偿措施,尽可能降低对原有渗流环境的不利影响,这样也可以规避运营期因局部水壅对结构安全产生抗浮风险。地下车站补偿式渗流通道示意如图7.8所示。

7.1.5 基坑土(岩)方开挖方案

地下车站基坑呈狭长条形,且车站两端头一般为区间隧道盾构的始发和接收工作井。与一般民用建筑基坑的土方开挖施工顺序不同,根据工程筹划,为保证区间盾构施工条件,车站基坑通常从端部向中部开挖,先施工端头井部分满足盾构的始发或接受条件,然后逐段回筑主体内部结构。

1. 基坑开挖原则

地铁基坑开挖一般遵循如下原则。

(1) 基坑土方开挖方案应满足支护结构设计要求。

(2) 当采取基坑内、外降水措施时,应按要求降水后方可开挖。基坑周围地面应设排水沟及挡水设施,避免雨水、渗水等流入基坑内。

(3) 软土基坑须分层、分块、对称、均衡开挖,分块开挖后应及时支护。对于有预应力要求的钢支撑或锚杆,还必须按设计要求施加预应力。当基坑开挖面上方的支撑、锚杆、土钉等未达到设计强度要求时,严禁向下超挖土方。

(4) 在基坑开挖过程中,必须采取措施防止开挖机械等碰撞支护结构、格构柱、降水井点或扰动基底原状土。

(5) 基坑基底以上0.3 m应采用人工配合清底,不得超挖。基坑见底后应进行勘察、设计、监理、施工、建设单位五方参加的验槽工作。

2. 基坑开挖顺序

地铁基坑开挖一般顺序如下。

(1) 长条形基坑开挖顺序遵循分段分层、由上而下、先支撑后开挖的原则。

(2) 兼作盾构始发井车站的开挖顺序一般为从两端向中间开挖,或一端向中间开挖。

(3) 车站端头井开挖按照标准段对撑区域、斜撑范围内区域、挖除其余土方的顺序进行。

(4) 当地铁基坑与周边地块合建形成大面积方形基坑时,要遵循"盆式开挖"原则:首先开挖中间部分土方,周边预留土台;其次开槽逐步施工支撑;最后挖除角部土方施工角撑。

7.1.6 基坑工程的监测要求

随着近些年城市轨道交通工程的发展,线网密度加大,换乘车站和多线枢纽车站越来越多,车站基坑向着更深、更大的方向发展。在此背景下,不仅存在基坑工程自身的安全和稳定问题,还存在因降水和土方开挖引起的周边地层变形,进而危及周边相邻建(构)筑物、地下管网和道路的正常使用,基坑工程的自身监测和周边环境监测均是基坑实施安全和风险控制的重要环节。

1. 基坑自身监测

进行基坑支护结构和土方开挖施工时,对基坑支护结构变形、应力应变及地下水动态变化进行监控量测。监控量测项目、量测方法、断面间距、单断面测点数量、量测频率、测试精度等,应根据《城市轨道交通工程监测技术规范》(GB 50911—2013)的有关要求确定,监测项目根据工程监测等级确定,具体如表7.1所示。

表7.1 城市轨道交通基坑工程监测项目

序号	监测项目	工程监测等级		
		一级	二级	三级
1	支护桩(墙)、边坡顶部水平位移	√	√	√
2	支护桩(墙)、边坡竖向水平位移	√	√	√
3	支护桩(墙)体水平位移	√	√	○
4	支护桩(墙)结构应力	○	○	○
5	立柱结构竖向位移	√	√	○
6	立柱结构水平位移	√	○	○
7	立柱结构应力	○	○	○
8	支撑轴力	√	√	√
9	顶板应力	○	○	○
10	锚杆拉力	√	√	√
11	土钉拉力	○	○	○
12	地表沉降	√	√	√
13	竖井井壁支护结构净空收敛	√	√	√
14	土体深层水平位移	○	○	○
15	土体分层竖向位移	○	○	○
16	坑底隆起(回弹)	○	○	○
17	支护桩(墙)侧向土压力	○	○	○
18	地下水位	√	√	√
19	孔隙水压力	○	○	○

备注:其中打"√"为应测项目,"○"为选测项目。

对于高地下水地区,设计降水标高以上坑壁存在高渗透性地层或厚填土层的基坑项目,应进行土体分层竖向位移监测。近年来,大量的基坑工程项目因忽略了坑外深层土体的竖向位移监测,坑壁的渗漏水导致坑外土体隐性流失,引起道路塌陷等重大事故,造成巨大损失和社会不良影响。

2. 周边环境监测

周边环境监测对象主要包括建(构)筑物、地下管线、道路、桥梁、既有城市轨道交通、既有铁路(含城市轨道交通地面线)等。当基坑施工主要影响区存在高层、高耸建(构)筑物时,还应进行倾斜监测。既有城市轨道交通高架线和地面线的监测项目可按照桥梁和既有铁路的监测进行。监测项目同基坑自身监测要求有区别,需根据工程影响分区确定,分为主要影响区和次要影响区,具体如表 7.2 所示。

表 7.2　城市轨道交通基坑工程周边环境监测项目

序号	监测对象	监测项目	主要影响分区	
			主要影响区	次要影响区
1	建(构)筑物	竖向位移	√	√
2		水平位移	○	○
3		倾斜	○	○
4		裂缝	√	○
5	地下管线	竖向位移	√	√
6		水平位移	○	○
7		差异沉降	√	○
8	道路	路面路基竖向位移	√	○
9		挡土墙竖向位移	√	○
10		挡土墙倾斜	√	○
11	桥梁	墩台竖向位移	√	√
12		墩台差异沉降	√	√
13		墩柱倾斜	√	√
14		梁板应力	○	○
15		裂缝	√	○
16	既有城市轨道交通	隧道结构竖向位移	√	√
17		隧道结构水平位移	√	○
18		隧道结构净空收敛	○	○
19		隧道结构变形缝差异沉降	√	√

(续表)

序号	监测对象	监测项目	主要影响分区	
			主要影响区	次要影响区
20	既有城市轨道交通	轨道结构(道床)竖向位移	√	√
21		轨道静态几何形位(轨距、轨向、高低、水平)	√	√
22		隧道、轨道结构裂缝	√	○
23	既有铁路(含城市轨道交通地面线)	路基竖向位移	√	√
24		轨道静态几何形位(轨距、轨向、高低、水平)	√	√

备注：其中打"√"为应测项目，"○"为选测项目。

7.1.7 地铁线路岩土特性评价案例

济南市域地质条件复杂多样，城市轨道交通工程建设场地基本涵盖了常见的岩石地层、残坡积层、冲积及冲洪积地层等，存在着岩溶、采空区等不良地质，以及常见的各类特殊性岩土问题，且场地地下水赋存条件复杂，建设过程中采用的基坑支护方案、地下水控制措施及地基处理方案的选择等均具有一定的代表性。

1. 区域地质及工程地质条件

济南市位于山东省中西部，南依泰山，北跨黄河，地处鲁中南低山丘陵与鲁西北冲积平原的交接带上，地势南高北低，为一平缓的单斜构造，高差达 500 m 以上。

根据济南地区地貌特征，将本区划分为平原地貌与山地地貌两个Ⅰ级区，依成因形态划分Ⅱ级区，见表 7.3。济南地区自东南至西北地形由高渐低，地貌成因类型依次为低山区、残丘、丘陵区、冲积平原区、冲洪积平原区及岩溶残丘地貌区。

表 7.3 济南市域地貌特征分区

Ⅰ级		Ⅱ级
平原地貌	堆积地貌	冲积平原
		冲洪积平原
山地地貌	侵蚀地貌	残丘、丘陵
		低山
	岩溶地貌	溶蚀残丘

2. 某线路工程地质、水文地质分区

某线路起点为济南东南部，终点为黄河北，线路贯穿城市南北，线路经历低山丘陵、山前冲洪积平原及黄河冲积平原地貌，穿越了多个典型工程地质单元和水文地质单元。

某线路沿线工程地质、水文地质单元分区如图7.9所示。沿线工程地质单元分为四个分区：Ⅰ区上层为第四系黄土、黏性土为主，局部为碎石土，下伏奥陶系灰岩，局部为泥灰岩；Ⅱ区为第四系黄土、黏性土为主，局部为碎石土，下伏燕山期闪长岩、辉长岩；Ⅲ区为第四系黏性土地层，局部以粉土为主，上部有淤泥质黏土；Ⅳ区为第四系黏性土地层，局部以粉土、砂土为主。水文地质单元分为三个单元：Ⅰ单元主要分布在山前冲积-洪积平原地貌，勘探期间在钻探深度范围内未揭示到地下水；Ⅱ单元以第四系松散层孔隙水、岩浆岩类裂隙水为主，地下水较发育；Ⅲ单元以第四系松散层孔隙水为主，各含水层之间分布弱隔水层，其下部砂层具微承压性。该线路基本涵盖了本市域城市轨道交通工程建设中所遇到的地貌单元类型和工程地质、水文地质单元类型，具有一定的代表性。沿线工程地质分区及水文地质单元特征对照如表7.4所示。

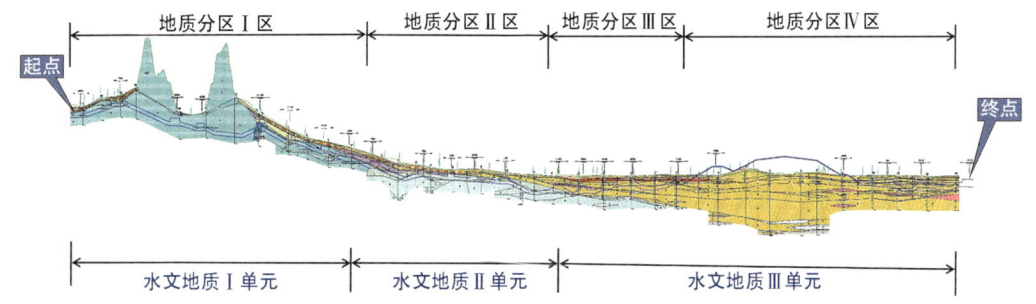

图7.9　某线路沿线工程地质、水文地质单元分区

表7.4　沿线工程地质分区及水文地质单元特征对照表

地质分区Ⅰ	地质分区Ⅱ	地质分区Ⅲ	地质分区Ⅳ
山前冲积-洪积平原及低山丘陵地貌	山前冲积-洪积平原边缘地貌	黄河冲积平原地貌	黄河冲积平原地貌
第四系全新统、更新统冲洪积地层，以黄土、黏性土为主，局部为碎石土。下伏奥陶系灰岩，局部为泥灰岩	第四系全系统、更新统冲洪积地层，以黄土、黏性土为主，局部为碎石土。下伏燕山期闪长岩、辉长岩	第四系新近沉积、全新统、更新统冲洪积黏性土地层，上部第四系土层厚度变化不大，局部以粉土为主，上部有淤泥质黏土	第四系新近沉积、全新统、更新统冲洪积黏性土地层中，上部第四系土层厚度变化不大，局部以粉土、砂土为主
水文地质Ⅰ单元，主要分布在山前冲积-洪积平原地貌，水文地质条件较复杂，勘探期间在钻探深度范围内未揭示到地下水	水文地质Ⅱ单元，第四系松散层孔隙水、岩浆岩类裂隙水为主，地下水较发育	水文地质Ⅲ单元，第四系松散层孔隙水，各含水层之间分布弱隔水层，其下部砂层微承压	

3. 基坑支护结构选型及影响因素

地下车站一般为地下二层站和三层站，个别多线换乘车站为地下四层站。车站的建设环境复杂，除了深大基坑自身的安全风险，还面临着大量的临近建（构）筑物及管线保护等

问题,基坑支护结构的选型成为地下车站建设中最关键的环节。

基坑开挖深度和场地的工程地质、水文地质条件是支护结构选型最基本的影响因素,不同的地层结构和地下水性质决定了支护结构的工法和地下水控制措施的选择。周边建(构)筑物和地下管线的分布、类型及重要性、变形控制要求等对支护结构选型和整体刚度要求有重要影响。同时,地区经验、经济性、安全性、施工方法与技术、施工效率、环保要求等也是影响支护结构选型的重要因素(表7.5)。

表7.5 济南市域地铁线路代表性车站基坑支护选型及控制因素

代表性车站	场地地质条件、地质单元类型	重要环境条件	支护结构选型
唐冶南站、华山东站	Ⅰ区、Ⅱ区、Ⅲ区;铁矿采坑、采石坑大面积深厚不均质杂填、素填土,厚度大于开挖深度,填筑物极不均匀、欠固结、水稳性差	填筑区范围内大量各类管线及交通设施,临近建(构)筑物,沉陷敏感	支护结构采用全套管灌注桩+内支撑体系,桩后0.7H(H为基坑深度)范围回填土袖阀管注浆加固,被动区配合地基处理采用充填注浆加固
王府庄站	济南西部、Ⅰ区;第四系地层+深厚卵石层,地下水丰富	场地现状为刘长山路,道路南侧为果园,紧邻已建成的1号线车站、区间,工程周边环境较复杂	套管咬合钻孔灌注桩+内支撑体系,局部封底加固
历山北路站	济南中部、Ⅱ区;第四系地层+全强中风化闪长岩,地下水丰富	场地现状为北园大街及城中村,车站南侧为北园高架、山大二院,南侧为多层建筑(沃家村),工程周边环境复杂	地下连续墙+内支撑体系
龙奥大厦站	济南南部、Ⅰ区;中风化石灰岩地层,开挖范围无地下水	场地现状为奥体西路,西侧为转山,地形高差超过60 m	分级放坡+砂浆挂网喷护支护形式
山师东路站	济南中南部、Ⅰ区;中风化石灰岩及溶洞发育地层,开挖范围有地下水	场地现状为经十路,北侧为山东省中医院,南侧为省药监局、完美大厦、省胸科医院宿舍、皮肤病医院等	"框架桩+微型复合桩"新工法+内支撑体系
洪楼广场站	济南中北部、Ⅱ区;全强风化辉长岩,存在球状风化,下部为中风化辉长岩,地下水丰富	场地位于花园路和洪家楼北路交叉口以东花园路上,北侧为洪楼广场,南侧为加油加气站等建筑	灌注桩+内支撑体系,桩后采用CSM双轮搅水泥土连续墙
裴家营站	济南东部、Ⅲ区;第四系地层高渗透性,下伏石灰岩,地下水量丰富具高承压性	场地现状西侧为龙脊河,车站上方为规划龙脊河,规划河深4.5 m,周边为农田和村庄	地下连续墙+内支撑体系
大桥站	黄河以北、Ⅳ区;第四系地层,分布有大量粉土、粉细砂液化土层,地下水丰富、具承压性	场地现状为道路,周边未建成	地下连续墙+槽壁加固+内支撑体系

7.1.8 支护结构选型与基坑工程设计典型案例

1. 历山北路站

1) 工程概况

历山北路站为济南轨道交通 R2 线与规划线路的换乘站,车站位于历山北路与北园大街的交叉口,R2 车站沿历山北路东西向设置,规划环线车站和 M4 线车站平行换乘,沿历山北路南北向设置,与 R2 线呈"L"形换乘。其中 R2 线为地下二层站,车站规模为 460.41 m× 21.3 m,规划 M4 线与规划环线车站为地下三层站。

场地南侧为张家村,沿街自西向东有五金卫浴市场、酒店、商务宾馆等,北侧紧邻北园大街高架,路北为山大二院;历山路东侧地块有黄台派出所、酒店、济南市柳行头河中水站、济南供电公司全福 110 kV 变电站、历山铁路立交排水泵站等。车站平面及建设环境条件如图 7.10 所示。

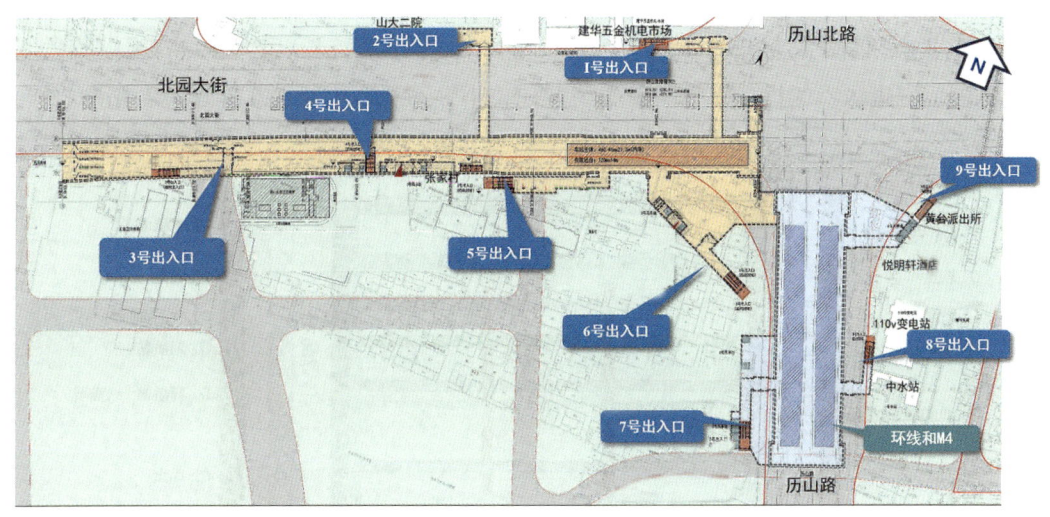

图 7.10 济南轨道交通 R2 线历山北路站平面及建设环境条件

2) 场地工程地质和水文地质条件

拟建场地属山前冲积-洪积平原边缘地貌,地势相对平缓,现状为北园大街及城中村,现状地面标高 25.0~25.7 m。车站所在地层主要为淤泥质黏土、粉质黏土和风化岩。自上至下依次为素填土、淤泥质黏土、粉质黏土、粉土、粉质黏土混姜石、碎石等地层,基坑底以下为碎石、残积土、全风化闪长岩、强风化闪长岩、中风化闪长岩。其中,碎石层、残积土层、全风化闪长岩层、强风化闪长岩层均为强渗透性地层,下部碎石层及风化岩含水具有承压性,承压水头标高接近地表。

车站底板主要位于黏土层、碎石层中,地连墙底主要位于中风化闪长岩中。车站地质纵剖面如图 7.11 所示。

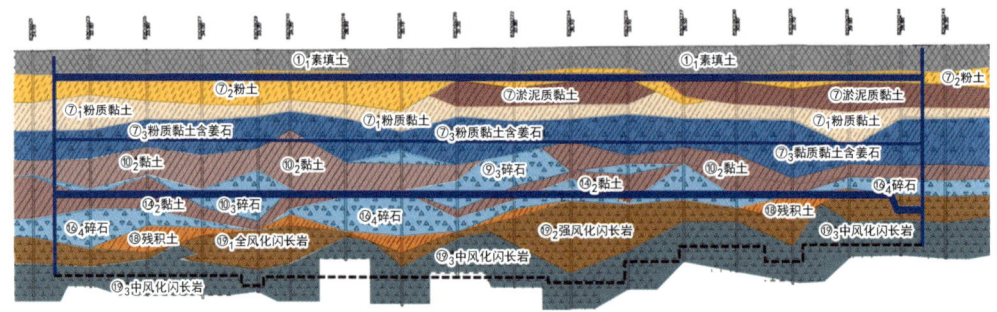

图 7.11　济南轨道交通 R2 线历山北路站地质纵剖面图

3）基坑工程方案

车站设置在北园高架桥和南侧张家村民宅之间,其中基坑北侧距离高架桥桩基约 18 m,基坑南侧距离张家村民宅约 18 m。基坑北侧有雨水、供电、给水、污水、天然气等多种市政管线,对变形敏感,保护要求高。本站设置配线,车站基坑长度达 460 m,规模较大,车站西侧配线区进入南侧拆迁区受制于施工场地狭小等不利环境条件及拆迁进度制约。

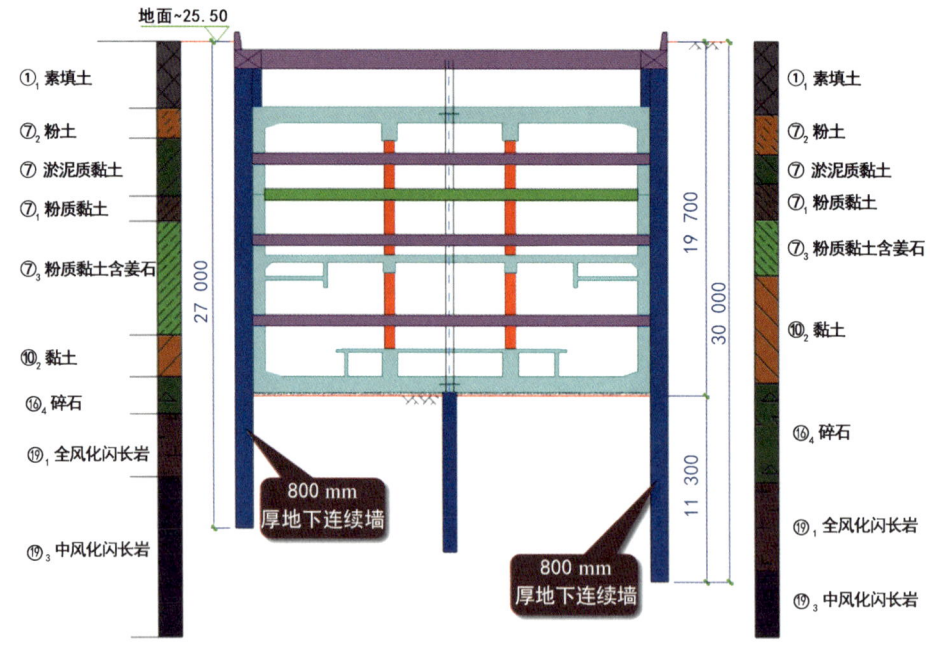

图 7.12　济南轨道交通 R2 号线历山北路站围护结构横剖面图

基坑开挖深度为 19.3～21.4 m,因基坑周边环境较复杂,基底位于强透水的碎石层、全强风化闪长岩层,地下水丰富且具承压性,选择地下连续墙＋内支撑支护结构型式,围护结构采用 800 mm 地下连续墙。基坑竖向设置四道支撑＋一道换撑,其中第一道为 900 mm×

1 000 mm 混凝土支撑,第二道及换撑为 Φ609 mm×16 mm 钢管撑,第四道、五道为 Φ800 mm× 20 mm 钢管撑;基坑采用明挖顺作法施工,受拆迁进度影响,设计采用分坑施工的方式。车站围护结构横剖面如图 7.12 所示。

根据地层特点,采用"抓铣结合"成槽工艺,风化岩层以上采用常规抓斗成槽,强风化岩及中风岩采用铣槽机成槽,确保地连墙成槽效果。设计要求墙趾进入不透水层中风化闪长岩不小于 1.5 m。

2. 龙奥大厦站

1) 工程概况

龙奥大厦站为济南轨道交通 3 号线车站,位于龙奥南路与奥体西路交叉口,车站跨龙奥南路设置,沿奥体西路南北向布置。龙奥站为地下两层(局部三层)明挖拱顶 11 m 岛式站台,车站长 188 m(包含端墙);车站结构总宽度为 19.9 m。本站共设 3 个出入口、1 个无障碍出入口、1 个安全出口和 2 组风亭。

场地西侧为转山,东南角临近济南市人民检察院,东侧为银丰财富广场,建设环境条件相对较简单。车站平面布置如图 7.13 所示。

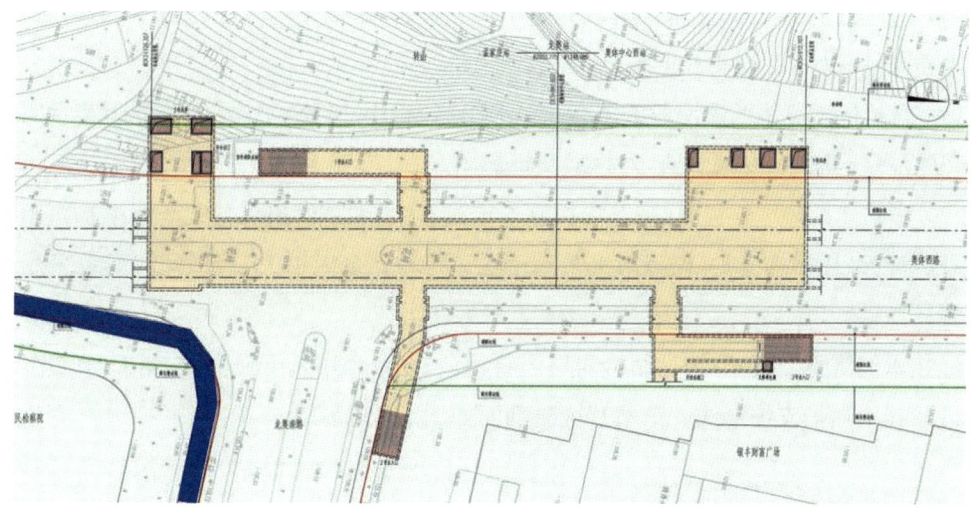

图 7.13 济南轨道交通 3 号线龙奥大厦站平面布置图

2) 场地工程地质和水文地质条件

拟建场地属低山丘陵地貌单元,地形总体南高北低,自南向北逐步递减,地面标高 125.9~136.6 m。车站所在场地浅部上覆 2~3 m 素填土,以下均为中风化石灰岩,局部地层含中风化石灰岩(破碎)和岩溶发育,岩层倾角 12°~15°。岩溶不发育地段饱和单轴抗压强度为 10.30~65.00 MPa,平均抗压强度为 35.62 MPa,岩溶发育地段饱和单轴抗压强度为 11.30~15.20 MPa,平均抗压强度为 13.25 MPa。勘察深度范围内局部揭露地下水为上层滞水,无稳定地下水位。根据区域资料,岩溶水位埋深一般超过 100 m,年变幅 4~10 m。车站地质纵剖面如图 7.14 所示。

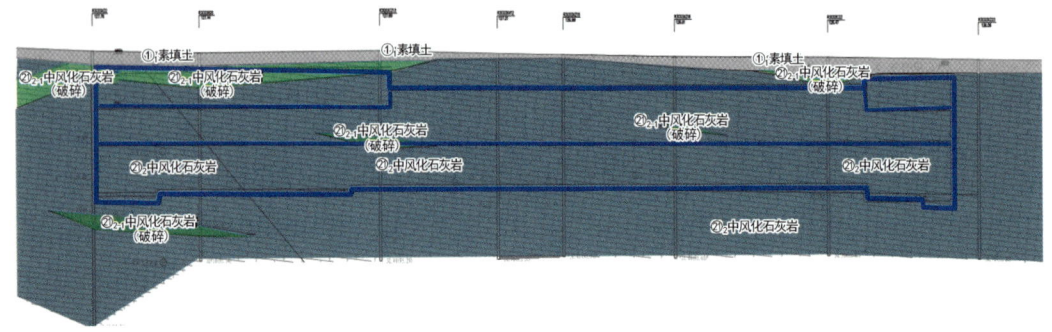

图 7.14 济南轨道交通 3 号线龙奥大厦站地质纵剖面图

3) 基坑工程方案

基坑开挖深度约为 20.6 m,最大挖深为 23.1 m,基底基本位于中风化石灰岩层(完整)中,南端局部位于中风化石灰岩层(破碎)中。分析如下:

(1) 场地覆土层较薄,下部均为较完整中风化灰岩,层面倾角较小,无外倾结构面分布,工程地质条件较好,具备采用放坡开挖可行性;

(2) 本站位于奥体西路南段的末端,道路交通流量很小,站位涉及的龙奥南路封闭交通后,可从龙奥北路进行交通导流,对区域交通影响小;

(3) 车站建设环境较简单,道路无控制性市政管线,除东南角位置大辛河雨水箱涵临近基坑外(局部采用桩锚支护,保障雨水箱涵正在运行),其余无重大市政管线,具备采用分级放坡开挖条件。

经技术经济方案比选,该站结合岩层产状特征,充分利用岩石强度,采用 1∶0.1 分级放坡+砂浆挂网喷护支护形式。车站基坑横剖面如图 7.15 所示。

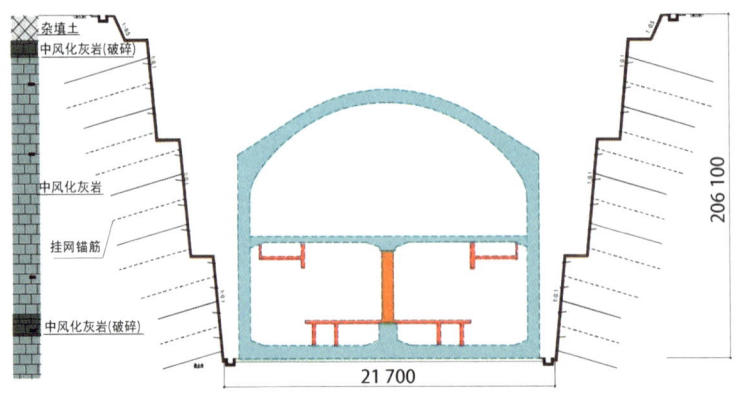

图 7.15 济南轨道交通 3 号线龙奥大厦站基坑横剖面图

3. 山师东路站

1）工程概况

山师东路站是济南轨道交通 4 号线车站，位于经十路与山师东路交叉口东南方向，车站沿经十路南侧东西向敷设。车站为地下两层 13 m 岛式站台车站。车站总净长 309.25 m，标准段净宽 20.7 m，结构顶板覆土约 3 m。车站采用半盖挖法施工，小里程端、大里程端均为盾构接收。车站平面布置及环境条件如图 7.16 所示。

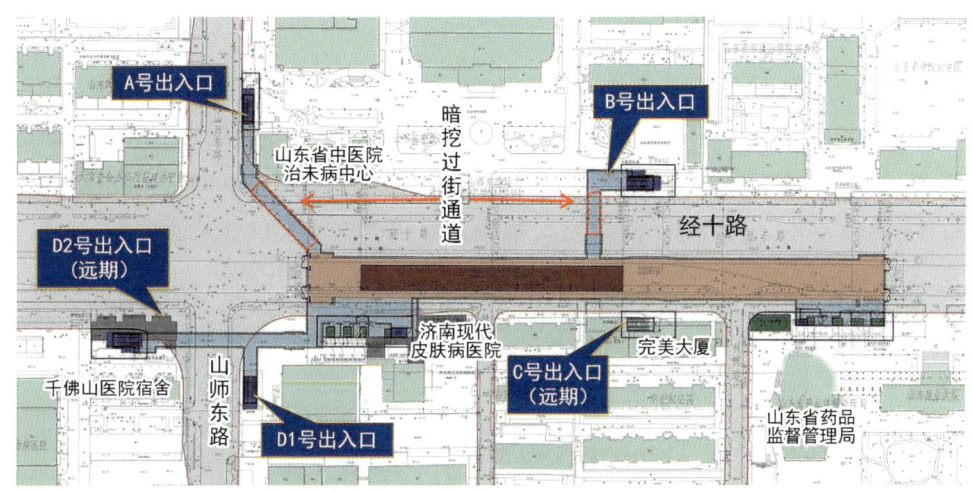

图 7.16 济南轨道交通 4 号线山师东路站总平面布置及环境条件图

场地北侧为山东省中医院治未病中心，距离附属基坑 3.1 m，地上 2~7 层为框架结构，无地下室，柱下独立及条形基础，基础深度约 2.4 m。西南角为千佛山医院宿舍，紧邻 D 号出入口敞口段位置，为地上 6 层砖混结构，无地下室，条形基础，基础深度约 1.9 m。西南侧为济南现代皮肤病医院，距离主体基坑 9.75 m，为地上 5 层砖混结构，无地下室，条形基础，基础埋深约 2.1 m。南侧为完美大厦，距离主体基坑 10.45 m，为地上 3~11 层混凝土框架结构，一层地下室，部分有消防水池。

2）场地工程地质和水文地质条件

拟建场地属丘陵地貌单元，地形有所起伏，地势总体呈东高西低、南高北低，地面标高 76.6~83.0 m。车站所在地层主要以粉质黏土、碎石层、风化岩为主，自上至下依次为①₁层杂填土、⑭₁层粉质黏土、⑰₁层碎石，分布有㉓₂₋₁层溶蚀破碎白云岩，局部有溶洞，下部为㉓₂层中风化白云岩。地下水以碳酸盐岩类裂隙岩溶水为主，主要赋存于㉓₂层风化白云岩、㉓₂₋₁层溶蚀破碎白云岩中，属承压水，岩溶裂隙发育且不均匀，其富水性差别明显。车站主体结构范围内地下水埋深比较稳定，位于坑底以上 3.1~5.8 m。基坑底及围护桩底均位于㉓₂层中风化白云岩。车站地质纵剖面如图 7.17 所示。

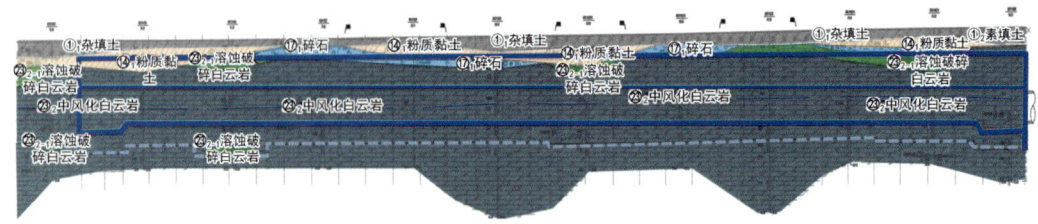

图 7.17　济南轨道交通 4 号线山师东路站地质纵剖面图

3) 基坑工程方案

基坑开挖深度为 17.3～19.3 m,本场地为济南典型石灰岩地层,覆土厚度小,基坑开挖范围大部分为灰岩。受环境条件限制无法采用放坡开挖,针对该地层特点和开挖条件,车站基坑采用了"框架桩+微型复合桩"新工法,该工法的基本思路是框架桩+支撑+冠梁形成双向整体框架结构,保证基坑整体稳定,框架桩之间微型复合桩针对破碎带、孤石、上层桩间土,保证基坑局部稳定。该工法结合岩体的材料力学特征与结构特点,充分发挥和利用岩层自身的强度和承载能力,可大大节省投资和缩短工期,较常规排桩支护基坑投资可节省约 40%,具有良好的经济效益和社会效益。

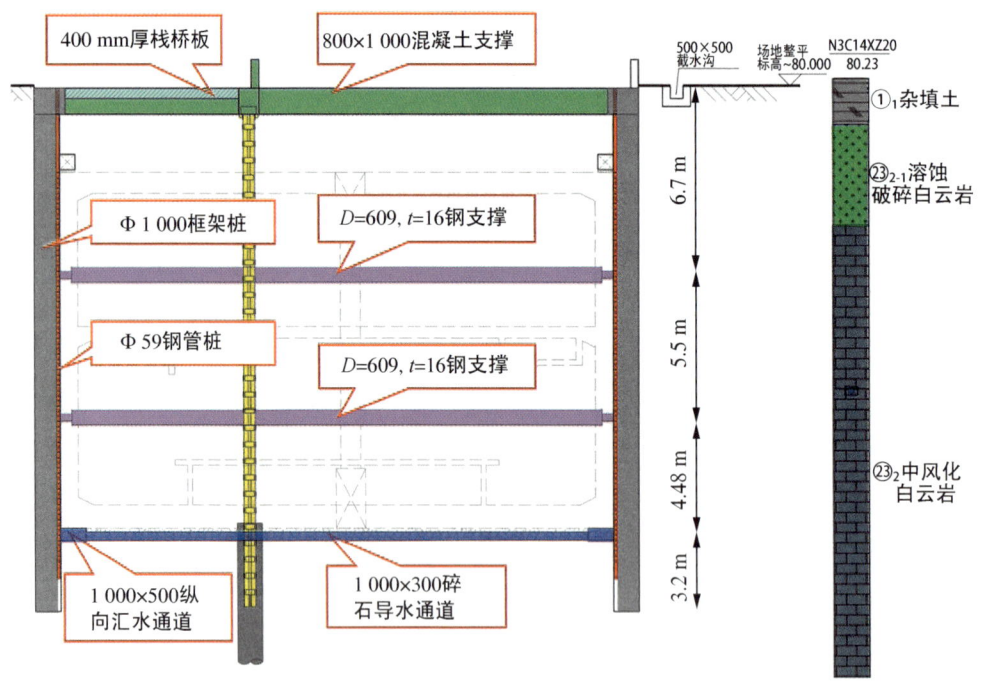

图 7.18　山师东路站"框架桩+微型复合桩"支护横剖面图

支护结构兼顾局部盖挖设置临时通道需求,支护结构框架柱采用 Φ1 000 mm @4 000 mm 钻孔灌注桩,微型复合桩采用 Φ159 mm@1 000 mm 钢管桩。本站基岩裂隙水位位于中板以下,为保证基坑无水作业和复合桩截面刚度,钢管桩桩身开设注浆孔,桩体插入预成孔后进行控制性注浆作业,在框架桩之间封闭基坑侧壁基岩裂隙水通道。基坑支撑体系为竖向设置1道800 mm×1 000 mm混凝土支撑+2道Φ609 mm×16 mm钢管撑。

本基坑设计根据区域地下水保护要求,在基坑工程施作的同时,基坑两侧分别设置了基岩裂隙水汇集和扩散作用的碎石桩体,基底设置了裂隙水导流措施,形成裂隙水渗流补偿通道,有效保持了车站范围内基岩裂隙水流场贯通。山师东路站"框架桩+微型复合桩"支护横剖面如图7.18所示。

4. 洪楼广场站

1) 工程概况

洪楼广场站为济南轨道交通7号线车站,车站位于花园路和洪家楼北路交叉口东北,沿花园路东西向敷设。本站为地下二层岛式车站,总长173 m,标准段内净宽34.2 m,共设4个出入口、2组风亭。

场地位于花园路和洪家楼北路交叉口以东花园路上,北侧为洪楼广场,南侧为加油加气站等建筑。车站总平面布置及环境条件如图7.19所示。

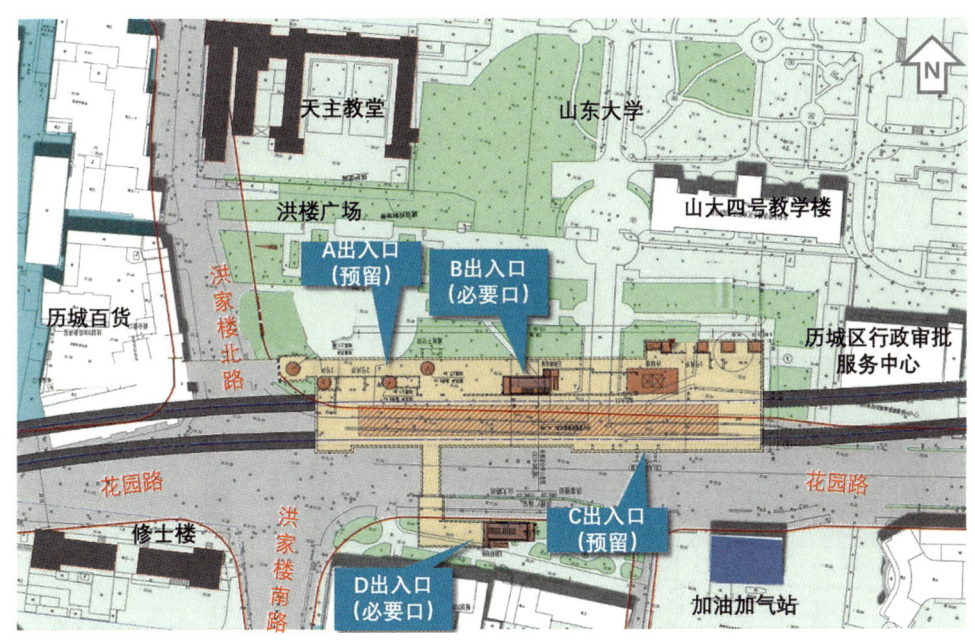

图7.19 济南轨道交通7号线洪楼广场站总平面布置及环境条件图

2) 场地工程地质和水文地质条件

拟建场地属山前冲洪积平原地貌,现状为洪楼景观广场,站址地形平坦,地势起伏不大,现状地面标高约为31.54~32.71 m。地层主要以粉质黏土、风化岩为主,自上至下依次为①$_1$层杂填土、①$_2$层素填土、⑧层黄土状粉质黏土、⑫层粉质黏土、⑳$_1$层全风化辉长岩、

⑳₂层强风化辉长岩、⑳₃层中风化辉长岩。中风化岩面起伏较大，局部埋藏较深。

场地第四系土层及全、强风化岩综合渗透系数为 1～2 m/d，为中等透水层，透水性较好。车站地质纵剖面如图 7.20 所示。

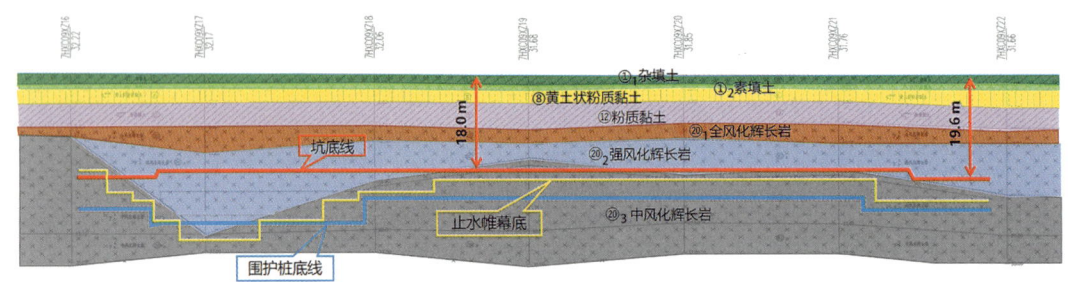

图 7.20　济南轨道交通 7 号线洪楼广场站地质纵剖面图

3）基坑工程方案

车站基坑底及围结构底位于⑳₂层强风化辉长岩、⑳₃层中风化辉长岩中，第四系土层及全、强风化岩透水性较好，且止水帷幕深度范围内揭露的辉长岩风化不均匀，存在球状风化现象，局部强度较大。根据济南地区多条地铁线路类似地层的施工经验，高压旋喷桩在全、强风化岩中的适应性较差，成桩半径达不到设计要求，旋喷桩不能充分咬合，形成不了有效的止水帷幕，基坑侧壁渗漏水严重。经综合比较，该站主体基坑采用钻孔灌注桩＋内支撑体系，止水帷幕选用 700 mm 厚 CSM 双轮搅水泥土连续墙。车站支护结构横剖面如图 7.21 所示。

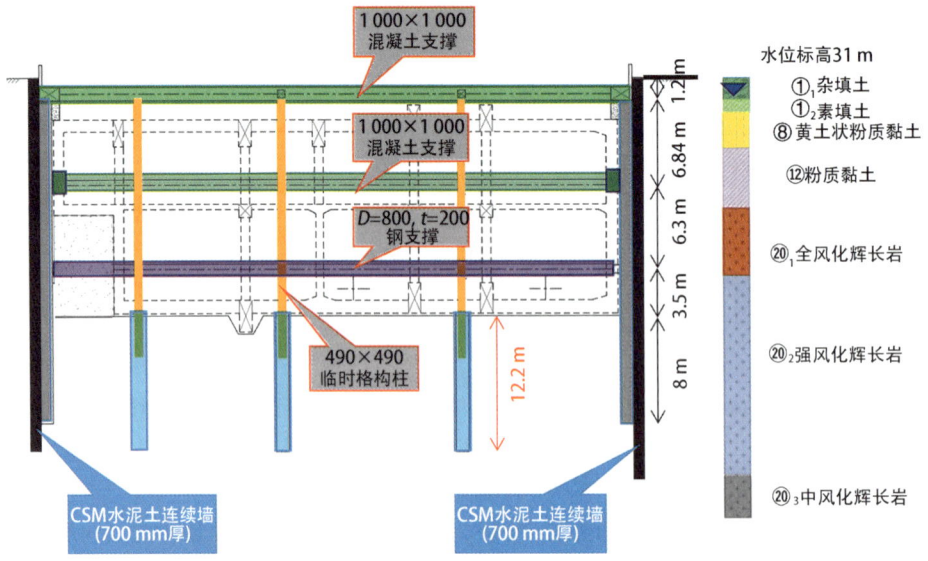

图 7.21　济南轨道交通 7 号线洪楼广场站支护结构横剖面图

5. 大桥站

1）工程概况

大桥站为济南轨道交通7号线车站，车站位于黄河北起步区纵三路和横二路交叉口南侧，沿纵三路南北向敷设，与规划远期线换乘，为地下二层岛式车站，总长256 m，标准段内净宽21.7 m，总建筑面积约18 916.02 m²，共设3个出入口、2组风亭。

车站沿既有道路敷设，场地周边为开发待建区，环境条件较简单。车站总平面布置如图7.22所示。

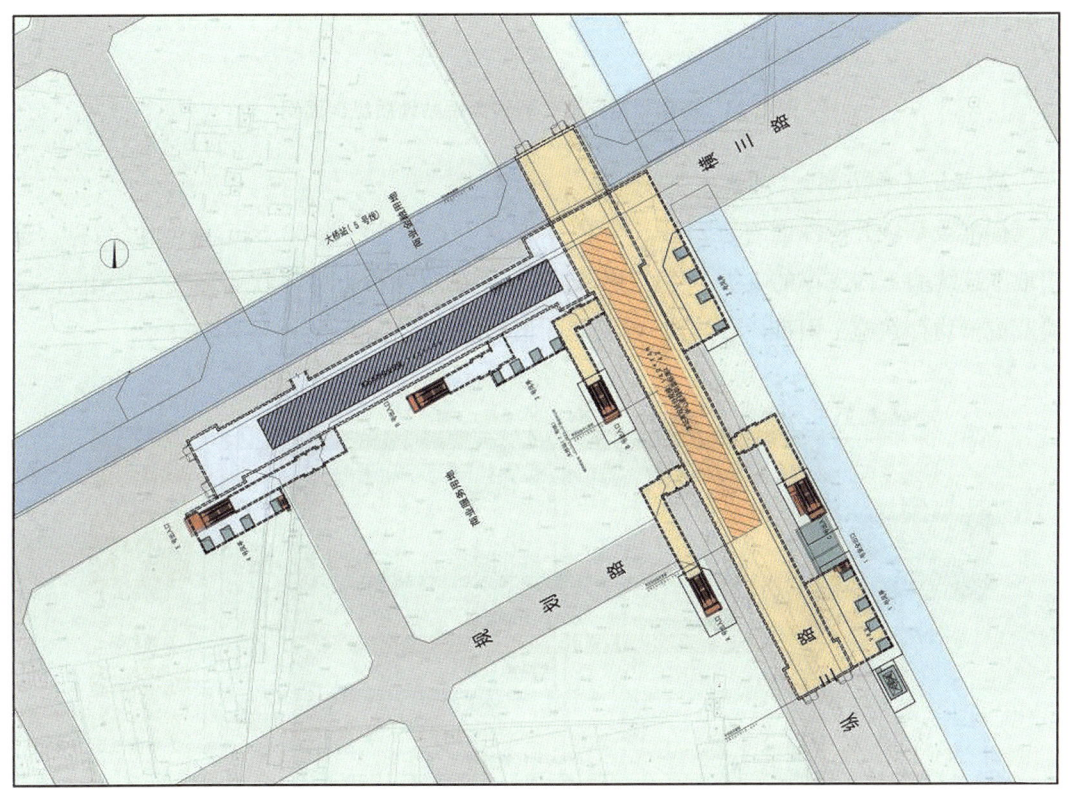

图7.22 济南轨道交通7号线大桥站总平面布置图

2）场地工程地质和水文地质条件

大桥站位于黄河北，场地属黄河冲积平原地貌单元，现状基本为空地和农田，站址地形平坦，地势起伏不大，现状地面标高约为23.5 m。车站所在地层主要以粉质黏土、粉土为主，自上至下依次主要为①$_2$层素填土、③层粉土、③$_1$层粉质黏土、⑤$_1$层粉质黏土、⑤层粉土、⑦$_1$层粉质黏土、⑨$_1$层粉土、⑨$_8$层粉细砂、⑪层粉质黏土、⑫层粉质黏土。场地存在多层含水层，地下水丰富，并存在承压水突涌风险。车站地质纵剖面如图7.23所示。

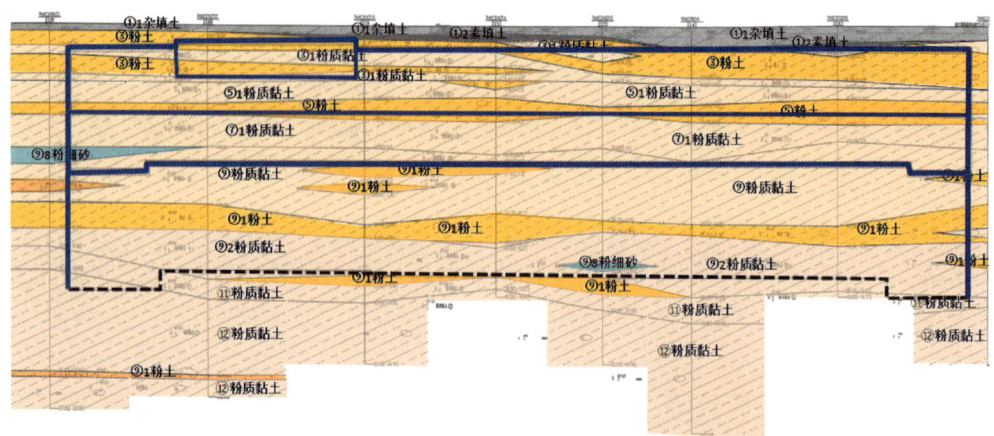

图 7.23　济南轨道交通 7 号线大桥站地质纵剖面图

3) 基坑工程方案

标准段基坑开挖深度约为 21.0 m,端头井基坑开挖深度约为 22.5 m,根据地层特点,选用地下连续墙+内支撑的支护方案,因基坑浅部存在较厚粉土层与软弱黏性土层组合,导墙及成槽均存在施工困难,须配合一定深度的槽壁加固措施。

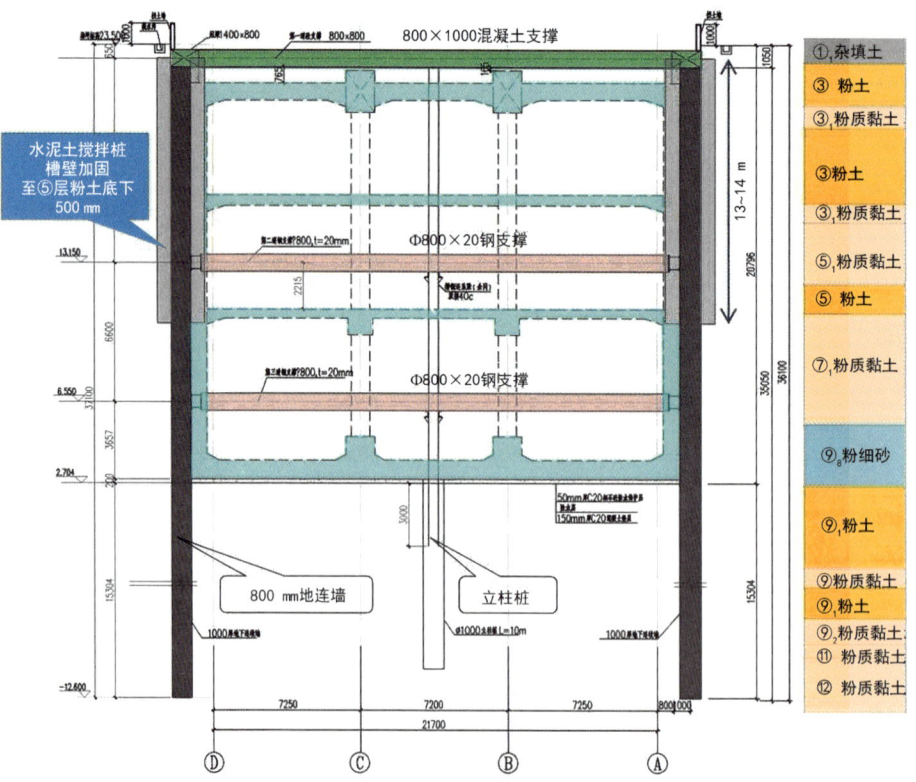

图 7.24　济南轨道交通 7 号线大桥站围护结构横剖面图

根据地层条件,槽壁加固采用水泥搅拌桩,加固深度为13～14 m,加固体穿过⑤粉土层进入⑦$_1$粉质黏土层不少于500 mm。

车站基坑底位于⑨粉质黏土层、⑨$_1$粉土(局部位于⑨$_8$粉细砂)中,连续墙下部采用素墙进入⑨$_2$粉质黏土层、⑪粉质黏土层、⑫粉质黏土层,隔断承压水。车站围护结构横剖面如图7.24所示。

7.2 暗挖工程

暗挖工法是一种在地表下进行隧道或地下空间开挖的施工技术,矿山法和盾构法是城市轨道交通工程建设中常用的两种典型暗挖工法,其优势是可以将地表和周边环境影响以及施工风险控制在可接受范围的情况下,完成复杂的地下设施建设。

行业暗挖工程通常狭义所指采用矿山法施工的地下工程,主要指在岩土体内采用人工、机械或钻爆法等开挖岩土修筑隧道或地下空间的施工方法,常应用于区间隧道、出入口通道、联络线及区间联络通道等工程,也可在实施条件受限且工程地质条件较好的地下车站工程中采用。城市轨道交通工程常用的浅埋暗挖法是指在地表较近的软弱围岩地层条件实施的矿山法工艺,适用于城市和其他地表环境复杂区域的地下工程建设,需要严格控制地表沉降,施工过程较复杂。

7.2.1 暗挖工程(矿山法)的设计原则

暗挖工程(矿山法)的设计遵循以下原则。

(1) 矿山法初期支护结构应以工程类比法为基础,结合理论计算确定结构设计参数,并根据现场揭露的围岩状况及时修正围岩分类,动态调整支护方案;二衬结构设计应以理论计算为基础,结合工程类比法确定结构设计参数,并采用信息化设计,根据现场监控量测反馈信息,经分析及时调整相关参数值。

(2) 矿山法施工的地下结构应采用复合式衬砌,初期支护宜采用钢拱架(钢筋格栅或型钢格栅,外围优先采用钢筋格栅,中隔壁及中隔板优先采用型钢格栅)+钢筋网喷射混凝土,二次衬砌宜采用模筑钢筋混凝土。内外层衬砌间铺设防水层。

(3) 根据围岩和环境条件、结构埋深和断面尺度等,通过选择适宜的开挖方法、辅助措施、支护形式及与之相关的时空参数,达到保持围岩和支护的稳定及合理利用围岩自承能力的目的。施工中应通过对围岩和支护的动态监测,优化设计和施工参数,进行信息化施工。

(4) 结构横断面内净空尺寸,应在满足建筑和设备限界的基础上,考虑施工误差、测量误差、不均匀沉降、结构变形的需要，预留适当的裕量，结构的顶部、边墙的外放量宜为 100 mm，底板(仰拱)宜为 50 mm。衬砌宜尽可能等厚，并圆顺连接。

(5) 结构的断面形状和衬砌形式，根据围岩条件、使用要求、施工方法及断面尺寸等，从受力、围岩稳定和环境保护等方面综合考虑确定。

(6) 区间隧道一般采用马蹄形断面；由于通行功能需要，地下出入口通道一般采用直墙拱顶平底结构；根据地层条件和断面尺寸，车站一般采用小尺寸连拱或大尺寸单拱断面。

(7) 矿山法施工的区间隧道覆土厚度和平行隧道间的净距，应根据工程地质条件、隧道断面尺寸、埋置深度、施工方法、限界和线路要求等因素确定，并不宜小于隧道外轮廓直径。当因功能需要或其他原因不能满足上述要求时，应在设计和施工中采取适当的措施。

(8) 一般结构可仅进行横断面的结构受力分析计算，但遇下列情况时，应对纵向强度和变形进行分析：

① 覆土厚度沿隧道纵向有较大变化时；

② 结构上部存在建筑物或重要构筑物时；

③ 底板座落地层有显著差异时；

④ 空间受力作用明显处宜按空间结构进行计算分析；

⑤ 地震作用时，结构应进行纵向挠曲和拉、压验算。

(9) 结构施工引起的地面沉降应控制在允许的范围内，施工时应根据周围的环境、建(构)筑物基础及地下管线对变形的敏感度，采用稳妥可靠的措施；一般地段地面沉降量控制在 30 mm 内，隆起量控制在 10 mm 以内；当穿越重要建筑物或地下管线等特殊地段时，应按照实际情况确定。

(10) 区间隧道穿越建筑物基础时，应预估沉降量，并采用可靠的技术方案以确保建筑物正常使用不受影响。对建筑物允许产生的沉降量和次应力，应依据不同建筑物，按有关规程、规范及要求予以验算。

(11) 复合式衬砌的初期支护根据围岩条件确定，主要类型和适用条件应符合表 7.6 所列。

表 7.6 复合式衬砌初期支护类型和适用条件

初期支护类型	适用条件
锚杆 + 喷射混凝土	具有自稳能力的岩石类地层
锚杆 + 钢拱架 + 喷射混凝土	不能长期自稳的岩石地层
超前支护 + 钢拱架 + 喷射混凝土	风化层、土质地层

(12) 矿山法结构综合误差(含施工与测量误差和结构变形等)的预留裕量规定如下(预留裕量计入初期支护断面设计中)：

① 单线隧道、拱脚以上按 100 mm 加宽、加高计算；

② 大跨隧道、拱脚以上按 150 mm（跨度＞15 m 的按 200 mm）加宽、加高计算；

③ 底板仰拱不计。

(13) 结构开挖施工时应根据围岩条件预留围岩变形量。

7.2.2 暗挖法车站工程

当车站位于繁忙交通地段或因其他原因不允许封闭路面交通，车站深度范围内为较完整的岩石地层且地下水不发育时，可采用暗挖法施工。设计时，应对车站结构的设计方案和施工方法的可行性进行论证和风险评价，经技术经济分析比较后确定。

(1) 城市轨道交通车站暗挖法施工主要面临以下情况：

① 当车站施工采用明、盖挖法对地面交通影响过大、拆迁过多，如地质条件许可时，宜优先考虑采用暗挖工法；

② 当车站所处地层围岩条件好、岩石强度高、断面埋深较大时，暗挖法较明挖法具有较大的经济技术优势；

③ 当在第四系松散地层采用暗挖法时，必须与明（盖）挖法方案进行全面经济技术比选，经充分论证后方可采用；

④ 当遇到灵敏度较高的饱和软黏土地层，且采用预加固和预处理措施后，围岩的自稳性仍较差时，一般视为不宜采用暗挖法施工。

(2) 暗挖法施工的车站主要优缺点如下：

① 除竖井采用明挖法施工外，暗挖法地面作业少，对地面交通、地下管线、地上建筑物等周边环境影响小，下穿河道时，不影响通航及防洪要求，施工基本不受天气条件影响，随着车站埋深加大，暗挖法优点更为突出；

② 暗挖法车站施工工序多、风险高、难度大、工期较长、投资大、工程质量控制难度较高，且运营期使用功能评价较明（盖）挖法车站也明显偏低。

暗挖法的最大优点就是施工时对路面交通没有干扰，需要改迁的地下管线少，而且地面拆迁量也少。围岩是否有足够的自稳能力，是能否采用暗挖法施工的关键。如果围岩级别在Ⅳ级或Ⅳ级以下时，施工一般不须采用特别的措施，否则由于围岩的自稳能力较差，应采用特别的施工辅助措施，例如，采用超前注浆法对隧道周围及掌子面前方的岩土层进行预加固，造价高且质量又较难保证。通常情况下，在地下水位较高的软弱土层中不考虑采用暗挖法施工。

(3) 暗挖法车站主要施工方法有以下几种：

① 双侧壁导坑法：适用于车站断面大、围岩条件较好时。两侧导洞形成先墙后拱，减小中跨开挖跨度。

② 洞桩法：适用于车站为超大断面，导洞内先期完成中柱和侧墙围护桩，减小后续开挖跨度。

③ 侧洞法：适用于车站断面较大，先开挖两侧侧洞，在侧洞内施作梁、柱结构，然后再开挖中洞，并逐渐将中洞顶部荷载通过初期支护转移到梁、柱上。

④ 中洞法：适用于车站为超大断面，中洞内先期完成中柱，形成支承，减小分部开挖支护的累积变形量。

某城市轨道交通暗挖法车站断面示意及施工现场分别如图 7.25 和图 7.26 所示。

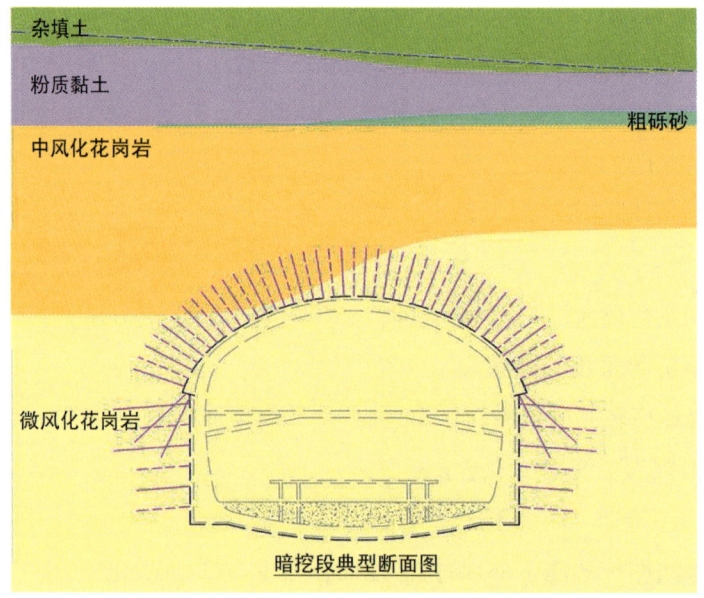

图 7.25 某城市轨道交通暗挖法车站断面示意图

图 7.26 某城市轨道交通暗挖法车站施工现场图

7.2.3 暗挖法地下通道工程

车站出入口通道为长条形框架结构，一般断面尺寸为6.0 m×3.5 m。出入口通道通常下穿道路设置，当由于管线较多且迁改难度大、费用高或道路交通不能中断等难以采用明挖法时，一般需要考虑采用暗挖法（矿山法）或顶管法下穿道路。顶管法受机械设备、地层条件适应性等限制较大，相较暗挖法（矿山法）灵活性较差。与一般暗挖法区间隧道采用马蹄形断面不同，根据使用功能，地下通道一般采用拱顶直墙断面。暗挖法地下通道宽度一般与区间隧道尺寸接近，但高度较区间隧道（一般超过6 m）小。暗挖法地下通道施工与隧道类似，一般采用复合式衬砌，复合式衬砌的初期支护同样根据围岩条件分级确定。

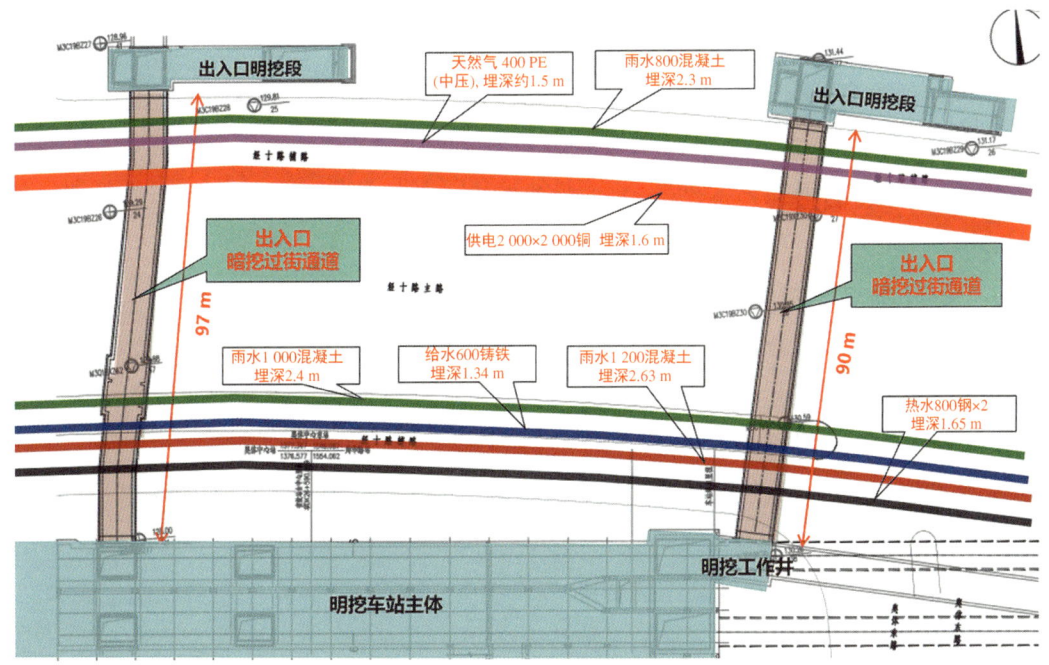

图 7.27 某车站暗挖法施工出入口过街通道平面示意图

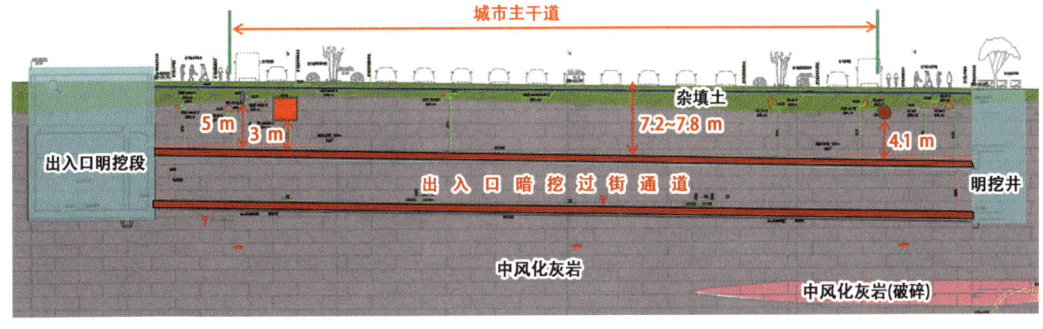

图 7.28 某车站暗挖法施工出入口过街通道剖面示意图

暗挖法地下通道开挖施工方根据围岩分级条件确定,当围岩分级为Ⅰ、Ⅱ级时,一般采用全断面法或上下台阶法,当围岩分级为Ⅲ、Ⅳ级时采用中隔壁(CD)法,当围岩分级为Ⅴ、Ⅵ级时采用交叉隔墙(CRD)法。某车站暗挖法施工出入口过街通道平面及剖面示意分别如图 7.27 和图 7.28 所示。

7.2.4 管棚法在暗挖工程中的应用

管棚法施工(又称伞拱法)是地下结构工程浅埋暗挖时的一种超前支护结构方法。管棚的作用就是超前支护,是近年发展起来的一种在软弱围岩中进行隧道掘进支护的新技术。其基本原理是在拟开挖的地下隧道或结构工程的衬砌拱圈隐埋弧线上预先钻孔,并安设厚壁钢管临时超前支护,增强地层的稳定性和承载力,防止土层坍塌和地表下沉,保证掘进与后续支护工艺的安全运作。

由于施工环境限制,城市轨道交通工程施工中为防止暗挖施工造成地面不均匀下沉和围岩坍塌,常选择管棚法作为临时支撑的超前支护措施。作为隧道施工的一种辅助方法,管棚法在暗挖隧道和地下结构穿越破碎带、松散带、软弱地层等施工中发挥了重要作用。

1. 管棚法施工的特点

超前支护:管棚法施工通过预先设置的钢管,为后续的隧道开挖提供超前支护,有效防止了开挖过程中可能发生的坍塌和地表下沉。预埋超前管棚做顶板及侧壁支撑,为后续的隧道开挖施工创造了条件。

适应性强:该方法适用于软弱地层和特殊困难地段的隧道施工,如破碎岩体、塌方体、砂土质地层等。

施工速度快:由于管棚法施工速度快、安全性高,能够显著缩短工期,降低施工成本。

支护效果好:管棚法施工形成的支护结构稳定性好,能够有效地承担围岩的压力,保证施工安全。

2. 管棚法施工的材料与设备

材料:管棚主要由钢管和钢拱架组成。钢管一般选用直径 80～180 mm、壁厚 4～8 mm 的无缝钢管。通常采用 Φ108 mm×8 mm 钢管较多,相应孔口管采用 Φ127 mm×8 mm。管棚钢管长度视工程具体情况而定。一般情况下,短管棚采用的钢管每节长小于 10 m,长管棚采用的钢管每节长大于 10 m,双向相邻管棚搭接长度不小于 3 m。管内应灌注水泥浆或水泥砂浆以提高钢管的刚度和强度,主要为 42.5 级及以上的普通硅酸盐水泥,宜采用中砂或粗砂,外加剂应视不同地层选用,配比应根据工程地质条件经试验确定。

设备:管棚钻机是管棚法施工技术中最关键的设备,作用是沿着隧道断面外轮廓超前钻进并安设管棚。早期的管棚法施工采用的是普通水平钻机,随着管棚法大量应用,专用管棚钻机应运而生。长隧道宜选用专用管棚钻机,短隧道如地下立交、地下过街通道可考虑选用其他类型的钻机。

3. 管棚法施工的工艺流程

钢管加工:按设计要求在钢管上打设压浆孔,并进行管尾车丝处理,以便与压浆管连接。

搭设平台:搭设管棚机械操作平台,长度不宜小于单节钢管长度,以便有足够的操作空间。

测放孔位:根据设计要求,在开挖工作面上精确测放出钢管的打入位置。

钻机就位:将管棚钻机移动到指定位置,并进行固定和校准。

安设受力钢架:在工作面处安设受力钢架,并在其上正确标明管棚位置。

水平钻孔:使用钻机按设计孔位进行钻孔,确保钻孔的直径、深度和角度符合设计要求。

压入钢管:利用钻机将钢管逐节顶入孔内。在顶进过程中,需用测斜仪严格控制钢管的倾斜角度。

注浆:将压浆管插入钢管内,利用注浆设备压注水泥砂浆等注浆材料,以提高钢管的支护效果。注浆应采用分段注浆方法,使浆液充分填充至围岩内。注浆压力达到设定压力,并稳定 5 min 以上,注浆量不低于设计注浆量的 80% 时,方可停止注浆。

封口:注浆完成后,对钻孔口进行封口处理,防止注浆材料外溢。

7.2.5 管幕工法在暗挖工程中的应用

管幕工法是基于单管顶进技术发展而成的隧道施工工艺,其核心工序大致可分为管幕构筑、土体加固处理、开挖及结构回筑三个阶段。管幕构筑主要采用锁扣式钢管连续顶进工艺,将单根钢管通过侧面设置的凹凸锁扣互锁连接,形成连续管排结构体,同时在锁扣接缝处同步注入高分子聚合物止水剂(常用聚氨酯类材料),形成双重防水体系;土体加固处理主要对管幕内土体采用注浆加固(包括水泥-水玻璃双液注浆或冻结法),提高管幕内土体强度;开挖及结构回筑时,与暗挖法类似,采用分区分块进行开挖,并循环进尺施作初支结构,贯通后再回筑主体结构。常见的管幕法横断面如图 7.29 所示。

根据内部结构断面形状及地质条件,管幕可以为各种形状,包括半圆形、圆形、门字形、口字形等。管幕由相对刚性的钢管形成临时挡土结构,减少开挖时对邻近土体的扰动并相应减少周围土体的变形,达到开挖时不影响地面活动,并维持上部建(构)筑物与管线正常使用功能的目的。

管幕工法作为利用小口径顶管机建造大断面地下空间的施工技术,已有超过 40 年的发展历程,在日本、美国、新加坡等地应用于穿越道路、铁路、机场等,在我国轨道交通出入口

图 7.29　常见的管幕法横断面图

通道穿越道路、地下道路穿越市政道路也都取得了不错的效果,积累了一定的施工经验。某立交道路管幕工法施工平面示意如图 7.30 所示。

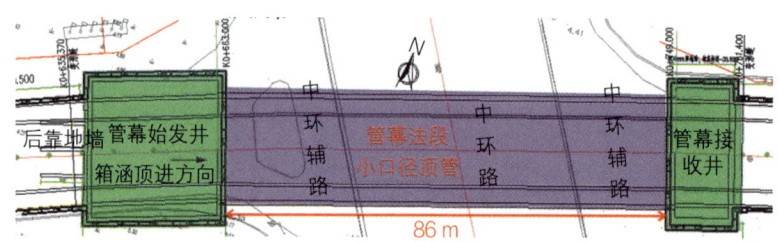

图 7.30　某立交道路管幕工法施工平面示意图

对于跨越道路、水体及重要设施的地铁车站主体工程,也可采用明挖基坑与管幕技术相结合的方法予以完成,在保证车站功能的前提下,可有效节省迁改及相关协调费用。

7.2.6　暗挖法工程的监测要求

与明挖法及盾构法相比,矿山法施工风险更大。受地质条件影响,拱顶上覆土层、开挖面地层、地下水控制均对开挖面安全影响较大。超前支护、初期支护施工质量对支护结构的稳定性和安全性有较大影响,开挖工艺控制特别是受力转换部位的工艺控制风险较大。另外,穿越环境对象如地下管线、建(构)筑物,以及邻近水体施工控制不当,均有可能导致风险发生。

因此,需要根据矿山法支护结构特点及施工开挖方法,掌握隧道开挖与支护的平衡关系,通过对隧道支护结构体系中的初支结构拱顶、结构底板、拱脚、结构净空、中柱结构,以及隧道外部的地表、深层土体、地下水等对象和这些对象间的相互作用关系进行监测,及时掌握监测数据随时间与空间的变化,动态调整支护参数以达到信息化施工的目的。监测项目、监测方法、断面间距、单断面测点数量、量测频率、测试精度等应根据《城市轨道交通工程监测技术规范》(GB 50911—2013)相关要求确定,监测项目根据工程监测等级确定,其中打"√"为应测项目,"○"为选测项目,具体如表7.7所示。

表7.7 矿山法隧道支护结构和周围岩土体监测项目

序号	监测项目	工程监测等级		
		一级	二级	三级
1	初期支护结构拱顶沉降	√	√	√
2	初期支护结构底板竖向位移	√	○	○
3	初期支护结构净空收敛	√	√	√
4	隧道拱脚竖向位移	○	○	○
5	中柱结构竖向位移	√	√	○
6	中柱结构倾斜	○	○	○
7	中柱结构应力	○	○	○
8	初期支护结构、二次衬砌应力	○	○	○
9	地表沉降	√	√	√
10	土体深层水平位移	○	○	○
11	土体分层竖向位移	○	○	○
12	围岩压力	○	○	○
13	地下水位	√	√	√

矿山法施工中地下水的监测防控是风险防控的重点,因基岩裂隙水分布的不均匀性和水力联系的不确定性,单一的地下水位监测并不能真实反映隧道施工时围岩中地下水的运动和变化情况,应结合地下水的赋存特点,配合超前预报等制定专项的监测措施,并根据施工现场地下水的变化动态及时调整监测方案。

7.3 桩基工程

根据城市轨道交通工程行业特点,广义上的车站桩基工程包括基坑围护桩、支撑立柱桩、地下车站等设施抗拔桩、高架线路及场段工程桩,行业内狭义上的车站桩基工程仅指后两者,即地下车站等设施抗拔桩、高架线路及场段工程桩。

7.3.1 抗拔桩

1. 地下车站及附属设施抗拔桩设计

地下车站及附属设施因结构埋深及水位原因需进行抗浮设计,以确保结构在使用过程中不受浮力影响而发生上浮或破坏。

地下车站及附属设施通常利用结构自重,并配合以下方式,即采用综合措施进行抗浮:

(1) 是车站顶板上通常进行一定厚度(约 3 m)覆土,通过回填土压重进行抗浮。

(2) 设置压顶梁,利用围护桩、墙进行抗浮。

(3) 设置抗拔桩,与车站底板结构连接,进行抗浮。

抗浮计算一般首先考虑结构自重和(1)、(2)两部分的上浮抵抗力,即结构自重、上覆土压重,以及围护桩墙的侧壁摩阻力和抗拔力的组合抗力。当以上抗力的总和仍不能满足抗浮安全要求时,应考虑采用抗拔桩基作为补充抗浮措施,保证车站整体抗浮安全系数不低于 1.15。

抗拔桩的设计必须确保车站及附属设施结构在全寿命周期内的安全与耐久性,防止在使用期内因浮力作用而发生上浮或破坏。在满足上述要求的前提下,应尽可能降低设计成本,提高经济效益。

根据地质条件、施工条件等因素选择合适的抗拔桩类型,如人工挖孔桩、钻孔灌注桩等。抗拔桩一般设计为摩擦桩,依靠桩侧摩阻力提供抗拔力。当桩端位于稳定岩层时,可考虑选用扩底桩,以充分利用岩层的强度和承载力。

抗拔桩应布置在车站结构的关键部位,如柱底、底板梁附近等。桩位布置应满足施工方便性和结构受力的要求。抗拔桩设置在底板下时,需考虑局部冲切力对底板的影响。车站结构底板一般厚度为 800~1 000 mm,局部抗冲切一般均可满足要求。如验算不能满足要求,一般采用在底板抗拔桩区域设置附加弯起钢筋及箍筋的方式,增强抗冲切能力。附加弯起钢筋及箍筋与底板面层钢筋施工时存在交叉关系,现场排布安装较为繁琐。抗拔桩设置在底纵梁下时,根据抗拔桩及梁板实际受力原理,有利于底板受力。现场施工时,抗拔桩设置在上翻梁位置,可能对梁下排主筋布置及是否能顺直通过抗拔桩存在影响,且为保证抗拔桩钢筋顺直,桩头须浇筑完垫层后破碎。

2. 明挖 U 型槽结构抗拔桩设计

出入线工程或地下区间转高架区间时,区间隧道由地下转入地上会形成一段无顶板敞口的 U 型结构空间,一般称作 U 型槽结构。由于该段敞开无覆土,当地下水位较高时,仅靠自重 U 型槽结构就会抗浮不足,因此需要增设抗拔桩以满足抗浮要求。U 型槽结构抗拔桩设计示意如图 7.31 所示,根据 U 型槽结构宽度,抗拔桩一般横向设置两排,靠近线路中心线布置,纵向间距 4~8 m,根据抗浮计算进行调整。抗拔桩一般采用 Φ800 钻孔灌注桩,桩长通常为 15～20 m，根据实际地层情况验算确定。

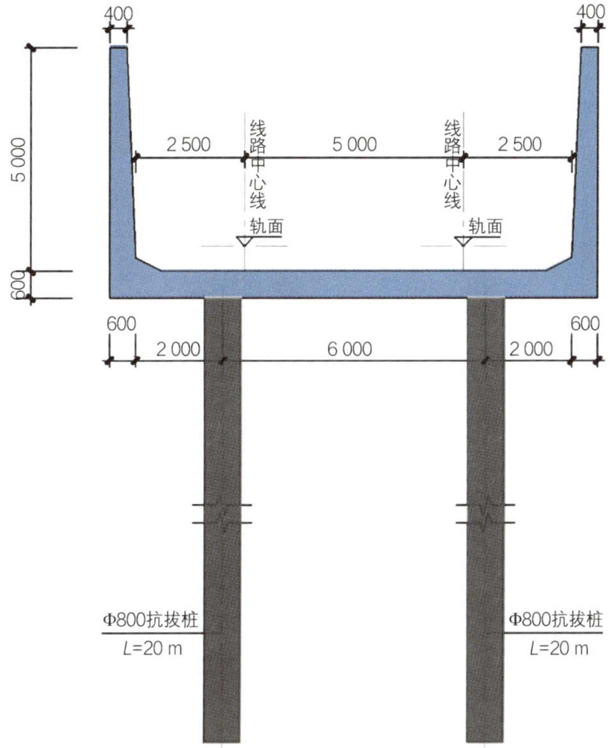

图 7.31 U 型槽结构抗拔桩设计示意图(单位：mm)

3. 盾构区间浅覆土抗浮压板及桩基设计

盾构区间下穿河流时，为保证线路纵断及坡度的合理性，尽量减小因河道影响导致的隧道断面埋深和纵坡坡度过大，在河流底部有时会遇到超浅覆土情况，一般不足 3 m。盾构穿越浅覆土，不但施工期会存在盾构掘进冒顶风险，也不满足运营期隧道抗浮安全要求，可采用抗拔桩结合抗浮压重板的保护方案，该方案已有多个工程案例，实践证明该方案安全可靠。

盾构区间下穿超浅覆土抗浮压重方案的措施要点如下：

（1）抗拔桩横向一般设置 3 排，横跨两个盾构区间隧道，与抗浮压重板形成 M 型门式结构。

（2）严格控制抗浮结构与盾构区间隧道的净距，侧面与抗拔桩净距不小于 1 000 mm，顶面不小于 600 mm。

（3）抗拔桩采用钻孔灌注桩，桩径一般为 800～1 000 mm，桩长根据计算确定，并满足桩端超过盾构隧道底不小于一倍洞径。

（4）在河底施作 800 mm 厚抗浮压重板，并与抗拔桩进行有效连接。

（5）在抗浮压重板上完成后，进行河床铺砌，从上至下依次施作浆砌片石 400 mm、砂砾垫层 300 mm，并满足河床保护要求。

盾构区间浅覆土抗浮压板及桩基设计示意如图 7.32 所示。

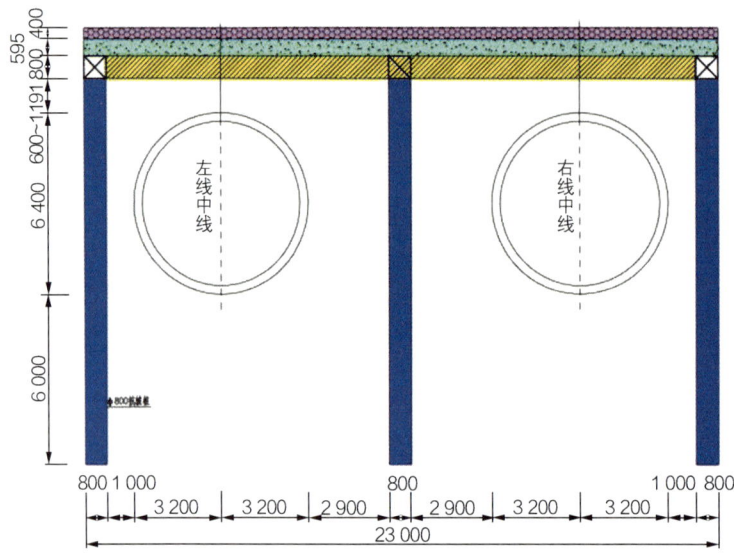

图 7.32　盾构区间浅覆土抗浮压板及桩基设计示意图（单位：mm）

4. 抗拔桩耐久性和抗裂设计

混凝土的抗拉强度远低于抗压强度，桩身混凝土在拉应力作用下会快速产生裂缝，随着裂缝的逐步扩大，混凝土抗拉强度丧失，全部拉力主要由钢筋承受。由于抗浮桩处于地下水土环境中，混凝土的开裂必然会引起钢筋受水、土中化学有害离子的直接侵蚀，从而影响抗浮桩结构的耐久性。

抗拔桩的裂缝宽度应满足设计要求。抗拔桩的设计和施工涉及多个规范和标准，以确保其性能和安全。《建筑地基基础设计规范》（GB 50007—2011）第 8.5.12 条规定，非腐蚀环境中的抗拔桩应根据环境类别控制裂缝宽度，满足设计要求。对于预应力混凝土管桩，裂缝控制等级应为二级，这意味着在进行桩身混凝土抗裂验算时，需要确保裂缝宽度不超过规定的最大值。

此外，对于腐蚀环境中的抗拔桩和受到较大水平力或弯矩的桩，也需要进行桩身混凝土抗裂验算，裂缝控制等级同样应为二级。预应力混凝土管桩的裂缝控制等级则应为一级。这些规定旨在确保抗拔桩在各种环境条件下都能保持良好的结构性能和安全性。

在实际工程应用中，抗拔桩的配筋设计需要考虑多种因素，包括桩身的受力特性、地层条件、地下水浮力等。设计人员需要根据具体工程条件，通过计算和分析来确定合适的配筋方案，以确保抗拔桩的安全性和可靠性。同时，验收检测方法也需要根据现行规范进行，以确保抗拔桩的性能符合设计要求。

目前,在工程中已采用一种压力分散型抗浮桩,该种桩型是在综合考虑旋喷搅拌桩、抗拔锚杆、锚索和钢筋混凝土桩等各自优点和不足的基础上开发的新型抗拔桩型,主要由水泥土桩体、钢绞线、锚固件、锚定盘和防腐钢管组成。

增强型预应力管桩是在传统管桩基础上开发的一种桩型,该种桩型是采用先张法预应力工艺和离心成型方法制成的、具有高强度和高性能的独特桩型,沿桩体的外壁每隔1~3m设一节环状凸肋,桩周外侧均匀加设多条纵状凸肋来连接环状凸肋,以增加强度和侧壁摩阻力,这样单桩抗拔极限承载力可提高70%以上。

5. 抗拔桩设计要点

与竖向承载桩基相比,抗拔桩设计需考虑的因素较多,应注意以下方面:

(1) 抗浮设计水位是建筑物抗浮设计的依据,一般应取建筑物使用年限内预计最高水位或根据地下水环境条件专项论证后确定。

(2) 抗浮荷载应取永久荷载,计算覆土自重时应扣除车站顶板开洞范围,站台板、道床、站内隔墙等自重荷载不应漏计,并根据荷载的分布情况,应进行整体抗浮和局部抗浮验算。

(3) 桩长和桩径确定:桩长应根据地质条件、抗浮要求等因素确定,一般需穿透基底软弱土层并进入稳定地层一定深度。桩径应根据抗拔力要求、施工条件等因素确定,一般不宜过小以保证桩的刚度和稳定性。

(4) 抗拔力计算应考虑桩体自重、桩侧摩阻力、地下水位变化等因素。抗拔桩侧摩阻力的分布与竖向承压桩不同,抗拔桩主要依靠桩侧摩阻提供抗拔力,桩侧土体中的应力分布使土体处于受拉状态。城市轨道交通属于"抗浮失效危害严重的工程"[《建筑工程抗浮设计标准》(JGJ 476—2019)],抗浮工程设计等级应为甲级。故根据《建筑桩基技术规范》(JGJ 94—2008)的要求,抗拔桩基桩极限承载力应通过现场单桩上拔静载荷试验确定。

(5) 抗拔桩多设计为钻孔灌注桩或人工挖孔桩、爆扩桩、夯扩桩等,一般不采用预制桩。因为预制桩需打入或压入施工,挤土效应对桩侧土体结构破坏较大,且桩体入土方向与桩受拉时位移方向相反,桩侧土体受反复荷载作用而使桩侧摩阻降低。

(6) 因钻孔桩施工需泥浆护壁,而泥浆对桩侧摩阻力的不利影响较大,可考虑采用后注浆工艺提高桩侧摩阻力。

(7) 抗拔桩桩中心距及净距应按严格遵守相关规范规定,充分发挥桩侧摩阻力,避免出现群桩效应。另外,设计应从施工方便及安全角度出发,当采用扩底桩时,应根据场地实际施工条件对扩大头侧壁倾角进行专项设计。

(8) 抗拔桩宜与中柱或纵梁轴线对齐,形成明确的荷载传递路径,并避开设缝和后浇带部位。顶板开口处周边需增加桩密度,补偿刚度削弱;当抗拔桩直接布置在底板时,应进行底板的抗弯计算,并验算局部抗冲切能力。

(9) 单位面积抗浮力验算时,抗拔桩提供的单位底板面积抗浮力应大于底板单位面积的浮力荷载;存在群桩效应或周边环境有特殊要求时,需进行群桩效应抗浮验算,群桩整体抗浮验算时,总抗浮力(抗拔桩与桩间土)应大于总浮力荷载。

(10) 对于扩大头抗拔桩,由于假定的破坏形式不同,抗拔承载力计算形式不同。根据《建筑桩基技术规范》(JGJ 94—2008)相关规定,承受抗拔力的桩基应同时验算群桩基础呈整体破坏和呈非整体破坏两种工况。群桩呈非整体破坏时,对带扩大头的抗浮桩采用圆柱面剪切法计算抗浮力,计算条件为扩大头一定范围内侧摩阻力按扩大头直径计算,超出此范围的,按桩径进行计算。

(11) 抗拔桩的配筋应根据抗拔力计算结果确定,满足桩身抗拉强度和抗裂性要求。配筋时还需考虑施工过程中的应力变化对钢筋的影响。

(12) 在雨季或地下水位出现波动时,浮力可能存在一定幅度变化,需考虑最不利因素影响。并且长期的波动荷载作用下桩体易产生裂缝,从而引起桩体钢筋的腐蚀,可能导致抗拉力不足,在结构使用年限内失效。因此,对桩体配筋除按《建筑桩基技术规范》(JGJ 94—2008)的规定进行桩身强度验算外,尚应依据《混凝土结构设计标准》(GB/T 50010—2010)的规定进行最大裂缝验算,确保桩体最大裂缝宽度小于抗拉构件规范限值。

6. 施工注意事项

(1) 施工准备:施工前应详细了解地质资料和设计要求,制定详细的施工方案和安全措施。做好施工现场的排水和降水工作,确保施工顺利进行。

(2) 成孔与成桩:成孔过程中应控制孔深、孔径和垂直度等参数,确保成孔质量。成桩过程中应控制混凝土浇筑质量,避免出现缩孔、断桩等质量问题。

(3) 施工完成后应对桩身质量进行检测,包括对桩身完整性、承载力等指标的检测。检测结果应满足设计要求和相关规范标准。

7.3.2 工程桩

1. 场段桩基工程

1) 场段工程桩的特点

停车场和车辆段是城市轨道交通系统中对车辆进行运用管理、停放及维修保养的场所,同时也是工作人员的办公场所。根据是否设置上盖平台进行综合开发,将场段分为无上盖开发场段和带上盖开发场段两种类型。

无上盖开发场段即场段按照自身功能进行设计,库房上面不预留后期开发建设条件,不设置与场段工程同步实施的上盖平台。无上盖开发场段主要包括轨道咽喉区、生产性库房(停车列检库、检修库、调机及工程车库、物资仓库、洗车库、镟轮库、材料棚、易燃品库)、办公用房(综合楼、维修楼、备用控制中心)及其他功能性单体(混合变电所、水处理用房、雨水泵房及门卫)等。

带上盖开发场段即在保证自身功能的前提下,场段按照预留城市发展条件进行设计,库房上方设置上盖平台,并与场段工程同步实施。带上盖开发场段较无盖场段,主要增加了上盖平台,其余组成基本一致。

场段不同的上部结构形式及荷载,决定了场段不同的桩基设计方案(包括桩型、桩长及平面布置等)。济南轨道交通 3 号线龙洞停车场上盖(与高速立交共建)航拍图如图 7.33 所示。

图 7.33 济南轨道交通 3 号线龙洞停车场上盖(与高速立交共建)航拍图

2) 场段工程桩设计

场段桩基础设计主要包括下列内容:

(1) 上部结构荷载、桩基承载力及变形要求分析。

(2) 场地工程地质与水文地质条件、场地环境分析。

(3) 结合荷载要求、地层条件进行设计分区。

(4) 桩基持力层选择、桩基选型及沉桩工艺选择。

(5) 桩的尺寸设计与桩基布置。

(6) 单桩承载力和群桩承载力计算。

(7) 沉降量估算及差异沉降控制。

(8) 抗震设计与液化处理。

(9) 施工要求及检测标准等。

场段工程由于占地规模大、建(构)筑物类型众多,对荷载和变形的要求差异较大,桩基设计人员应根据上部结构设计提资,对荷载和变形要求进行梳理分类,并结合场地地层条件,综合考虑荷载要求、桩型选择、持力层比选、施工工艺、沉桩环境要求等,对于无上盖场段可根据单体的建(构)筑物要求进行桩基设计,带上盖场段则结合荷载和地层特征分区进行桩基设计。除特殊要求的沉降控制桩外,正常承载桩型的选择一般控制不超过2种类型,桩长和持力层选择可控制在2~3种组合类型之内。同一设计分区内尽量选择统一桩型并控制桩长和持力层组合类型,不仅有利于桩基变形协调、方便现场施工,同时也可简化现场试桩工作。

3) 无上盖开发场段桩基工程的设计案例

无上盖开发场段桩基工程主要涉及生产性库房、办公用房及功能性单体,以下以济南轨道交通某车辆段的无上盖开发场段方案设计为例(图7.34)。该车辆段规划用地面积约40.04 hm^2,场地东侧布置停车列检库、联合检修库,大库及库外轨行区均预留上盖城市发展条件,场前区由综合楼、维修楼、备用控制中心、能源站组成,布置在咽喉区北侧;其他生产小单体布置在大库东侧;车辆段南侧布置试车线,最高运行速度为100 km/h。

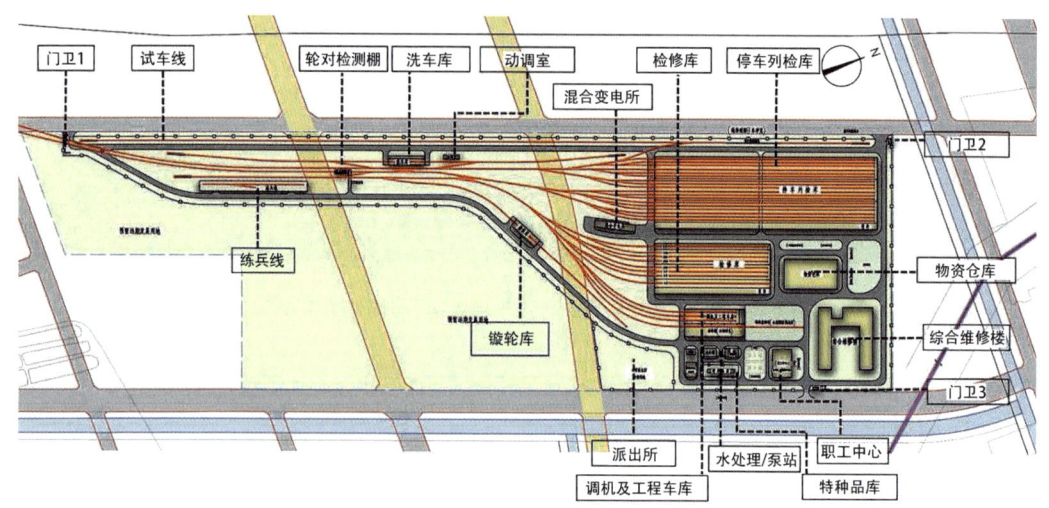

图7.34 某无上盖开发轨道交通车辆段总平面布置图

该无上盖开发车辆段位于黄河北,地场地地貌单元为黄河冲积平原。钻探深度范围内揭露均为第四系沉积地层,以人工填土层、粉质黏土、黏土、粉土、粉砂、粉细砂为主。

场地潜水水位埋深0.6~9.2 m,水位标高18.53~22.06 m,含水层主要为③层粉土、⑤层粉土、⑤$_3$层粉砂、⑦$_2$层粉土;场地存在孔隙承压水,上层承压水位埋深4.3~4.5 m,水位标高18.85~19.48 m,含水层主要为⑨$_1$层粉质黏土、⑨$_8$层粉细砂、⑨$_{8-1}$层粉细砂,粉质黏土层具有一定的透水性。其中,粉土层及粉细砂层含水量丰富,具承压性。场地抗震设防烈度为7度,本场地下20 m深度范围内③层粉土、⑤层粉土为可液化地层,属中等液化场地,该建筑场地属建筑抗震不利地段。场地典型地质剖面如图7.35所示。

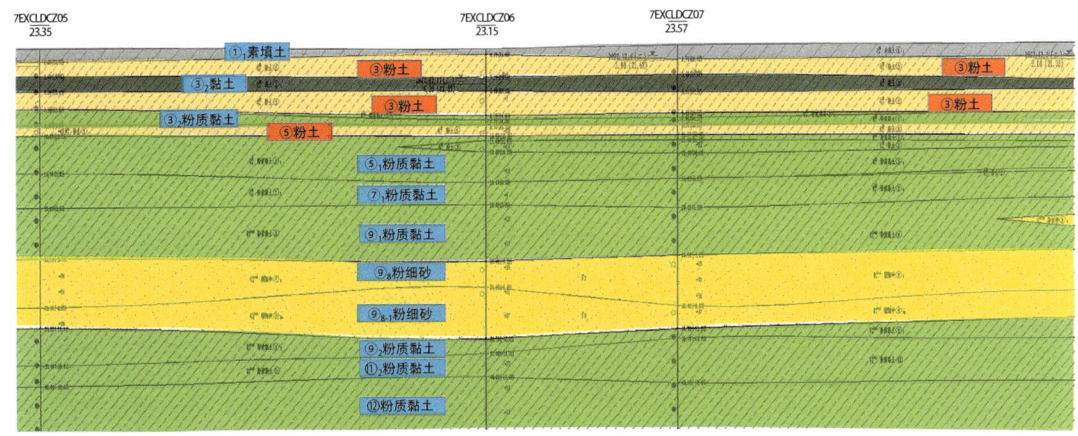

图 7.35　某无上盖开发轨道交通车辆段典型地质剖面图

该无上盖开发场段建(构)筑物及基础设计方案如表 7.8 所列。

表 7.8　某无上盖开发场段建(构)筑物及基础设计方案

序号	类型	建筑名称	上部结构形式	常用基础形式	尺寸及要求
1	生产性库房	停车列检库	排架结构	Φ600 钻孔灌注桩	15～20 m
2		检修库		Φ600 钻孔灌注桩	15～20 m
3		调机及工程车库		Φ600 钻孔灌注桩	15～20 m
4	办公用房	综合楼	混凝土框架结构	Φ800 钻孔灌注桩	25 m
5		维修楼		Φ800 钻孔灌注桩	25 m
6		备用控制中心		Φ800 钻孔灌注桩	25 m
7	功能性单体	物资仓库	混凝土框架结构	Φ600 钻孔灌注桩	25 m
8		洗车库		Φ600 钻孔灌注桩	15～20 m
9		材料棚		Φ600 钻孔灌注桩	20 m
10		易燃品库		柱下独立基础	2 m×2.4 m
11		混合变电所		筏板基础	600 mm
12		水处理用房		筏板基础	500 mm
13		雨水泵房		条形基础	—
14		门卫		柱下独立基础	2 m×2 m

注：桩直径单位为 mm。

4) 带上盖开发场段桩基工程的设计案例

带上盖开发场段设置一个巨大的开发盖板,盖板上预留开发荷载,盖板下框架柱一般采用桩基础,开发盖板以下所有生产性库房和部分功能性单体,开发盖板外布置办公用房及少量功能性单体,以济南轨道交通某线路车辆段的带上盖开发场段方案设计为例,该车辆段征地面积约 32 hm²,围墙内用地面积约 22.11 hm²。场地东侧布置停车列检库、联合检修库,大库及库外轨行区均预留上盖城市发展条件,场前区由综合楼、维修楼、备用控制中心、能源站组成,布置在咽喉区北侧,其他生产小单体布置在大库东侧,车辆段南侧布置试车线。某带上盖开发轨道交通车辆段上盖效果和总平面布置分别如图 7.36 和图 7.37 所示。

图 7.36 某带上盖开发轨道交通车辆段上盖效果图

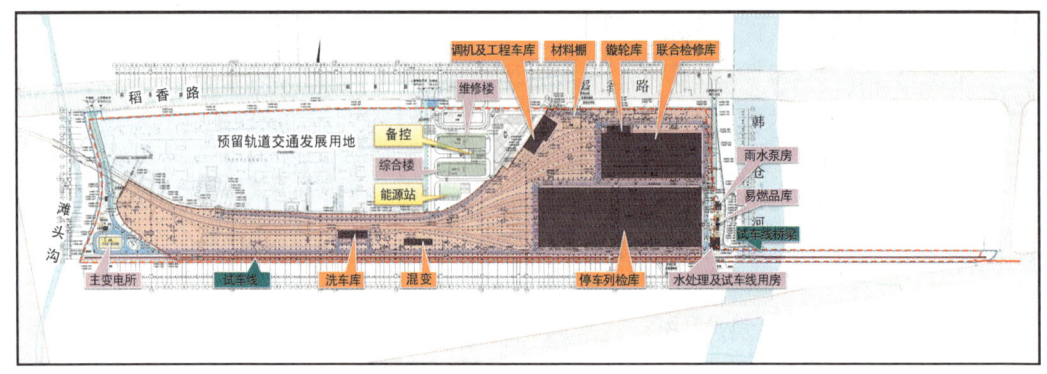

图 7.37 某带上盖开发轨道交通车辆段总平面布置图

该带上盖开发车辆段位于济南北部,济青高速公路以北、稻香路以南、滩头沟以东、韩仓河以西所围的地块内,场地地貌单元为山前冲洪积倾斜平原,地形平坦。场地岩土层分布不均匀,受人类活动影响,填土层厚度变化较大,厚度为 0.3～3.2 m。填土层之下深度 0.3～9.6 m 为第四系新近沉积的粉质黏土,局部分布粉土;深度 6.8～22.7 m 为第四系全新统的黏性土;深度 25.0～55.0 m 以下为第四系更新统的黏性土、碎石(局部胶结)、含碎石粉质黏土,勘察深度范围内未揭露基岩。该车辆段位于抗震设防烈度 6 度区内,场地内无液化土层,无大面积分布的软弱土,该建筑场地属建筑抗震一般地段。

本区地下水主要类型为松散岩类孔隙水。下部赋存碎屑岩裂隙水,由于裂隙水富水性差,且主要受孔隙水、岩溶水的补给,第四系潜水含水层主要分布在人工填土层中,为上层滞水,其富水性中等,透水性差异较大。场地存在第四系松散孔隙承压水,承压含水层主要为第四系碎石层、含碎石粉质黏土、粉质黏土层和残积土层,地下稳定水位埋深小于5 m,受地势及水力梯度影响,地下水埋深自南向北递减。场地典型地质剖面如图7.38所示。

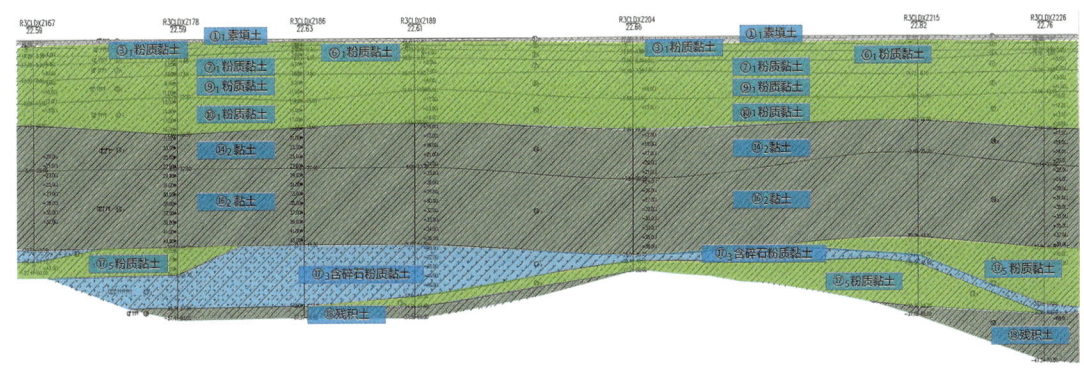

图 7.38　某带上盖开发轨道交通车辆段典型地质剖面图

该带上盖开发场段建(构)筑物及基础设计方案如表7.9所列。

表 7.9　某带上盖开发场段建(构)筑物及基础设计方案

序号	设置位置	建筑名称	上部结构形式	常用基础形式	尺寸及要求
1	盖板下	盖板	框架结构	Φ800 钻孔灌注桩	40~50 m,桩端后注浆
2				Φ1 000 钻孔灌注桩	40~50 m,桩端后注浆
3		检查坑	—	Φ500PHC 管桩	20 m
4		洗车库结构整体道床	—	Φ300PHC 管桩	20 m
5	盖板外	综合楼	框架结构	Φ800 钻孔灌注桩	25 m
6		维修楼		Φ800 钻孔灌注桩	25 m
7		备用控制中心		Φ800 钻孔灌注桩	25 m
8		材料棚		Φ600 钻孔灌注桩	20 m
9		易燃品库		柱下独立基础	2 m×2.4 m
10		水处理用房		筏板基础	500 mm
11		雨水泵房		条形基础	—
12		门卫		柱下独立基础	2 m×2 m

注:桩直径单位为 mm。

2. 高架线路(桥梁)桩基工程

城市轨道交通工程高架车站及区间桥梁对沉降及差异变形要求严格,除稳定基岩浅埋地区可采用天然地基外,绝大部分采用独立承台下桩基础。最常用的桩基类型主要有钻孔灌注桩、静压桩及打入桩等,其中以钻孔灌注桩应用最为广泛。钻孔灌注桩对地层、场地及环境条件要求适应性较好,桩径调整方便,单桩承载力高,施工较为灵活。

采用桩基础,主要受工程地质、水文地质、环境要求、施工进度等因素控制。上海轨道交通 3 号线高架桥基础多为打入式预制钢筋混凝土方桩,南京轨道交通 1 号线南北段高架桥多为钻孔灌注桩基础,济南轨道交通 1 号线、2 号线高架段也均采用钻孔灌注桩基础。

1) 设计原则

(1) 根据荷载、结构安全、稳定性、经济性要求及沉桩条件,结合地层结构、岩性、地下水等信息,选择适宜的桩型、施工工艺,桩基持力层尽量选择土质较好且均匀的土层。

(2) 当地层条件较好,预制桩无沉桩难度,且桩基与相邻建筑物、构筑物及重要地下管线距离较远时,或在施工时能采取有效隔振措施的条件下,应优先选择预制桩(PHC 管桩);当周围有保护对象(包括噪声控制较严地段)或桩基持力层较深时,可选用钻孔灌注桩。

(3) 采用桩基础时,桩底注浆可以减小工后沉降、提高单桩承载力。桩端后压浆灌注桩的允许承载力可参照《公路桥涵地基与基础设计规范》(JTG 3363—2019)中相关规定进行计算。

2) 桩基布置

(1) 一般采用四桩承台,局部采用六桩、八桩或十桩承台。

(2) 桩基布置一般为矩形布置。

(3) 预制方桩常用截面边长 500~600 mm,PHC 管桩直径一般采用 600~800 mm。

(4) 灌注桩直径一般采用 1 000~1 200 mm。

3. 典型工程案例

某地铁线路高架区间桥梁,标准线间距为 5.2 m,上部结构采用预应力混凝土简支山型梁或连续箱梁,标准跨距为 35 m。下部结构包括盖梁、桥墩及桩基承台。根据地层条件分别采用摩擦桩基础、嵌岩桩基础,桩径采用 1 200 mm 和 1 500 mm 两种,桩基采用 C35 混凝土。

该高架区间位于济南东部,场地为山间平原—丘陵地貌单元,场地覆盖层主要由第四系全新统冲洪积—中上更新统坡洪积黏性土、碎石土组成,上覆新近人工填土,下伏燕山期闪长岩及奥陶系石灰岩、泥灰岩。桩基施工涉及地层以黄土状粉质黏土、粉质黏土、碎石层及胶结砾岩层为主,桩底位于碎石层和胶结砾岩层。某高架区间桩基工程纵断面和四桩承台示意分别如图 7.39 和图 7.40 所示。

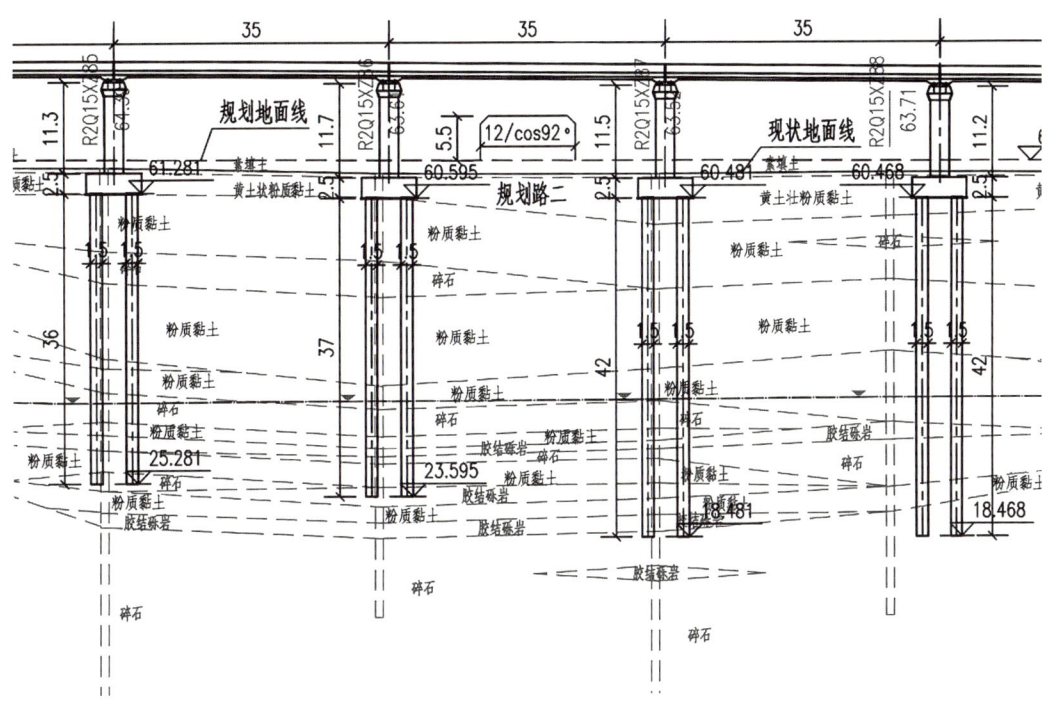

图 7.39　某高架区间桩基工程纵断面图(单位：m)

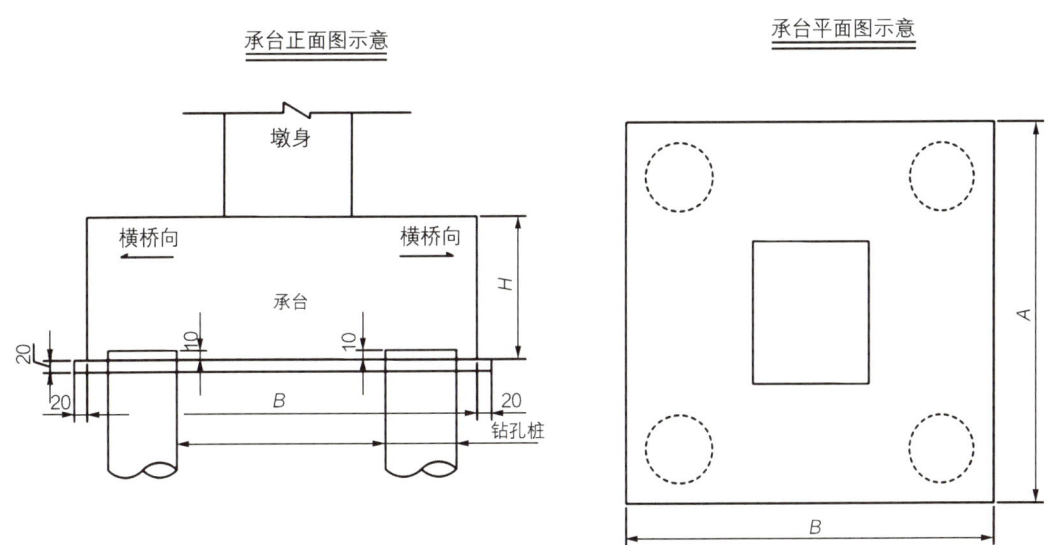

图 7.40　某高架区间四桩承台示意图(单位：mm)

当桥梁桩基础为嵌岩桩时,桩基终孔时以进入桩端持力层深度为准,嵌岩深度应大于 2.5 倍桩径,桩长作为参考值。施工遇溶洞时,应及时与设计沟通反馈,根据具体地层情况和探查成果调整桩长。摩擦桩桩底沉渣厚度小于 100 mm,嵌岩桩桩底沉渣厚度小于 50 mm。

本区间灌注桩施工前应进行试成孔，试成孔数量应不小于3个，试成孔后应经孔径、孔深、垂直度、沉渣厚度等各项指标检测合格后，可进行桩基的正式施工。

桩基施工前应按相关规范进行试桩。试桩的选择要具有代表性，即代表某种地质情况，试桩数量须能全面代表所涉及工程地质情况且不能少于3根，试桩完成后，应按相关规范要求进行检测试验。其中试桩的单桩竖向抗压静载试验应采用慢速维持荷载法，加载应分级进行，采用逐级等量加载方式，分级荷载为基桩极限承载力的1/10，其中第一级可取分级荷载的2倍。

基桩的单桩竖向抗压承载力的检测：桩底为粉质黏土层的基桩抽检数量不少于此类基桩数量的20%，抽检总数量应不少于总桩数的1%。桩基的桩身完整性检测：桩长大于40 m的所有桩基均采用超声波透射法检测桩身完整性，当桩长小于40 m时，则四桩承台任选一个、六桩承台任选两个，声波透射法检测以外的桩基均须采用低应变法检测。

7.4 地基处理

城市轨道交通工程涉及的地基处理主要包括场段工程软弱地层加固或液化地基处理、车站或区间工程不良地层加固处理、盾构或顶管工程进出洞加固，以及采空区专项地基处理、湿陷性土专项处理、岩溶专项加固处理等。

7.4.1 场段工程地基处理

城市轨道交通工程车辆基地根据功能可分为停车场和车辆段，停车场主要承担列检和停车作业，车辆段根据其作业范围分为大（架）修和定修段，大（架）修段承担车辆的大修、架修及其以下修程的作业，定修段承担车辆的定修及其以下修程的作业。根据线路规模和场段的功能定位，停车场占地一般在10～20 hm^2，车辆段占地一般在20～35 hm^2。

场段工程用地面积大，涉及大量的路基问题和浅部场地使用荷载需求，为满足场段的使用功能和稳定性要求，若场地存在软弱地层、湿陷性土、液化地基等，均需采取相应的地基处理措施。

1. 场段地基处理方案选择

根据场地工程地质和水文地质条件、地基处理需求及目标、工期和建设环境，满足稳定性、沉降变形及耐久性等要求，综合考虑预期处理效果、材料供应和施工条件等因素，遵循节约资源和保护环境原则，经技术经济分析和对比，选择适宜的地基处理方案，包括选择单一处理措施或两种及以上多种地基处理措施组成的综合处理方案。

在确定地基处理方案前,应完成下列工作:

(1)收集本地区类似场地条件同类工程的地基处理设计、施工经验和使用效果、变形监测成果等资料。

(2)本场地相应阶段的岩土工程勘察成果,场地的环境条件、邻近建(构)筑物及管线等调查资料。

(3)设计技术要求和场地天然地基存在的主要问题,确定地基或场地处理范围和处理后要求达到的预期标准。

(4)周边环境条件对施工工法和工艺所产生的振动、噪声、粉尘、泥浆等影响的要求。

根据功能要求和场段工程建设的场地条件,场段工程地基处理常选用处理方法的适用条件和范围、设计所需初始地基土参数及相关指标要求见表7.10。

表7.10 场段工程常用的地基处理方法及适用条件

处理方法	处理深度/m	适用范围	设计所需初始地基土参数及相关指标
换填法	2~3	浅层软弱土处理,暗浜、河道、沟塘的填筑	土体强度,压缩模量,十字板抗剪强度,静探指标,各相关土层的地基承载力特征值 f_{sk}
碾压、振动压实法	3~5	场地大面积填土、浅层土液化场地	软黏土灵敏度 S_t,其余同上
强夯法	4~8	场地大面积填土、湿陷性土、液化场地	渗透系数 k_h、k_v,静探指标,标准贯入击数 N
灰土桩	5~15	湿陷性土、填土等	有机质含量,压缩模量,各相关土层的地基承载力特征值 f_{sk}
搅拌桩	10~15	软弱土、素填土、局部地层补强	有机质含量,黏土塑性指数,土体强度,压缩模量,先期固结压力,地下水 pH 值及腐蚀性评价成果
CFG 桩	15~30	软弱土、素填土	压缩模量,各相关土层的地基承载力特征值 f_{sk}
砂石桩	10~20	液化场地	砂土和粉性土:孔隙比 e,砂土的最大、最小孔隙比 e_{max}、e_{min},砂土相对密度,压缩模量,标准贯入击数 N; 黏性土:固结系数 C_h、C_v,渗透系数 k_h、k_v;压缩模量,各相关土层的地基承载力特征值 f_{sk}
刚性控沉桩	8~15	软弱地基沉降控制	压缩模量,先期固结压力,各相关土层的地基承载力标准特征值 f_{sk},各土层桩周土的极限摩阻力标准值 f_s,桩端地基土极限端阻力标准值 f_P
注浆法	5~20	局部地基加固、充填加固	孔隙比 e,含水量,土的颗粒级配,有机质含量,渗透系数 k_h、k_v,土体强度,静探指标,标准贯入击数 N

2. 工程案例

济南某车辆段位于黄河北起步区,规划用地面积约 40.04 hm²。车辆段定位为定修段,承担车辆的停车列检、周月检、列车清洗作业,承担全部列车的定临修作业。设计停车列检位 36 列位、周月检列位 4 列位、定修列位 2 列位、临修列位 1 列位。地面标高为 21.5～23.5 m，本工程绝对标高为 26.50 m。

根据勘察资料，场区勘察深度范围内揭露均为第四系沉积地层，为人工填土层、粉质黏土、黏土、粉土、粉砂和粉细砂层。拟建场地存在粉土、砂土液化问题，液化层底深度为 8.0 m 左右。液化层主要为③层粉土，摇振反应迅速，中压缩性，标贯击数 $N=7$，地层情况详见图 7.35。

1) 地基处理要求

(1) 库内整体道床范围内基础工后沉降不大于 20 mm。

(2) 碎石道床路基工后沉降不大于 200 mm，沉降速率不大于 50 mm/年。库外平交道口要求路基工后沉降不大于 100 mm，沉降速率不大于 50 mm/年；整体道床与碎石道床间过渡段长 20 m。

(3) 库前道口路基工后沉降不大于 100 mm，沉降速率不大于 50 mm/年。

(4) 消除场地浅部可液化土层(③层粉土)的液化沉陷。

2) 地基处理控制指标

(1) 场地用地线范围区域(除 A3 区堆场范围)地基承载力不小于 120 kPa，压实系数 $\lambda \geqslant 0.94$，压缩模量 $E_s \geqslant 12$ MPa。

(2) A3 区堆场范围(兼卸车)重载地面地基承载力不小于 150 kPa，压实系数 $\lambda \geqslant 0.95$，压缩模量 $E_s \geqslant 14$ MPa。

(3) 液化粉土层处理后的标贯击数满足液化消除要求。

3) 地基处理方案

根据地基处理要求，综合考虑场地的地层土性特点、场地环境条件、施工工期、地区经验及可行性等，结合强夯现场试验性施工效果及检测结论，对浅部地基土采用强夯进行处理。

(1) 强夯设计要点及设计参数。

① 施工场地准备：施工前应进行场地清表，清除耕植土、淤泥、腐殖土、植被、杂物等，且厚度不小于 500 mm，淤泥质土和有机质含量大于 5% 的土均须清除，且严禁回填。

② 夯击能量：单击夯击能根据试夯检验结果选择 2 000 kN·m。

③ 夯点间距为 1.5 倍夯锤直径，正方形布点。

④ 夯击方法：采用跳夯法。

⑤ 夯击次数：按现场试夯检测结论确定为 8 击，并应同时满足夯坑周围地面不应发生过大的隆起和不因夯坑过深而发生提锤困难现象。

⑥ 施工机具：锤重 10～40 t，落距大于 15 m，静压强为 25～40 kPa，排气孔直径为 250～300 mm，建议采用直径约为 2.2 m 的试夯设备。

⑦间隔时间:两遍夯击之间应有一定的时间间隔,间隔时间取决于土中超静孔隙水压力的消散时间,一般不宜少于2~3周。对于渗透性较大的砂性土,两遍夯间的间隔时间可以缩短,可连续进行夯击。

某车辆段强夯处理液化地基夯点布置示意如图7.41所示。

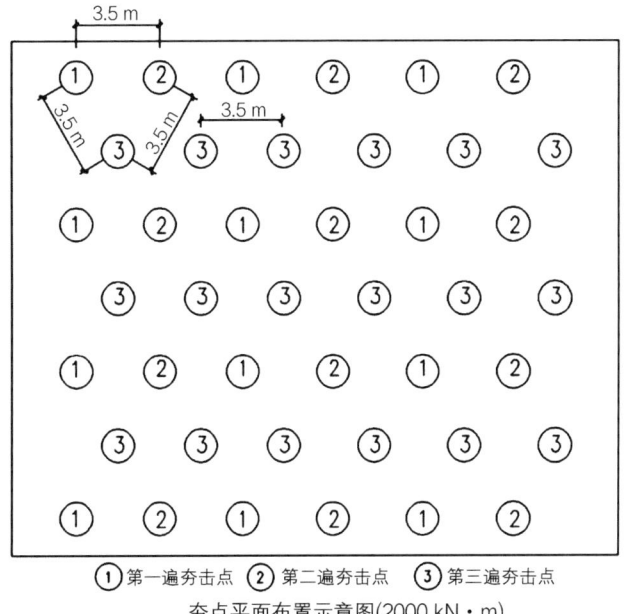

图7.41 某车辆段强夯处理液化地基夯点布置示意图

(2)强夯施工要求。

① 夯坑中心位置偏差±500 mm,强夯夯锤落距±300 mm。

② 检查施工过程中的各项测试数据和施工记录,不符合设计要求时应补夯或采取其他有效措施。

7.4.2 车站或区间工程不良地层处理

城市轨道交通工程沿线场地条件复杂,经常穿越深厚回填土、液化地基土、岩溶发育地层等,当不满足线路敷设的强度、稳定性、耐久性及安全性等要求时,须选择合理的地基处理方法予以处理,因线路工程的场地地基处理范围一般较大,处理方案选择要综合考虑经济性要求。

1. 采坑回填区加固案例

济南地铁某车站为地下二层岛式站,车站基坑开挖深度18~20 m。原规划车站和部分盾构区间位于某露天铁矿采空区采坑回填区范围内,回填土均为杂填土,回填区深度最大约为 45 m。

区间原设计采用盾构工法,区间管片结构的整体刚度和抗变形能力弱于明挖车站结构。经过对采坑厚填土进行加固、局部改移线位等方案进行技术经济综合比较,确定结合全线的配线调整,在本站增加配线设置以扩大明挖范围,使采坑的影响区段全部处于车站明挖基坑范围内,采用基坑支护设计与地基处理相结合的方案,既方便了处理又增加了可靠性。

根据采空区专项勘察,该采坑回填区位于某铁矿西坑矿体范围,采取露天方式开采,在回填之前已形成规模较大的采坑。其坑底标高一般在 65 m 左右,最低开采标高约为 57.92 m,车站范围现状路面标高 96.47～98.05 m。采坑在 2010 年 12 月至 2012 年 7 月期间回填,钻探获取回填土最大厚度为 43.5 m。根据调查,填充过程为直接倾倒推平式,且没有进行压实处理,回填土具有松散、成分复杂、回填厚度大、欠固结等特点,矿坑边坡较陡,回填土与周边基岩性质相差极大,回填土遇水湿陷易沿基岩面产生蠕滑,对建(构)筑物桩基产生水平作用力及负摩阻力,严重影响结构安全及正常使用。同时,采空区回填土成分复杂,松散不一,含无规律透镜体,为不均匀地基。

回填场地和地基的稳定性评价为不稳定,矿坑回填土对本段轨道交通线路影响大,需进行地基加固处理。

某车站场地工程地质剖面(局部)如图 7.42 所示。

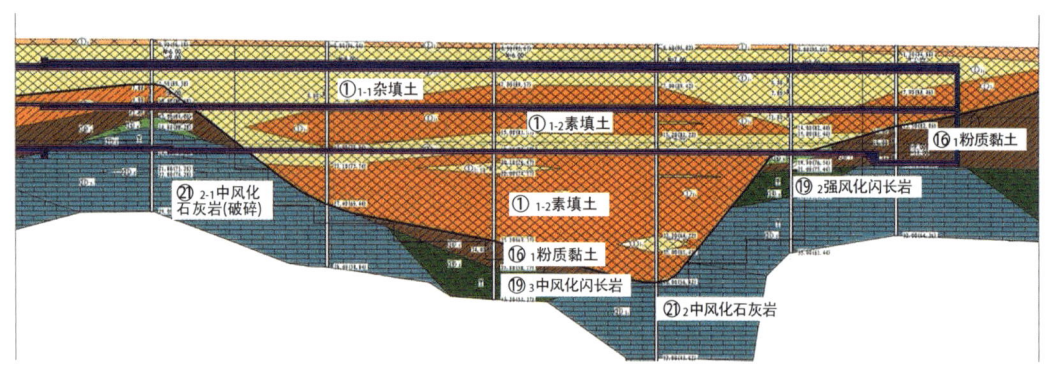

图 7.42 某车站场地工程地质剖面(局部)图

1) 地基处理方案

根据场地特点和建设功能需求,地基处理须同时解决场地和地基的稳定性、地基的均匀性问题,并满足结构变形和后期运营的安全要求。综合考虑采用基坑支护设计与地基处理相结合的方案。基坑支护采用 Φ1 000 mm@1 500 mm 大直径嵌岩钻孔灌注桩,解决基坑支护受力的同时兼具抗滑桩的作用,在基坑外侧 0.7H(H 为基坑开挖深度)范围内采用袖阀管注浆加固,结合抗滑桩共同作用应对场地稳定性和后期地基沉降问题。车站底部采用Φ1 000 mm、4 000 mm×4 000 mm矩形布置的C15素混凝土桩增加地基刚度,控制基底差异沉降,桩长自基底至原状土以下不小于0.5 m,桩间采用Φ48 mm袖阀管注浆充填加固,2 000 mm×2 000 mm矩形布置,素混凝土桩与填充注浆共同作用满足车站地基的变形及稳定性要求。

某车站场地地基处理平面布置如图7.43所示。地基处理断面如图7.44所示。

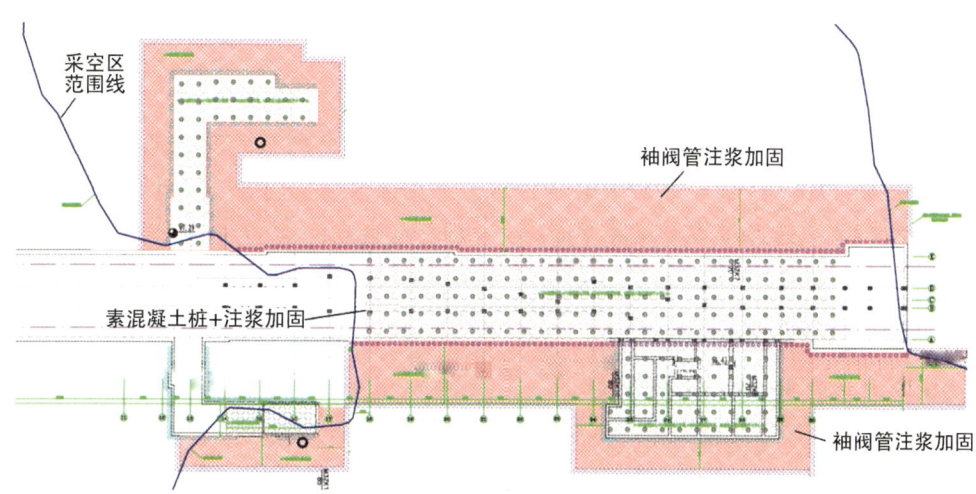

图7.43 某车站场地地基处理平面布置图

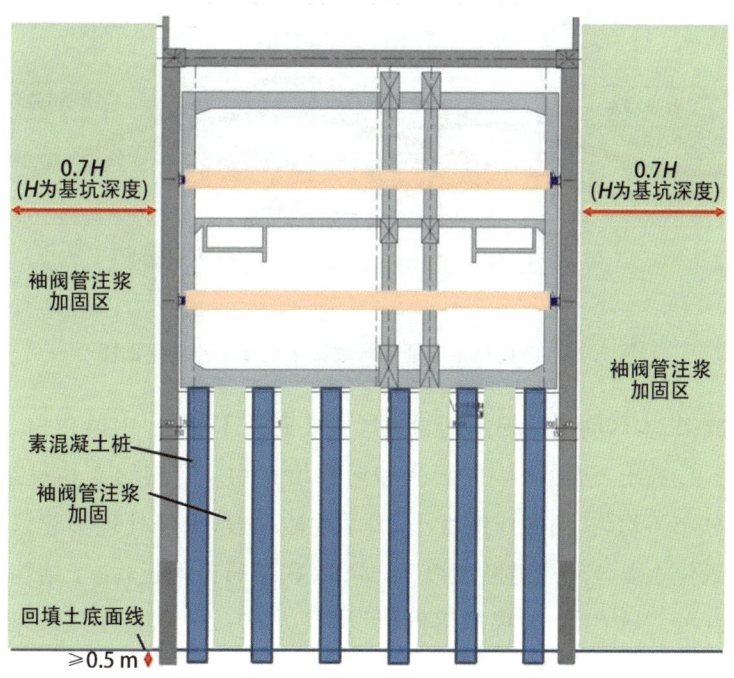

图7.44 某车站场地地基处理断面图

2) 地基处理费用及效果

某回填区车站场地地基处理综合费用如表 7.11 所列。

表 7.11 某回填区车站场地地基处理综合费用汇总

项目	工程量/m³	单价/(元·m⁻³)	总价/万元	合价/万元
D1000 全套筒旋挖钻孔桩 + C15 素混凝土回填	加固土体 8 241	5 153	4 247	6 692
Φ48 mm 袖阀管注浆加固	加固土体 126 057	194	2 445	

现场基坑开挖后,经检测地基处理效果良好,坑壁土注浆充填密实,基底桩间填土承载力达到 160 kPa 以上。目前,该站结构已封顶,变形及强度指标均好于设计预期,综合造价也低于投资估算,该线路安全顺畅地穿越片区规划发展核心区域,方便了片区居民出行,既保证了线路的使用功能又增加了社会效益。

2. 岩溶地基处理案例

济南轨道交通 4 号线某区间穿越地层主要为中风化白云岩,岩溶较发育,分布范围较大。该区间线路大部分敷设在经十路下方,区间长度约 1 036 m,采用盾构法施工,隧道埋深 6.8~12.8 m,区间纵断面呈"V"字形坡,最大坡度 28‰,该区间设置一座联络通道兼泵房,采用矿山法施工。区间线路走向如图 7.45 所示。

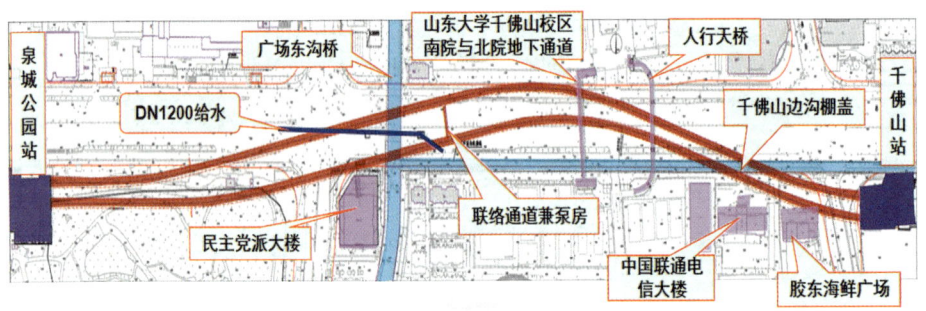

图 7.45 济南轨道交通 4 号线某区间线路走向平面图

根据勘察成果,本区间场地揭露的岩土层主要有人工填土、中风化白云岩,局部揭露有碎石、胶结砾岩、黏土、溶蚀破碎白云岩和溶洞填充物。溶洞填充物呈杂色,可塑~硬塑,局部分布,分布不均匀,属中压缩性土,力学性质一般,未经处理不建议作为基础受力层。详勘期间水位主要位于隧道断面以下,局部(联络通道附近)位于结构底板以上。该区间共钻孔 214 处,其中 144 处揭露溶洞,见洞率为 67.29%,最小线岩溶率为 0.97%,最大线岩溶率为 67.02%,平均线岩溶率为 15.92%。区间地层及岩溶分布断面示意如图 7.46 所示。

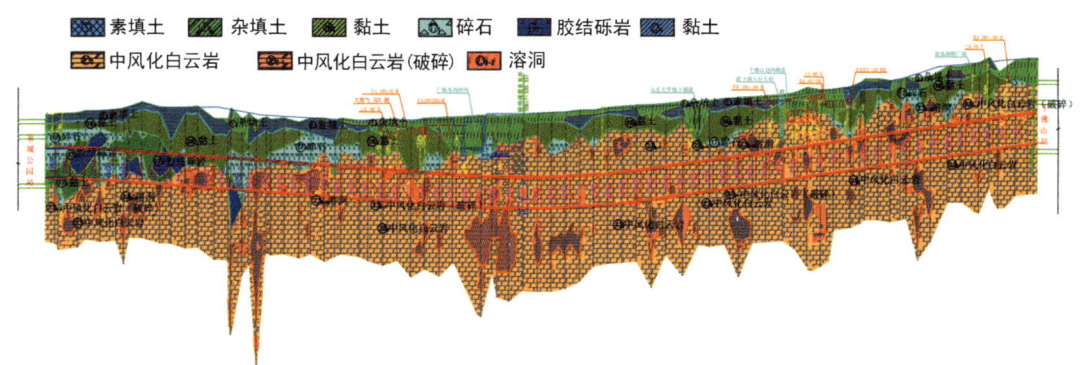

图 7.46 济南轨道交通 4 号线某区间地层及岩溶分布断面示意图

1) 溶洞处理原则

需处理溶洞的判定原则：隧道底为灰岩，隧道洞身范围内、隧道顶板及两侧外放 3 m、结构轮廓外放 3 m，隧道底板以下 5 m 范围内的溶洞、溶槽及破碎带。

(1) 规模较大的半填充、无填充溶(土)洞可采用压注砂浆、填充低标号混凝土、填充碎石 + 水泥浆的方法进行处理。

(2) 高度小于 3 m 的半填充或无填充溶洞，采用注水泥浆处理。

(3) 如溶洞填充物为硬塑状黏性土，可不作处理。鉴于溶洞发育的不确定性，当存在上述处理范围之外的溶洞或特大型溶洞(高度大于或等于 5 m)时，须进行专项论证，会同各方研究确定是否处理及相应的处理方案，以确保施工及后期运营安全。

某溶洞处理方法示意如图 7.47 所示。

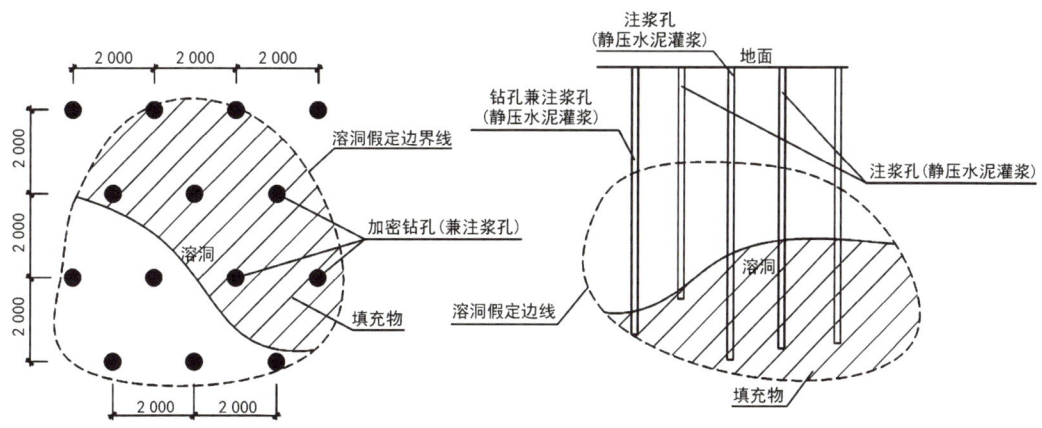

图 7.47 某溶洞处理方法示意图(单位：mm)

2) 溶洞处理措施

(1) 材料选择：考虑本区间临近泉水保护核心区域，选取的注浆材料应满足快凝及环保要求,确保注浆范围可控。注浆选用苯乙烯—异戊二烯—苯乙烯(SIS)抗动水注浆材料,该材料为双液浆,其中 A 液(水泥浆)水泥采用硫铝酸盐水泥,B 液采用 SIS 材料制备。

(2) 配合比:A 液水灰比为 1∶1,A、B 液体积比为 4∶1。

(3) 其他材料:孔口止浆采用 Φ65 mm×3.75 mm 焊接钢管、锚固剂、机械式止浆塞,注浆管采用 Φ50 mm 袖阀管。

3) 特殊位置施工

对于需处理溶洞且平面位置位于不具备占道条件的机动车道(路口、车道较少位置),或位于绿化带(灌木较为密集)及管线影响位置(管线密集、管线管径较大,直接钻孔施工无法避开管线)时,可采取斜孔作业的方式进行施工。特殊位置溶洞处理方法示意如图 7.48 所示。

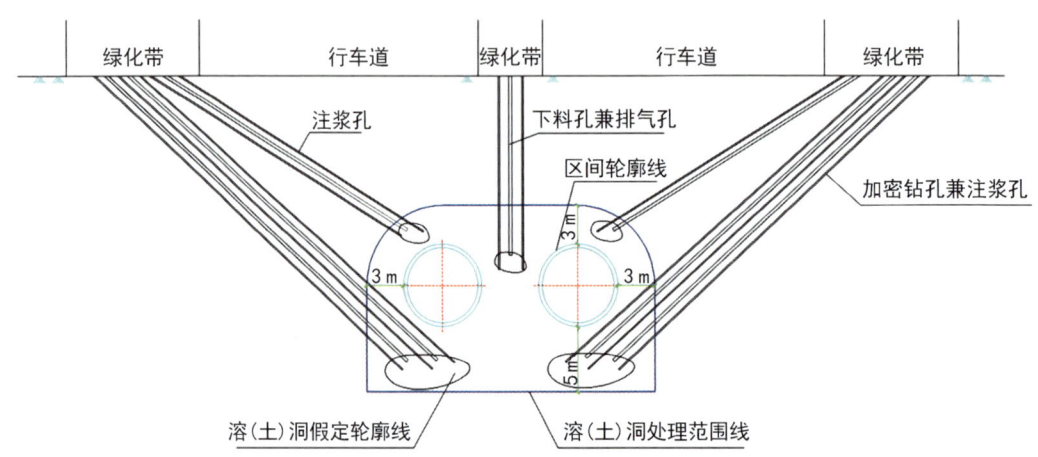

图 7.48 特殊位置溶洞处理方法示意图

3. 基坑承压水封底地基加固案例

若基坑底部存在有影响的承压含水层,当突涌验算不能满足安全要求时,须进行抗突涌处理。承压水突涌应对措施的选择应综合考虑地层条件、环境要求、承压含水层岩性及承压水危害程度等因素,经技术经济比较后予以确定。

当承压含水层埋深和厚度不大时,可采用围护结构或专门止水帷幕予以水平隔断;当承压含水层厚度较大时,采用水平隔断措施经济性较差,可考虑悬挂式帷幕配合适当降压处理;当承压含水层厚度大、水头较高、渗透性好且环境较为敏感时,可考虑采取止水帷幕水平隔断配合基底土加固垂直隔断措施。

采用基底土加固垂直向隔断承压水既称为基坑封底加固方法,对于车站基坑的承压水控制也是工程造价较高的一项措施。封底加固深度位置选择、加固厚度须满足加固后承压水的突涌验算安全要求。

济南地铁某车站为地下二层岛式车站，与1号线车站平行换乘，采用明挖法施工。车站周边限制条件较多，紧邻已建成的1号线车站、区间，西侧有京沪铁路水屯站及水屯站环发线，东侧临近京福高速公路和京沪高铁线。

车站主体基坑标准段深17.6 m，宽20.9 m，端头井段深18.85 m，宽25.2 m，主要位于填土、黄土、粉质黏土和卵石层中。某换乘车站平面关系示意如图7.49所示。

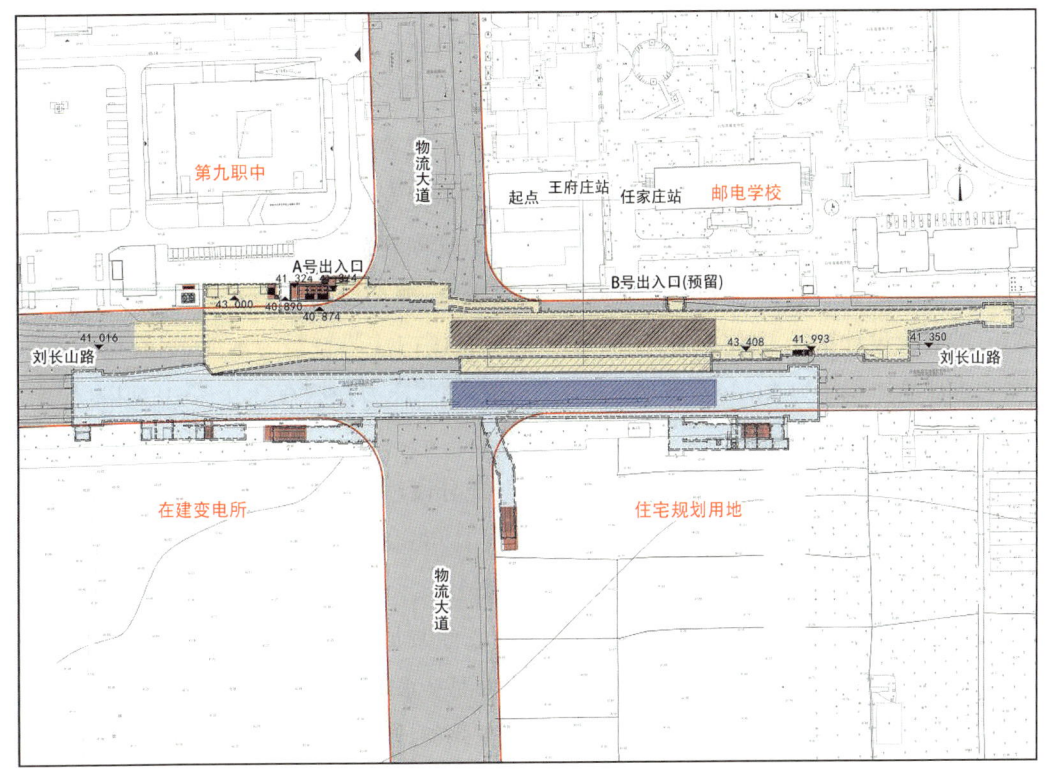

图7.49　某换乘车站平面关系示意图（北侧为新建车站）

车站场地地势平坦，地面标高约为40.9 m。车站顶板覆土厚度3.0 m。所处地层由上至下依次为①层杂填土、⑦层黄土、⑧层粉质黏土、⑧$_1$层卵石、⑩层粉质黏土、⑪$_1$层卵石。车站底板位于⑧$_1$层卵石中。现场抽水试验成果显示，卵石层渗透系数为210 m/d，勘察期间稳定水位标高为29.49 m，年变幅为2～3 m。

根据车站所处地质条件及周边环境，基坑围护结构采用Φ1 000 mm@750 mm套管咬合桩＋内支撑的支护体系。

1）存在问题

该站基坑底部存在深厚卵石层，厚度超过30 m，卵石层渗透系数为210 m/d，为强透水层，水量较大，具高承压性。钻孔咬合桩桩底插入基底深度为12 m，不能完全隔断透水卵石层，且上、下卵石层之间的粉质黏土层场地内厚度分布不稳定，勘探孔揭示主体基坑最薄处只有 0.5 m,附属结构场地存在尖灭现象,存在水力贯通隐患。局部抗承压水稳定性和安全性不能满足要求,故需采取适当措施应对承压水突涌风险。

2)处理方案

该站采用钻孔咬合桩围护结构,钻孔咬合桩随深度加大垂直度偏差逐渐加大,搭接风险逐渐增加,由于基坑卵石层厚度最大超过 30 m,增加咬合桩深度来隔断承压含水层,其技术适用性及经济性均不适宜;同时,紧邻即将开通运营的 1 号线车站和区间等敏感环境,且承压含水层为卵石层强透水层,采用悬挂帷幕降压可行性较差,经综合技术经济比较后,确定采用基底垂直隔断加固方案。

垂直隔断加固采用注浆加固方案,加固厚度大于或等于 3 m。采用袖阀管注浆,间距 1 200 mm 梅花形布置。为减少注浆成孔工作量,经综合安全评估,在基坑开挖至第一道混凝土支撑下 4 m 时,开始进行袖阀管注浆加固施工,加固方案及相关要求如下:

(1)加固方案及注浆参数:注浆孔间距 1.2 m,梅花形布置,设计充填影响半径为 0.8 m,袖阀管设计钻孔直径为 90 mm。基底加固范围内注浆材料为水泥、水玻璃双液浆,水泥与水玻璃体积比为 1∶1,水玻璃浓度为 35 Be,注浆压力控制在 2.0~3.0 MPa,配比及注浆终压现场需经试验确定。

(2)注浆采用管径 40 mm 刚性袖阀管,后退式分段注浆。套壳料配制采用膨润土、水泥为主要材料配制,水泥∶膨润土∶水 = 1∶1.5∶1.88,水泥采用普通硅酸盐水泥或矿渣硅酸盐水泥,膨润土采用以蒙脱石为主要成分的黏土。

(3)对高富水、强渗透、大粒径的卵石层袖阀管注浆加固,应进行现场专项试验确定施工工艺和相关参数。通过加强注浆口封堵、注入水泥 + 水玻璃双液浆、加注 AB 化学浆液或聚氨酯浆液等措施,以应对传统袖阀管注浆工艺在此类地层中易塌孔、浆液易流失、注浆致密性不足的问题。

(4)加强对周围环境和已施作的围护结构的监测工作,动态调整注浆压力,避免因注浆压力过大对既有的围护结构造成破坏和环境影响。

(5)注浆效果的检测:加固体强度应不小于 0.8 MPa,渗透系数不大于 10^{-6} cm/s。可采用现场取芯、注水试验等方法检验加固体的强度及渗透系数是否达到设计要求。

(6)袖阀管注浆加固效果可能存在不确定性,施工时须对由于袖阀管注浆加固不密实而造成的基底局部渗透水,制定专项补救应急预案,并预留部分袖阀管,待开挖到基底后对局部渗漏点进行补偿注浆。同时,在基底预留一定数量的应急疏干井和降压井,预防局部渗水风险。

经基坑实际开挖检验和各项环境监测数据证明,采用承压水垂直隔断的控制措施得当,确保了高承压水头、强渗透地层条件下的承压水抗突涌安全,将对紧邻的 1 号线和其他相邻环境的影响和风险降到了最低,保障了施工期间 1 号线的正常开通运营。

袖阀管注浆加固断面示意与平面示意分别如图 7.50、图 7.51 所示。

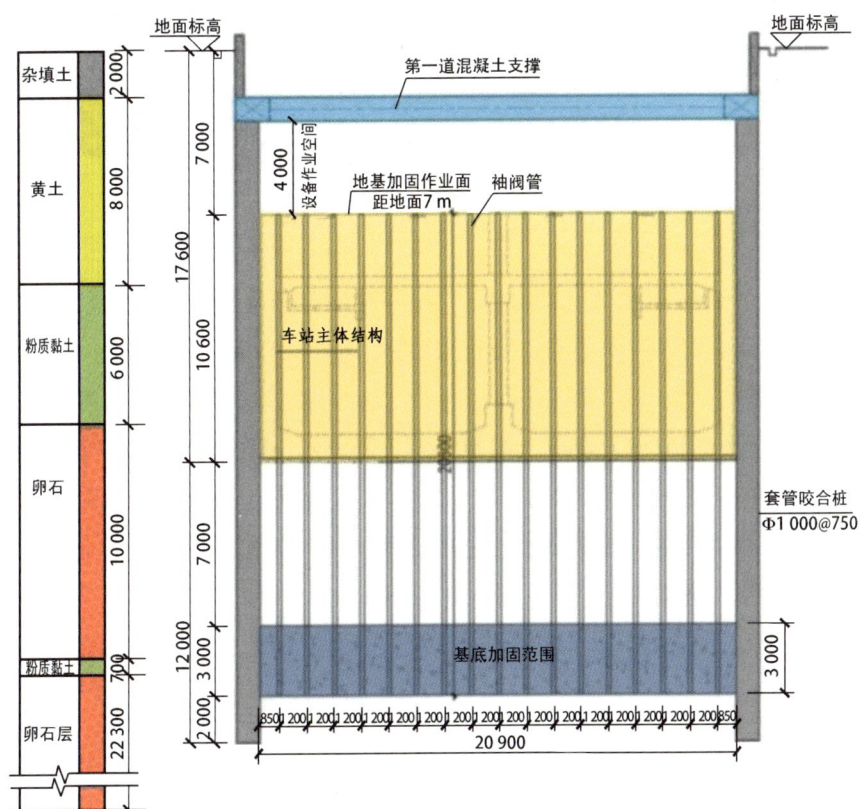

图 7.50　袖阀管注浆加固断面示意图(单位：mm)

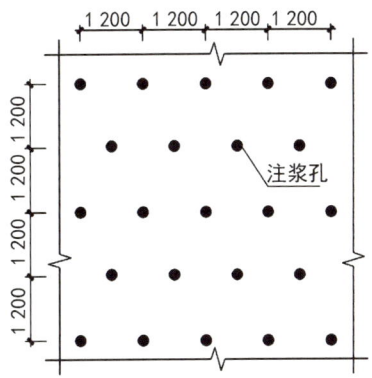

图 7.51　袖阀管注浆加固平面示意图(单位：mm)

第8章
问题思考与行业技术发展

作为工程建设的最基础性环节,岩土工程勘察与设计行业的技术水平和管理水平直接影响着工程质量、安全以及经济效益。近年来,尽管随着社会需求的发展和科技的进步,岩土工程行业也取得了一定的发展和成就,但整体上仍存在诸多不足,其中岩土工程勘察以工作量为基础的计费机制、行业规范架构不合理等问题影响了行业的进一步健康发展。城市轨道交通工程岩土工程设计工作由于工程建设环境复杂、工期紧促、风险因素众多和协调难度大等原因,数字化设计等新技术的应用受到一定的制约。但由于行业规模宏大及管理模式标准化,岩土工程勘察与设计工作技术管理的系统性以及城市轨道交通线网地域覆盖广度远高于其他一般建设行业,数字化等技术的推广应用有着较大优势和良好的基础。

● 8.1 岩土工程勘察工作存在的问题与思考

近年来随着科技水平提升和数字技术的发展,各种先进的分析软件和数字管理平台也在各大勘察企业落地应用,试验室的设备已经大幅度向自动化、数字化方向升级改进,野外原位测试技术也有了较大的提升和应用推广。但是,野外施工技术手段与方法相对落后,行业中大部分单位仍然依赖传统的作业方式,缺乏先进的勘察技术和设备支持,导致勘察整体技术水平难以实质性提升,同时以工作量为基础的行业计费模式,也是勘察技术思维固化的重要原因。

8.1.1 既有勘察方法与工程实际衔接

目前,城市轨道交通的勘察技术路线承袭了工业与民用建筑以建设场地为目标的勘察工作思路,划分场地和地基的复杂程度,结合建(构)筑物特征布置勘察工作量,各阶段均依靠勘探点的疏密程度来控制场地勘察精度。

由于如路基工程、桩基工程、基坑工程等地层的竖向分布和水平的均匀性对设计方案有决定性影响,在现有的技术条件下,根据地基复杂性分类,采用疏密程度布设勘探点依然是解决场地与地基问题的可靠手段。

城市轨道交通岩土工程勘察有着明显的行业特点,常规项目的勘察工作绝大部分是在平面分布且有一定约束范围的建设场地内进行的,勘探点的布置限制条件较少,而城市轨道交通工程除了地面线路、场段、出入口等涉及地面建设的建(构)筑物有永久用地权属外,明挖施工的地下车站仅有建设期的场地临时占地使用权,导致城市轨道交通项目岩土工程勘察工作的协调难度和技术难度均高于有用地权属的常规场地勘察工作。

高架工程基本位于中心城区以外,车站及区间的勘察协调难度相对较低,野外工作实施基本可以遵循既有规范的要求进行。地下车站一般设置在既有城市道路下,勘察实施的难点在于管线、障碍物和交通的协调问题,勘察周期内基本可以解决,个别难以协调的勘探点可以在施工围场后进行,且场地基本限制在有限范围内,技术风险基本可控。

地下区间大部分是沿城市道路下方敷设,因建设无地面占地需求,不存在施工期临时用地权属,勘探点的可实施难度主要是协调问题。正常的市政道路占路及绿化用地可以与相关权属部门协调解决,但地下穿越不可避免地会遇到敏感用地或难以协调的场地,如下穿住宅区、运营铁路(高铁)场地、军事用地、航运河道等,如果再遇到复杂地基条件要求,实施协调的难度将更大,许多勘探点难以正常完成。图8.1为某线路区间下穿住宅小区平面示意图,该段长度约700 m,结构断面最大埋深为30 m,因协调问题,最终仅完成个别孔位的施工,完成率约为30%,图中黑色标识为未能施工孔。

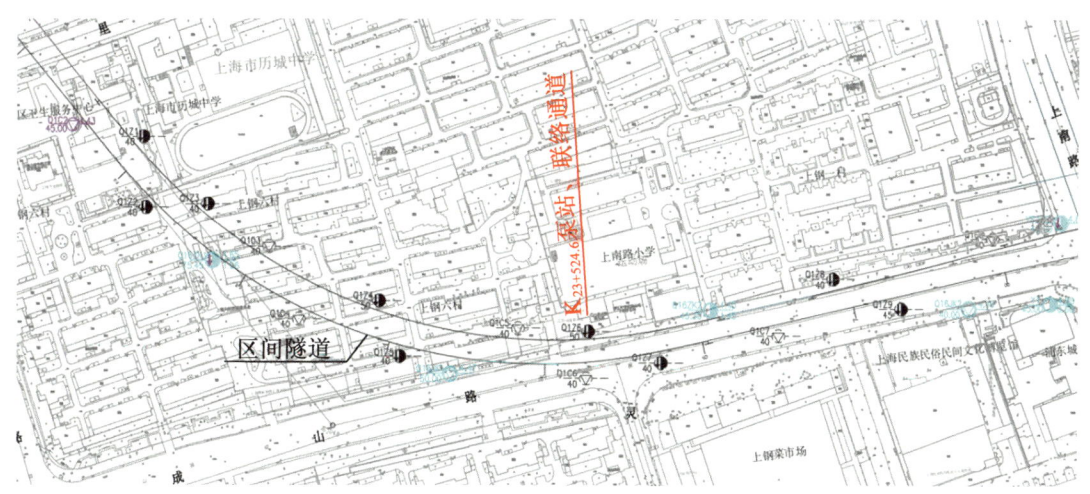

图8.1 某线路区间下穿小区平面示意图

图8.2为某线路区间下穿正常运营的高铁动车运用所平面示意图,该段长度约500 m,受高铁运营要求限制,尽管已按场地条件最大限度地调整了勘探点平面布置,依然无法协调进场施工,仅能局部收集场地已有资料作为参考,图中红色为收集利用孔,深度37~

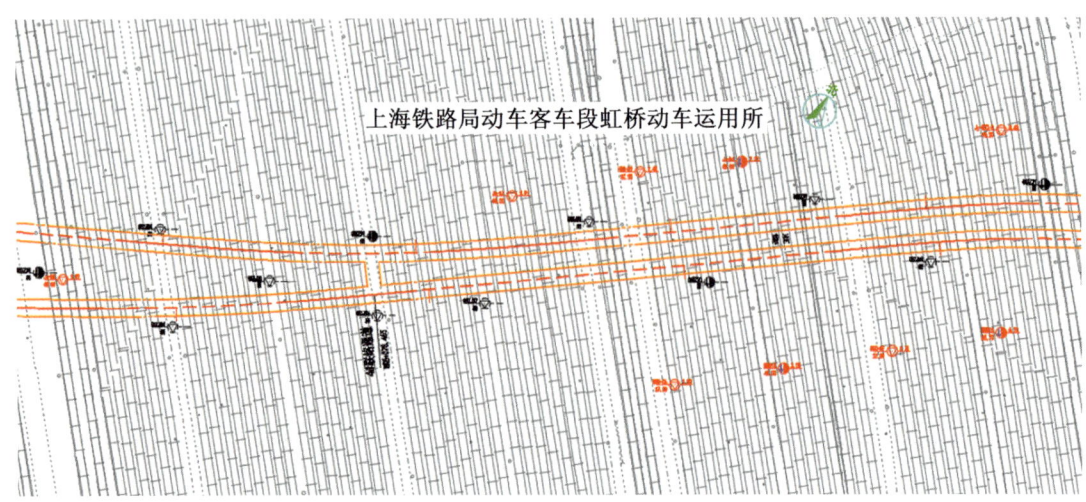

图 8.2 某线路区间下穿高铁动车运用所平面示意图

45 m,黑色为布置未能施工孔,深度 50～55 m,结构断面最大埋深约为 31 m。

从技术层面分析,区间隧道施工、运营主要影响为 3 倍洞身直径(含洞身)范围内的地层和地面建构筑物,因此,遇到此类难题可结合场地两侧的勘探地层资料,采用水平方向的勘察手段予以辅助解决,地表及浅层因素可以通过调查和资料收集配合查明。

受野外勘察设备及手段的限制,目前取试样质量问题一直被行业内外诟病,无论是取样设备还是取样方法,数十年来基本无实质性革新和进步,事实上众多项目的现场取试样质量难以达到力学试验Ⅰ级试样的严格要求,而对于灵敏度较高的软弱土层,目前的设备和方法取试样达到规范标准要求的难度则更大。

岩土设计体系均是建立在以岩土材料力学强度指标为依据的基础上的,取试样进行力学试验依然是最基本的手段。目前,原位测试中的十字板强度试验成果仅可以取得软黏土的不排水强度指标,应用的范围比较有限,广泛应用的静力触探原位测试成果对于地层评价、桩基设计等卓有成效,多功能探头的开发使用也取得了丰硕的成果。目前,国内常见的多功能探头有测孔压探头、波速传感器探头和电阻率测试探头,国外众多研究机构开发了携带侧压力传感器探头、放射性探头(测土的密度和含水率)和静探旁压仪等。利用孔压静力触探试验(CPTU)可确定软黏土层固结系数、不排水抗剪强度、渗透系数等,但并没有与设计所需的强度指标建立有效的关联。国内外众多研究机构提供了标准贯入试验击数 N 与土体强度指标 c、φ 值相关曲线或经验值对应关系,受各种条件限制,其精度并不能达到直接作为设计依据的要求。怎样将原位测试成果与设计所需的强度指标有效衔接起来,同时依托新技术开发出高效低扰动的取样设备,是整个行业技术提高的瓶颈和亟须解决的难题,也是更大程度提高勘察效率和成果可靠性的有效途径。

8.1.2 勘察成果与设计需求差异

受勘察手段和技术水平制约，并随着精细化设计要求的提高，目前行业中勘察成果与实际设计需求的技术深度或参数范围等多方面尚存在一定的差异。如数值分析中土的本构关系特殊参数、土的渗透性差异测试、基岩裂隙水赋存特征评价等。

城市轨道交通岩土工程设计、工程风险分析及评估、结构安全保护评价等工作中大量采用数值分析的手段，根据岩土体性质及分析需求，选用不同的本构关系模型，不同的本构模型需要不同应力、应变条件下的岩土体模量、泊松比等分析参数。目前，绝大多数勘察企业的土工试验室并不能提供相应工况的试验成果，项目基本采用压缩模量的经验倍数关系来换算相应状态的模量指标，泊松比采用经验参数，用来模拟结构本体或环境毫米级的变形，参数的构成及来源决定了数值分析成果的精确程度与可靠性明显偏低。

自然沉积土层和残坡积土层的渗透性存在较显著的各向异性，目前获得土层渗透性的手段通常为室内渗透试验及野外抽、注水试验，受试验方法的限制，野外试验得到的是综合渗透系数，而室内渗透试验根据土类的不同分别采用常水头和变水头的模式，常水头渗透试验适用于砾砂、粗砂、中砂等渗透性较大的土，变水头渗透试验适用于黏性土、粉土、粉砂等渗透性较小的土。常水头试验采用的是扰动试样，不区分各向差别。变水头试验采用原状样，土样可以取水平向与垂直向分别进行试验，但试验土样仅有环刀大小(内径 61.8 mm，高 40 mm)，试验成果对于绝大多数冲洪积沉积层，并不能真实反映含水层宏观水平向与垂直向的渗透性差异，也就不能为基坑工程中地下水控制、悬挂式帷幕等精细化设计等提供可靠的依据。

基岩裂隙水受到裂隙密集度、张开度和连通性等控制表现为强烈的非均匀性和各向异性，赋存和运动状态比较复杂，相关的规范尚缺乏对基岩地区基坑工程地下水勘察工作明确的手段和工作量要求，大部分单位参考第四系孔隙含水层的做法，一个车站布置1~2组的抽水试验来取得水量、等效渗透系数、影响半径等简单的水文参数。这些常规的工作方法难以真实反映整个场地的基岩裂隙水的赋存状态和水力联系，无法对岩石地基的基岩裂隙水的状况进行准确评价，也难以为岩石基坑的降水、排水、止水等提供可靠的依据，大量的岩石类基坑只能采取施工期的被动排水措施。

8.2 岩土工程设计工作的现状思考

城市轨道交通岩土工程设计工作受建设环境条件和工期等众多因素制约，有着设计边界条件复杂、风险因素多等行业特点,也普遍存在着专业间沟通不足、思维固化、行业新技术接受和应用程度低等问题,导致设计方案保守或风险考虑不全面,造成投资浪费或存在事故隐患。

8.2.1　专业间的沟通与协调

受专业设置影响,岩土工程勘察与设计被分离成两个相对独立的单元,勘察技术人员与岩土设计人员之间缺乏有效的沟通和交流,许多设计人员对岩土参数含义及使用边界条件也欠缺基本了解,无法准确判断勘察报告中的参数合理性和使用条件。岩土工程设计与结构工程设计有着显著差别,岩土体不仅是环境和设计边界,也是岩土结构受力及变形体系不可分割的组成部分,设计过程中的受力分析、环境评价等选用参数不当,将影响设计的准确性和安全性,导致工程事故可能性和环境影响风险增加。

岩土设计人员与建筑及内部结构设计专业之间有时也存在沟通不足,专业的细分导致各专业各负其责,缺乏相互协调及整体考虑。如车站基坑支护结构与内部结构体系永临结合问题、车站附属结构基坑支护结构与主体结构基坑支护结构整合问题、岩石地基的抗浮与结构底板受力优化问题等。与相关专业充分沟通协调后,综合考虑建筑功能及结构体系的合理性,可有效节约工程投资、减少支护结构体量及混凝土支撑拆除等带来的环境污染。

8.2.2　管理流程与设计理念

为了应对市场竞争和行业压力,加快设计进度,一些设计企业尝试将岩土工程设计流程标准化,通过简单的类比法统一设计思路和技术方案。岩土工程设计工作受场地工程地质、水文地质条件及周边环境的影响较大,强行标准化和流程化可能导致设计方案与实际情况不符。如未认识到复杂地质条件下地层的差异性,止水帷幕统一采用高喷或搅拌桩方案,导致止水效果差或现场难以实施。涉及软土及承压水问题,车站基坑围护统一采用地下连续墙方案,对地层的适应性和施工难度考虑不足,涉及深厚填土层与粉砂、粉土层地层组合,要配合巨量的槽壁加固等辅助措施;对于车站岩石基坑的支护设计,在场地岩石条件较好情况下依然采用与土质基坑相同的钻孔排桩支护甚至地下连续墙的标准化方案,设计思路明显不合理,未能充分考虑和利用岩石的材料强度和空间特征,导致施工难度大、工期增长,并且造成较大的投资浪费。某车站岩石基坑采用钻孔灌注桩排桩支护如图8.3所示。

岩土体为非均质材料,自然条件下的岩土层存在各向异性或较大的差异,常规的勘察手段可以反映场地工程地质与水文地质条件的一般规律,工程实施过程中难免会遇到局部地质条件与设计条件存在较大差异的情况,同时城市轨道交通工程建设周期长、建设环境复杂,外部边界条件可能在施工期发生较大改变,由于设计人员动态设计理念不足,图纸交付后现场服务意识薄弱,后期设计边界条件的变化往往会存在较大事故隐患。

图 8.3 某车站岩石基坑采用钻孔灌注桩排桩支护图

8.2.3 全过程风险管理意识

岩土工程设计中的风险评价与风险应对同时也是全过程循序渐进的设计方案比选和优化过程,应结合风险评价的成果采取适宜的应对措施降低或消除各类风险的影响。风险管理贯穿于岩土工程设计工作的全过程,随着设计阶段的深化,也是风险应对措施在设计方案中的落实和实施。但有时设计人员忽视了全过程风险应对的环节把控和衔接,对方案引起的次生风险考虑不周,或顾此失彼,从而使方案落地实施的风险往往大于初始风险,导致方案的失败或故事的发生。如临近既有城市轨道交通高架桩基、高铁桩基的隔离保护方案,运营方经常要求设计采用地下连续墙、大直径钻孔灌注桩等隔离措施,貌似隔离结构刚度较好,但在施工成槽或成孔时地层的卸载造成的隐患往往被忽略,导致隔离措施施工时被保护的结构变形不满足安全要求,或土体围压松弛导致桩侧摩阻力大幅降低,从而造成结构安全隐患。类似的还有采用旋喷桩或搅拌桩对变形敏感的建(构)筑物进行加固和隔离保护,施工期的注浆压力或地层扰动引起的危害可能会远大于临近基坑、盾构施工作业等变形引发的危害。

图 8.4 为某运营车站临近基坑支护设计方案示意,利用原车站基坑支护桩作为后桩形成双排桩体系,桩间土采用高压旋喷加固并形成止水帷幕。紧邻的车站为正常运营状态,

采用高压旋喷方案忽视了施工注浆压力对临近车站结构及运营轨道变形的不利影响,经安全风险评估后优化了止水及加固措施。

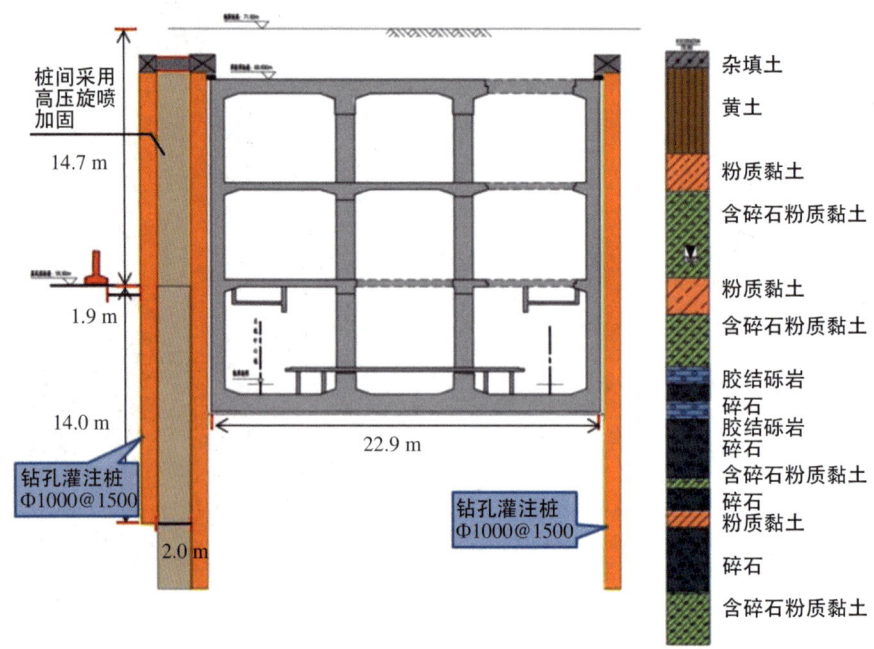

图 8.4　某运营车站临近基坑支护方案高压旋喷加固示意图

8.3　岩土工程勘察与设计新技术

岩土工程勘察技术的进步主要依靠勘探及原位测试设备、土工试验仪器、勘察方法的创新与发展,与勘察工作类似,岩土工程设计工作往往是由行业施工技术、装备、工法的创新来推动设计行业的技术更新和进步。

8.3.1　岩土工程勘察新技术

城市轨道交通岩土工程勘察的野外作业环境的特殊性和对勘察技术要求高等特点,对勘察技术的创新与改进需求迫切性较强,亟需新的勘察工艺和原位测试技术来解决工作中的难题,相近行业的先进勘察技术和理念值得参考和引进推广。

1. 水平向勘察技术

最初的水平向勘察技术常用于超前地质预报,采用普通工程钻机或锚杆钻机等进行井内或在掘进掌子面进行水平勘察作业,水平钻进范围受机械功能、定位手段等限制,一般仅作为施工辅助进行超前探测,难以达到勘察技术标准的要求,同时也受作业条件限制而无法大范围使用。

随着定向钻进技术的发展,利用定向钻探设备,配合取芯技术、静力触探、孔内信息综合测试等,可实现复杂环境及地层的复合定向钻进工艺,配合数据后处理技术,可完整展现建设场地连续的地层信息并提供设计、施工所需的岩土体各项物理力学性质指标,目前已在国内外多个项目上应用。

根据城市轨道交通工程地下区间的敷设断面特征,采用定向钻进技术结合两端的垂直向勘探孔,可以在水平向大范围完成勘察工作,对于难以协调或地表场地不具备勘察施工条件、常规设备难以作业等困难情况,该技术无疑提供了较好的解决方案,值得在行业内推广应用,相应的行业规范在修编时也可将其推荐作为特殊条件下的辅助勘察手段,并可规范化工作量的布置原则及原位测试要求。

水平向钻探技术及地层展示如图8.5所示。

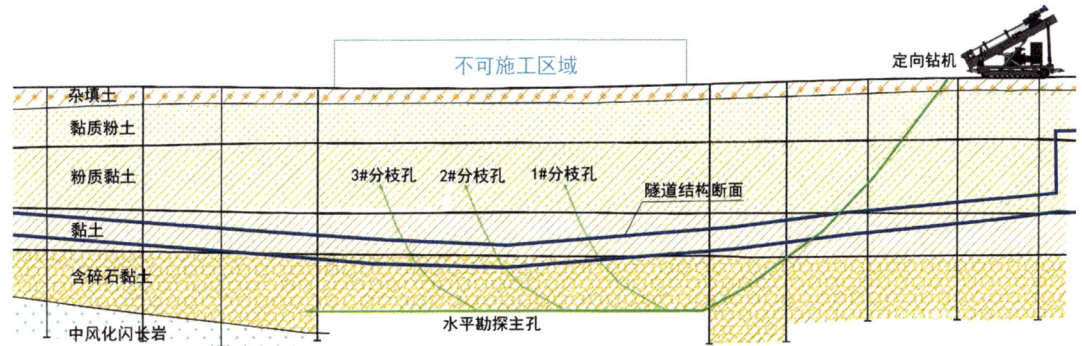

图8.5 水平向钻探技术及地层展示

2. 原位高精度地下水流速、流向测试

地下水流速流向仪是近年来引进开发的高灵敏度地下水测试设备,利用超声波测试技术或高速影像追踪技术可以快速方便地测取孔内地下水的流速和流向,通过多孔测量,经过数据分析处理,可以揭示并展现整个场地的地下水空间运动规律,测量精度完全可以满足工程需求。某场地含水层地下水流速、流向历时曲线如图8.6所示。

常规勘察并不提供地下水的流速、流向等参数,示踪技术等传统的获取手段比较复杂且费用较高。冷冻法加固、注浆加固等工艺对地下水流速有一定的要求,过大的流速可能会导致加固方案的失效,同时随着环保要求的提高,有时还需考虑注浆等加固方案对地下水环境的影响,加固场地的地下水流速、流向数据是评价的基本依据。某场地含水层地下水流速、流向测试成果如图8.7所示。

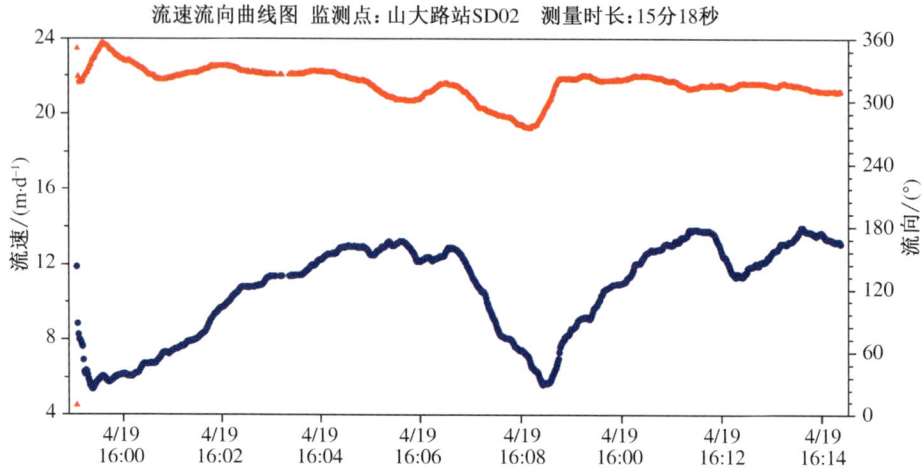

图 8.6　某场地含水层地下水流速、流向历时曲线

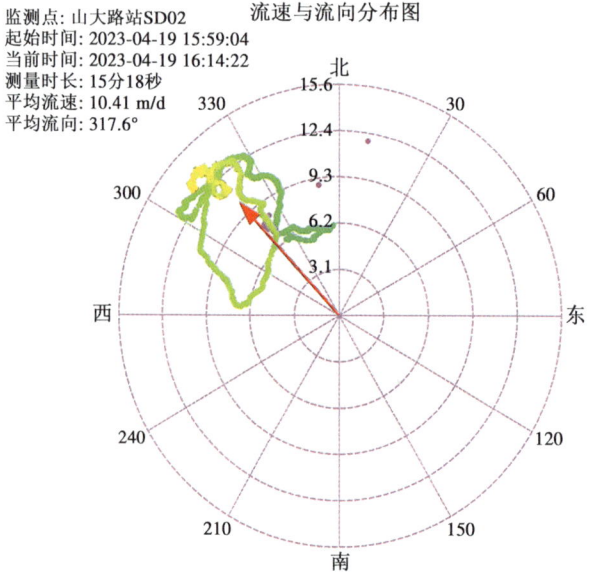

图 8.7　某场地含水层地下水流速、流向测试成果图

3. 钻孔原位剪切试验

目前,国外岩土行业已经开发出不同类型的钻孔原位剪切试验设备和孔内原位剪切试验方法,也制定了相应的剪切试验标准,国内已有多家企业和高校引进并对设备和试验方法进行了改进优化,但工程应用实例较少。

类似预钻孔旁压试验的工作方法,采用专用设备在钻孔中进行原位剪切来测定土体抗剪强度,将一个带有水平环形钢齿的可膨胀探头,放置在钻孔中测试位置,通过气体膨胀探头来施加径向的压力,将水平钢齿插入孔壁的岩土体中,保持径向压力不变,施加垂直力向上提拉探头,通过钢齿片对孔壁岩土体进行剪切,分级施加不同的径向力和测试剪切力数据,可以计算出土体的原位抗剪强度。国内已开发出新型电控式钻孔剪切试验仪和数据处理系统,既方便操作又有利于该试验方法的推广应用。

根据国外试验经验,该测试方法除强度较低的软黏土和粒径 $d \geqslant 150$ mm 碎石类土外,适用于大多数土类型。因排水条件的轻微差异,原位剪切试验与室内试验成果对比略有不同,如果有大量的数据对比拟合,可取得较可靠的土层原位测试强度参数。相比经过多工序得到的室内试验成果,原位试验可以较真实地反映土层原位应力状态的力学特征。

4. 高精度分层取水技术

环境评价行业中近年来开发应用了多项取样和原位测试新技术,污染场地调查中采用直接推进(静压、锤击、振动贯入等)技术中的分层取水方法可以有效避免样品的交叉污染,高精度采取不同层位、不同深度的水样。

地下水土的腐蚀性评价是岩土工程勘察的重要工作,其结论是耐久性设计和抗腐蚀设计的基础,目前勘察外业中的分层取水方法工序繁琐、分层取试样的精准度和可靠性偏低,特别是地下水受污染或离子异常的场地,可以结合既有勘察装备利用或开发类似直接推进技术的分层取水装置,来保证分层取试样的精度和可靠性。

8.3.2 岩土工程设计施工新技术

随着岩土工程施工技术的发展,近年来引进或开发了许多新的装备和施工工艺,推动了整个岩土工程行业的进步,许多新技术、新工艺也被逐渐引进到城市轨道交通工程建设中来,这样不仅提高了建设效率和可靠性,新的设计和施工理念也大幅度节省了工程投资。

1. 旋切成槽复合防渗墙

旋切成槽复合防渗墙新工艺是基于旋切成槽机构筑连续地下墙体的技术优势,将防渗与支护技术进行深度整合,创新研发异型成槽设备,实现基坑防渗与支护一体化施工,应用于基坑工程的防渗和支护,可显著提高防渗的可靠性和施工效率,满足工程建设的安全、高效两大需求。

新型旋切成槽施工工艺是采用导杆定位给进,多轴竖向回转切削原理进行竖向开槽,由动力头、导杆、成槽器、泥浆泵组成开槽系统。动力头通过内置于导杆内的钻杆提供扭矩给成槽器,带动无岩心钻头组转动;泥浆泵通过浆液管道、槽孔形成浆液循环,用于护壁和排除钻渣;导杆沿开槽机机架竖向运动,对成槽器进行定向、加压、提升,最终形成规则的槽孔。灌注浆液即形成固化灰浆防渗墙,墙体无缝连接,目前该技术在水利行业已开始规模化推广应用。

该施工技术的机理与渠式切割水泥土连续墙(TRD)相近,由于设备构成简洁、占地小,采用垂直成槽的切削工艺,施工效率和灵活性显著提高,且具有造价低、处理复杂地层的能力强、可独立解决大部分复杂地层的成槽防渗问题等优点。墙体厚度可选择 250～

600 mm,根据功能需求可实施等厚或异型不等厚墙体,填充材料可根据防渗和强度要求选用水泥土混合浆液、水泥砂浆、素混凝土等。新型旋切成槽设备如图8.8所示。

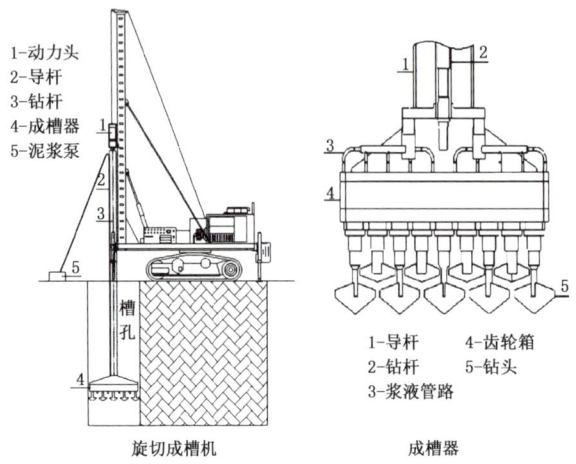

图8.8 新型旋切成槽设备示意图

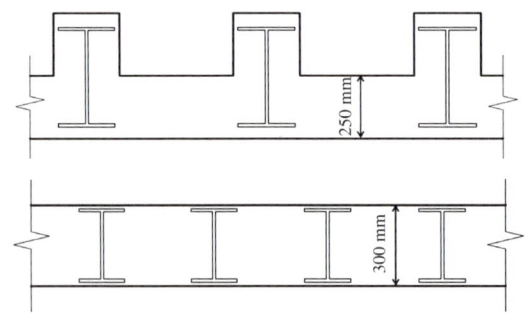

图8.9 异型墙和等厚墙内插型钢形成复合支护结构示意图

图8.10 济南轨道交通某车站采用复合防渗墙止水效果

旋切成槽复合防渗墙新工艺最早应用在水利工程的坝体防渗、堤防堵漏等，因高效的施工能力、止水效果好及造价优势，被引入轨道交通车站基坑防渗工程中，解决了在卵石、碎石、胶结砾岩、风化岩等地层中的止水帷幕实施难题。

旋切成槽复合防渗墙可以独立作为止水帷幕，也可配合插入型钢、预制桩等刚性材料形成防渗支护一体化的支护结构，墙体施工和型钢、预制桩植入可以同步实施完成，兼具 SMW 和 TRD 工法的所有优点，且防渗的可靠性、墙体刚度和整体防渗效果远高于 SMW 工法，因墙体厚度灵活可调，综合造价也低于前两者。异型墙和等厚墙内插型钢形成复合支护结构示意如图 8.9 所示，济南轨道交通某车站采用复合防渗墙止水效果如图 8.10 所示。

2. 土岩二元基坑支护设计

基岩地区轨道交通工程建设过程中面临着大量的土岩二元基坑的设计工作，根据建设环境、基坑开挖深度、土岩的分界深度、下伏岩层结构构造及强度、地下水赋存情况等综合因素确定合适的支护工法。当建设环境和岩土层条件允许时首选直接放坡或土钉墙＋岩钉挂网喷护的开挖方式。由于城市轨道交通工程线路敷设环境的特殊性，绝大部分的车站基坑需采用直立开挖的模式，在确保安全的情况下，选择合适的支护方式对工程造价的降低及工期的缩短作用明显。图 8.11 为济南轨道交通控制中心基坑支护剖面示意，该基坑最大深度超过了 20 m，因场地环境条件较好，地层较稳定，可以适当放坡开挖，经技术经济综合比较，该土岩二元基坑采取了土钉墙＋岩钉挂网喷护的支护方式。

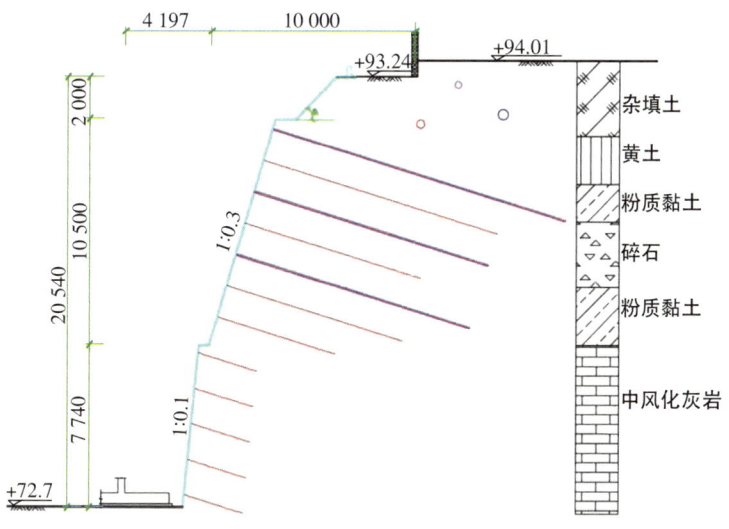

图 8.11　济南轨道交通控制中心基坑支护剖面示意图

目前,行业中针对土岩二元基坑的支护方式主要有土钉墙+放坡喷护、吊脚桩+放坡喷护或钢管桩支护、落底混凝土排桩支护、钢管桩+锚杆等。表 8.1 列出了上述支护方式的适用条件,并进行了优缺点比较。结合地铁车站的特点及常见的支护方式的优缺点,行业内近年来开展了大量的研究工作,对上述支护方式进行了优化和改进,在场地环境受限只能采取垂直开挖的情况下,根据土岩结合面的埋深和岩层的结构构造特征,可采用长短桩或框架桩+复合钢管桩的支护方式,该方法适用于土岩二元基坑的绝大部分场景,不仅可以满足安全及功能需求,还可以节省大量的工程投资。

表 8.1 土岩二元基坑常用的支护方式及优缺点比较

类型	放坡+喷锚	吊脚桩+钢管桩	灌注桩排桩	钢管桩+锚杆
应用范围	岩质基坑、土岩二元基坑	土岩二元基坑	岩质基坑、土岩二元基坑	岩质基坑、岩体较完整且强度高
理论	边坡	土压力、边坡	土压力、滑块	边坡、滑块
优点	工序简单、造价较低	受力体系基本明晰、造价适中	工序简单、偏安全	充分利用岩体强度、造价适中
不足	挖填方量大、需要较开阔的场地条件、施工周期长、存在抗浮缺陷	坡脚平台处理占用一定宽度、锁脚锚杆及平台预留要求较高、工序较复杂、存在抗浮缺陷	设计采用理论体系不适用、灌注桩施工难度大、工期长、造价高	锚杆占用一定的外部空间、对岩体质量要求高、多层锚杆工序较复杂、工期较长、存在抗浮缺陷

(1) 长短桩组合支护工法。

目前实施的大量地铁车站土岩二元基坑工程,当岩层深度超过地下一层埋深时,受土岩分界面和场地空间限制影响,基坑的主体围护结构选型往往考虑吊脚桩或参考土质基坑采用全桩支护方案。吊脚桩因工艺要求需要一定的外放空间,且土岩交界面的差异风化、岩面起伏、岩溶发育不均、锁脚锚杆的施工质量等导致吊脚桩施工存在较多风险,而全桩长的支护方案不仅在岩层中成桩困难影响工期,且造价较高。长短桩组合支护工法可以充分利用下部岩石地层的强度,同时又能满足上部土质基坑的受力及变形要求,规避差异风化、岩溶发育区吊脚桩施工存在的风险,同时可有效减少钻孔灌注桩在坚硬岩层成桩困难并降低工程造价。根据变形和受力需求以及岩石的强度和完整性,可适当调整长短桩的组合比例,岩层较完整且强度较高时长短桩可采用 1∶2 组合,岩层条件一般时采用 1∶1 组合。济南轨道交通某线路多座车站采用了该种工法,显著降低工程造价并有效节省了工期。长短桩组合工法示意如图 8.12 所示。

第8章 问题思考与行业技术发展

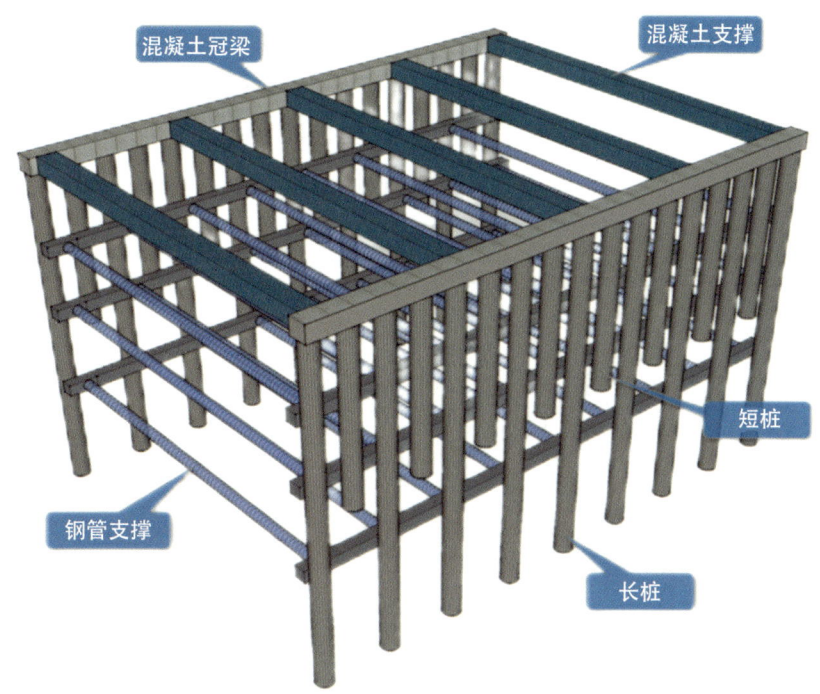

图 8.12　长短桩组合工法示意图

（2）框架桩+微型复合桩支护工法。

当岩层条件较好、土岩结合面埋深较浅（基坑深度范围内基本为岩层或岩面埋深少于地下一层），但场地无放坡开挖条件时，选择吊脚桩或长短桩组合方案无疑存在投资的浪费。对于基本为全岩基坑且岩石完整性较好，开挖深度范围内不存在影响基坑安全的外倾结构面的情况，可考虑采用钢管桩+锚杆的支护方式，对于裂隙较发育岩层或存在软弱外倾结构面的情况，选择上述工法有一定的安全风险，同时地铁车站主体基坑大部分场地环境缺乏锚杆的应用条件。

框架桩+微型复合桩支护工法是结合地铁车站基坑狭长的空间特征，集合了排桩支护和钢管桩支护的优点，针对岩石基坑开发的一种新型工法。该工法基本思路分为两部分：一是采用框架桩+支撑+冠梁，形成双向整体框架结构体系，保证基坑整体稳定；二是框架桩之间微型复合桩形成支护格栅，针对塌落岩体、破碎带、上层桩间土，保证其变形和稳定满足安全要求。

该工法有效结合了管棚设计理论、矿山法超前支护设计理论及连续拱设计理论，形成系统的水平岩拱塌落设计理论及计算方法。工法主要特点有：

① 结合岩体材料的力学特征与结构特点，充分发挥和利用岩层自身的强度和承载能力；

② 基坑空间特征与岩层的空间特征相结合,充分考虑岩层的产状、构造面、软弱结构面与开挖面关系,特征化设计;

③ 采用岩体滑块稳定理论结合岩体塌落理论,在较坚硬的围岩地段,由于围岩具有较强的自承能力,岩体与支护体组合在一起能起到保障坑壁稳定与安全防护的作用;

④ 围岩较软弱地段,加强框架梁支护体系刚度,由框架梁+微型复合桩承担破碎岩体的抗滑、抗剪、防塌落和承载作用,满足基坑安全要求;

⑤ 微型复合桩兼有对坑壁基岩裂隙的填充和破碎岩体的加固作用,解决了岩石基坑坑壁无法止水的问题。

与传统土岩二元基坑的支护方法相比,框架桩+微型复合桩新型支护工法具有显著优点,结合轨道交通车站主体基坑狭长的空间特点,充分利用了岩体材料自身的强度,不仅可以大幅提高工效,也节省了大量工程投资:

① 安全可靠,充分利用岩石的自稳性和承载力,计算理论与实际条件更匹配;

② 经济效益明显,比排桩节省造价35%~50%;

③ 施工方便、快捷,多工作面穿插施工,形成超前支护,大幅缩短工期;

④ 利用微型桩进行注浆,可加固破碎岩层、填充岩体裂隙,有效控制岩层裂隙水,减少基坑降排水量及费用;

⑤ 绿色环保,装配式钢结构支护结构,减少现场湿作业;

⑥ 具有通用性、灵活性、可动态施工特点。微型桩与灌注桩、预应力锚索、局部加强锚杆、压力注浆等灵活结合,可有效控制局部破碎岩层的塌落及滑移。

框架桩体系形成岩拱效应示意如图8.13所示,框架桩+微型复合桩工法示意如图8.14所示,某轨道交通车站岩石基坑框架桩+微型复合桩支护案例如图8.15所示。

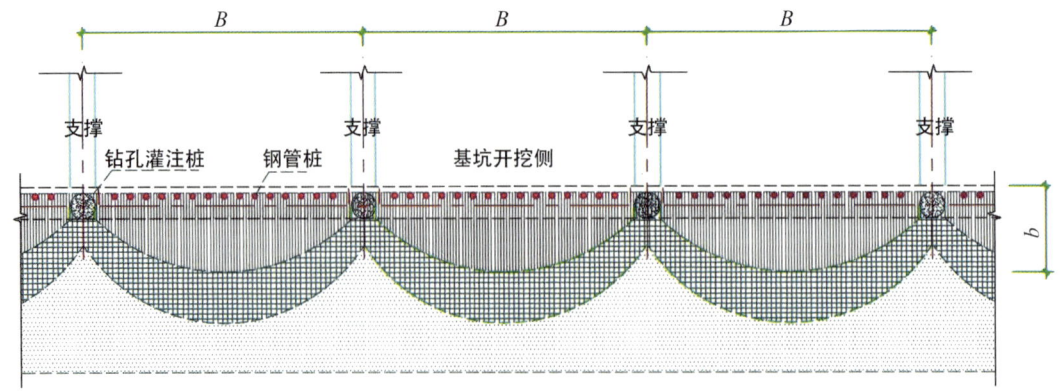

图8.13 框架桩体系形成岩拱效应示意图

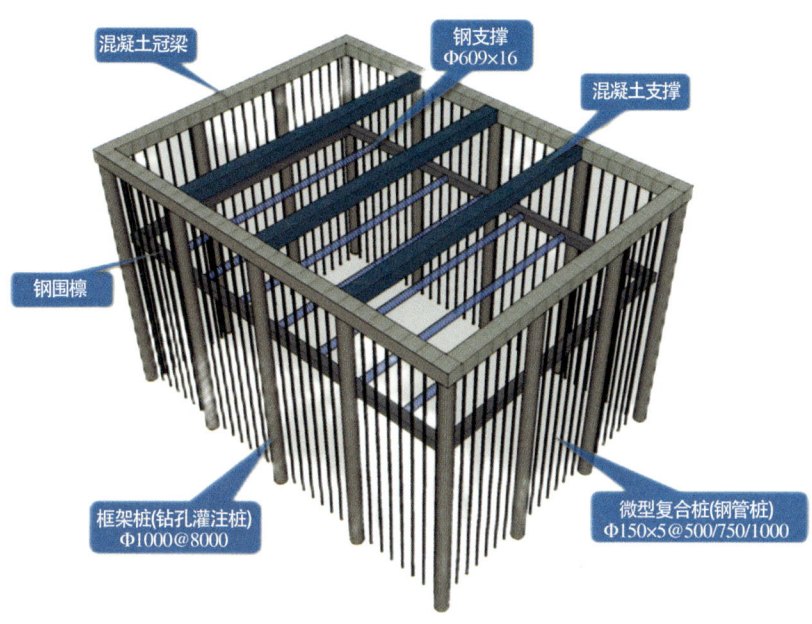

图 8.14　框架桩+微型复合桩工法示意图

图 8.15　某轨道交通车站岩石基坑框架桩+微型复合桩支护案例

3. 复杂地层的止水帷幕工艺

城市轨道交通工程线路的展布特征决定了建设场地条件的复杂多样性,除了非常特殊的场地条件,如场地存在严重影响建设或运营安全、场地处理费用和难度均特别大的不良地质条件等,可能会采取线站位调整予以考虑规避,绝大多数情况下线站位设置是以客流特征及规划需求为主导,建设过程中不可避免地会遇到十分复杂的场地条件,如深厚含岩块及碎石填土层、局部岩溶剧烈发育区、强度差异较大的差异风化岩层等复杂地层,无论是区间盾构法穿越还是基坑工程实施难度均较大。

涉及上述复杂地层条件下的基坑止水帷幕工法选择一直是行业的难题,近年来随着新型设备的开发和引进,一些新的工艺逐渐在行业内应用和推广,其中 DJP 潜孔冲击高压旋喷桩、全套管全回转钻孔灌注桩、CSM 双轮搅水泥土连续墙等工艺对复杂地层的适应性较强,可以解决大部分复杂地层条件下深基坑的止水问题。

DJP 潜孔冲击高压旋喷技术是将潜孔冲击工艺与高压旋喷工艺进行有机组合,利用位于钻杆下方的潜孔锤冲击器在钻进过程中产生的高频振动冲击作用,结合高压空气和高压水对岩土体进行切割破碎,可在深厚块石填土地层、岩溶发育地层、差异风化严重不均的全强风化层和残积层中顺利成孔,并喷射高压浆液形成桩体,拓展了高压旋喷止水帷幕的应用范围。

全套管全回转钻孔灌注桩工艺,采用旋挖、冲抓等方法可穿透各类复杂地层,同时全套管工艺能有效保证孔壁安全和桩体的垂直度,施工桩体垂直度平均可达到 1/500,可用于上述复杂地层的咬合桩施工,咬合精度和止水效果远高于传统工艺的咬合桩,同时解决了基坑支护及止水问题。因其地层适应性强、环保安全和成桩质量好等特点,近年来应用于多项大面积复杂填土和填海项目的深基坑工程,取得了良好的效果。

CSM 工法(铣削深层搅拌技术)是一种结合液压铣槽机和深层搅拌技术的岩土工程施工技术。通过对施工现场原位土体与水泥浆进行搅拌形成加固体,可用于防渗墙、挡土墙、地基加固等工程。与其他深层搅拌工艺比较,CSM 工法对地层的适应性更高,可以切削坚硬地层(卵砾石地层、单轴抗压强度不高于 30 MPa 岩层及风化层)。形成的水泥土墙体均匀性、连续性和整体性更好。具有施工效率高、施工阶段对周边扰动低和墙体深度更大等优点。图 8.16 为某轨道交通车站采用 CSM 双轮搅水泥土连续墙帷幕止水效果。

图 8.16 某轨道交通车站采用 CSM 双轮搅水泥土连续墙帷幕止水效果

8.4 岩土工程数字化技术与应用

勘察设计业属于传统产业，用信息化等高新技术改造和提升，实现数字技术与传统业务的深度融合，是持续发展的必由之路，也是勘察设计业实现跨越式发展的重要途径。广义的城市轨道交通工程建设项目的岩土工程数字化技术包括勘察、设计、施工、检测、施工及运营监测、岩土工程信息平台等全过程数字化技术与应用。其中岩土工程勘察与设计数字化技术与应用是岩土工程行业数字化技术的重要组成和基础。

岩土工程勘察数字化技术是指通过信息化和数字化技术实现岩土工程勘察工作全过程的信息化管理、数字化生产、成品交付与使用，最终形成勘察数字资产。岩土工程设计数字化技术包括计算机辅助设计技术、利用数字模拟技术进行岩土工程的分析评价和风险评估、采用数字化建模技术进行三维设计等。

8.4.1 勘察综合管理平台

勘察综合管理平台是勘察工作实现数字化的基础，可以有效控制勘察各环节质量和提高勘察工作效率。城市轨道交通工程的岩土工程勘察综合管理平台是属于总体总包管理平台的相对独立的分支，通过与总体管理平台中的各相关专业技术接口和有效衔接，实现数据的共享和协同沟通，可以在总体总包的管理框架下，完成从勘察总体技术要求、相关专业技术委托和技术交底、勘察策划、勘察实施监管到勘察成果交付和后期服务等全过程的综合管理工作，纳入勘察监理、勘察咨询管理对应功能接口，同时平行完成政府勘察监管平台的同步对接上传，实现对岩土工程勘察全过程、全方位的监督管理。

目前，行业内多家企业开发了勘察类专业管理平台和数字云应用技术平台，较为成熟的和功能较全面的有中冶"云勘"勘察内外业一体化生产管理平台（图 8.17）、城勘岩土工程勘察数字化综合协作平台、理正勘察岩土数字化系统、顺凯勘察质量管控平台等。利用互联网、物联网、大数据、GIS + BIM 等先进信息技术实现工程勘察全过程数字化管理，使勘察工作全过程在统一的平台上协同开展，让项目管控流程标准化、可视化、数字化，实现工程勘察全生命周期信息服务，不仅大大提升了工作效率，而且有效保障和提高了勘察成果质量。

城市轨道交通岩土工程勘察综合管理平台层级关系及功能分解分别如图 8.18 和图 8.19 所示。

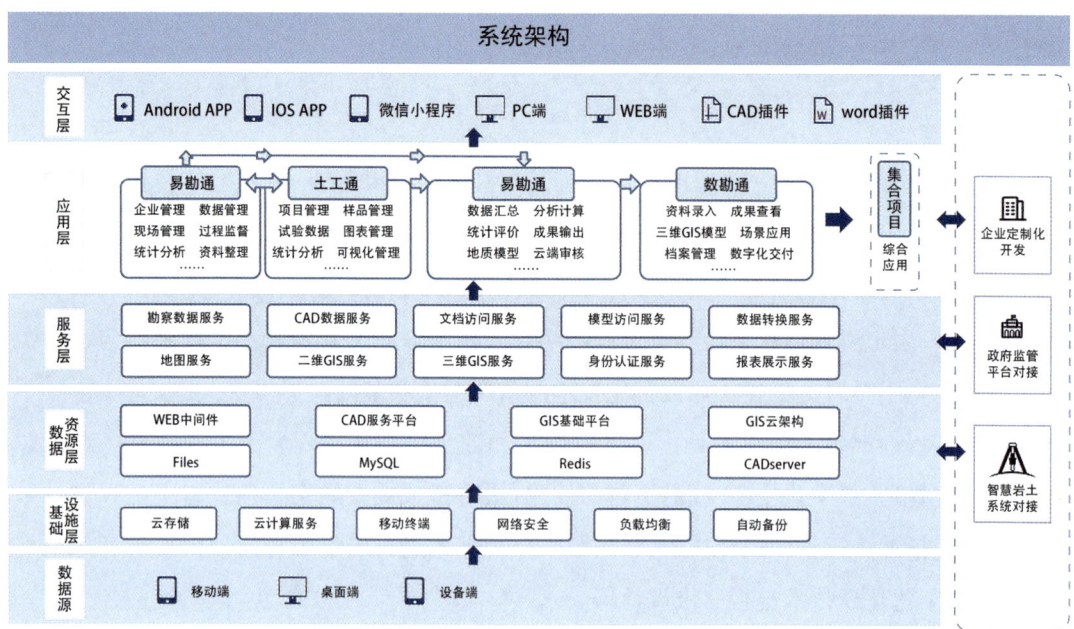

图 8.17 中冶"云勘"一体化生产管理平台系统架构

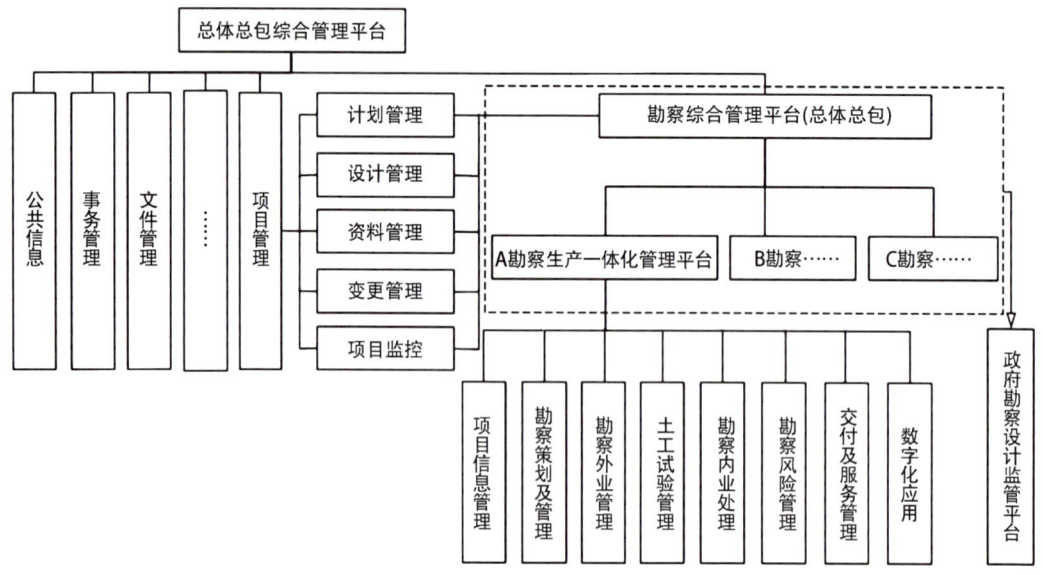

图 8.18 城市轨道交通岩土工程勘察综合管理平台层级关系图

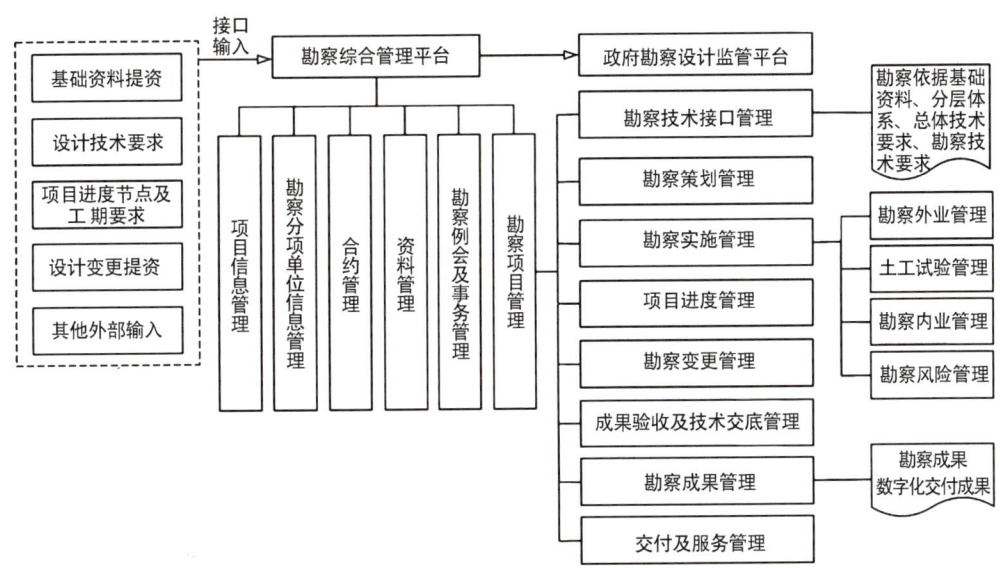

图 8.19 城市轨道交通岩土工程勘察综合管理平台功能分解图

8.4.2 勘察成果数字化及应用

相比传统勘察以二维图件和勘察报告为最终交付成果,勘察成果数字化交付的成果更为丰富,不仅提升了勘察数据的共享程度和利用价值,勘察数据库加持三维地质模型等数字化成果也有了更广泛的应用场景。

1. 数据共享与实时查询

随着勘察数据量增加,逐步建立城市轨道交通勘察数据库,基于 GIS 技术对线网中各线路的海量勘察数据集成共享,可提供勘察成果的实时查询,根据用户权限和需求进行各类数据的统计分析以及在线自动生成柱状图、剖面图等,并可以直接下载使用。

2. 三维地质模型展示

根据勘探点数据及地层数据可直接生成三维地质模型,更直观了解和分析场地工程地质条件,并可进行虚拟钻孔、虚拟剖面、地层分层展示、开挖剖切和漫游等三维地质空间分析(图 8.20)。

3. 多场景的应用

基于已有的三维地质模型,融合建(构)筑物、地下管线、设计结构模型等空间数据,可以快速形成二维和三维的岩土分析模型,可视化解决不良地质分布、地下障碍物、桩基持力层比选及承载力计算、岩土风险分析等各类岩土问题,同时结合地表环境信息可以为工程建设提供地上地下一体的数字化三维真实环境。利用城市轨道交通工程线网的覆盖优势,配合其他数据库和 BIM 成果,可建立企业或市域级岩土工程综合信息服务平台,为运维监

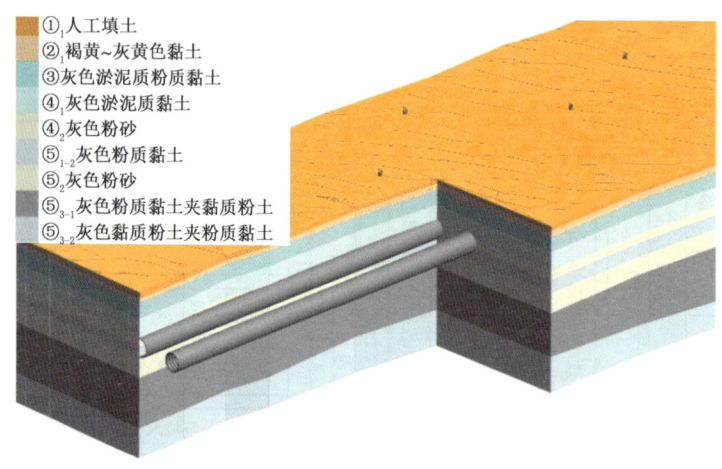

图 8.20 某盾构区间三维地质模型及剖切展示

测、后期规划建设等提供基础支撑(图 8.21)。

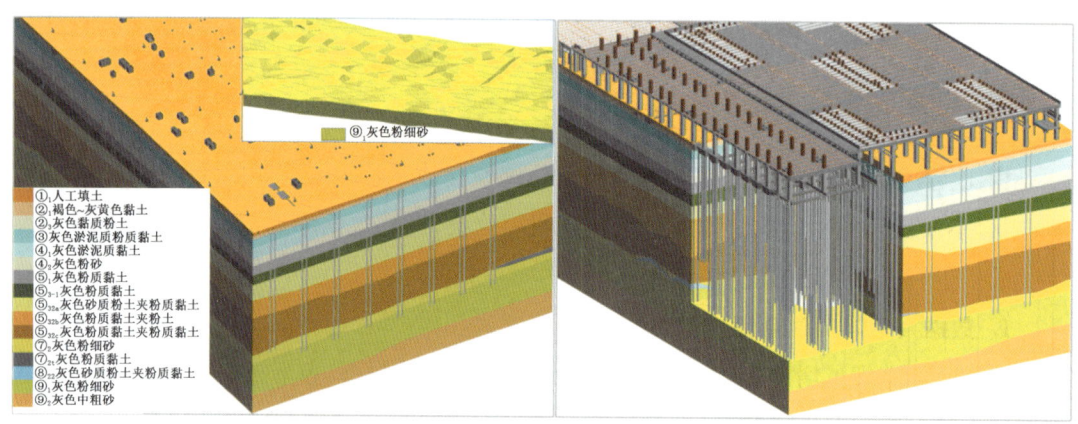

图 8.21 某车辆段三维地质模型及上盖桩基评价

8.4.3 岩土工程设计数字化及应用

城市轨道交通岩土工程设计工作面临的建设环境复杂,沿线场地水文地质和工程地质条件变化大,传统的以二维计算为基础的设计方法难以满足工程的实际需求,通过计算机技术和各类数值分析及仿真软件为复杂条件下的岩土工程设计提供了有力的帮助,解决了复杂环境和工况下的受力计算和应力应变分析难题,同时通过引入 BIM 和 GIS 等三维建模技术,提供真实状态的建设环境模拟,岩土工程设计的精度和效率得到大幅提升。

1. 数值分析模拟技术应用

目前,基于现有规范体系的岩土行业主流设计软件基本以二维分析和计算为主,结合三维地质数据可形成三维建模与各类工况的分析和展示,对于复杂环境条件及工况下的受力及变形问题,尚需借助专业的数值分析软件来辅助完成相关设计工作,MIDAS-GTS、FLAC-3D、ABAQUS、PLAXIS等商业软件广泛应用于基坑工程分析、隧道管片受力分析、基坑施工环境影响分析、隧道施工环境影响分析、桩基施工与地基加固环境影响模拟等岩土工程问题分析与评价工作(图8.22)。

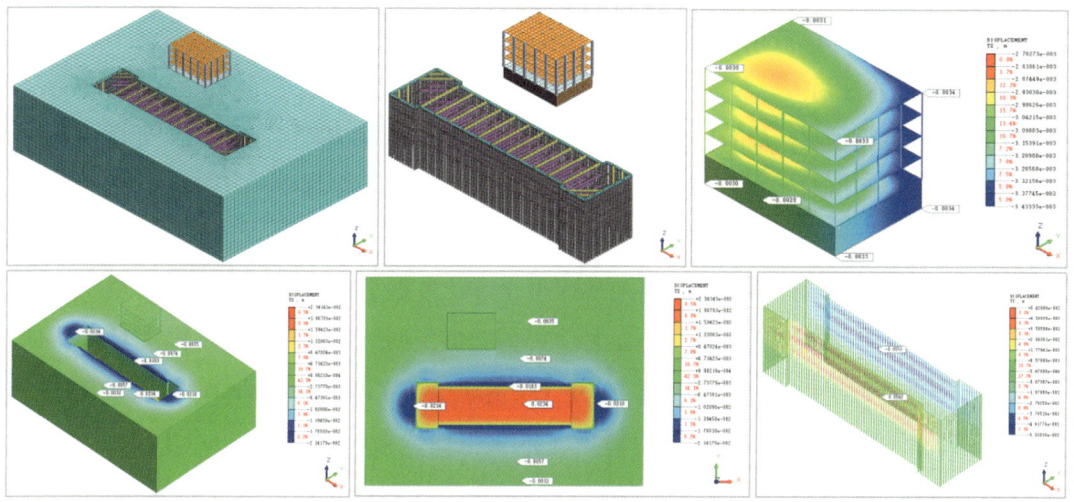

图8.22 某地铁车站支护设计三维数值分析

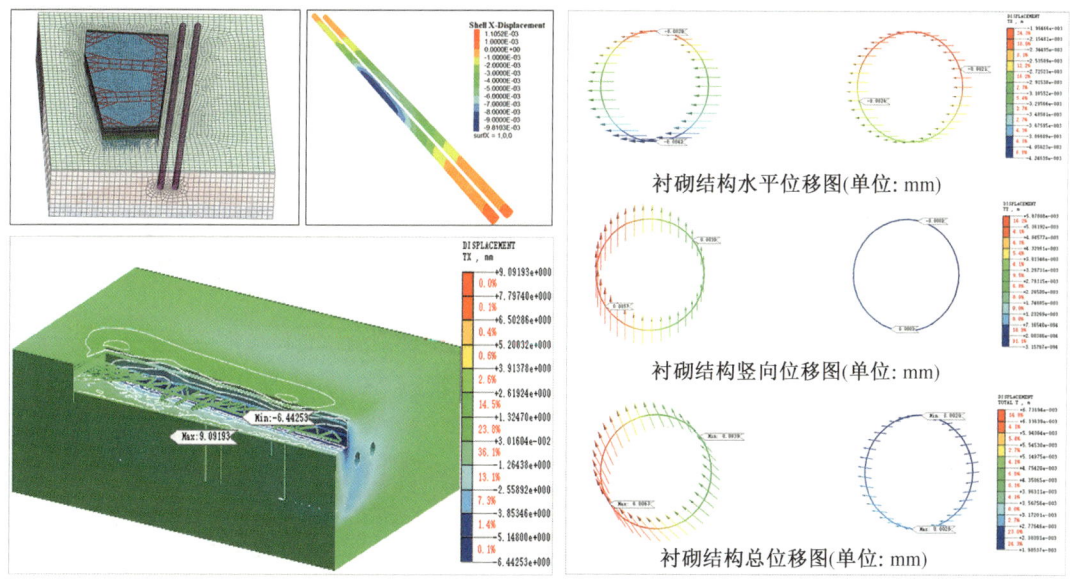

图8.23 某临近地铁区间隧道基坑施工安全评估数值分析

随着城市轨道交通的大规模建设和运营,以及城市轨道交通沿线的高强度物业开发,城市轨道交通结构的安全保护工作已日益突出,为防止外部作业对既有轨道交通设施和运营造成不利影响,需采用合适的评价方法对外部作业的全过程进行系统评估。因外部作业的不确定性和作用场景的复杂性,常规解析解的手段基本无法完成,目前行业内主要采用工程类比法并借助于数值法模拟仿真外部作业对既有轨道交通设施的影响,预测施工过程中可能引起的结构附加应力和附加变形、轨道位移及其他危害,综合评估外部作业对既有轨道交通设施及运营的安全影响,并提出监测和预警要求(图 8.23)。

2. BIM 技术应用

BIM 技术通过创建精确的三维信息模型,集成了轨道交通基坑工程的三维地质信息、建设环境信息,以及几何信息、物理信息、成本信息和进度信息等,实现了信息的全面集成和共享。

在基坑工程设计阶段,通过三维地质模型全方位掌握地层信息和场地不良地质分布,环境信息提供了临近建(构)筑物、管线、地下障碍物的空间分布特征、属性等,为环境保护、管线迁改等设计提供可视化依据。依靠 BIM 技术通过平立剖检查、场地现状仿真及构件冲突检测等应用,显著提高了设计质量,降低了大量工程变更风险。如基坑工程中经常发生临时支护构件可能与永久结构构件的冲突问题,基坑支护设计人员仅考虑基坑的安全稳定,验算支撑、临时立柱的规格和布置间距,但对车站结构梁柱、施工缝位置等信息不能全面了解,容易导致临时立柱与底板纵梁、钢支撑与结构柱、混凝土支撑与顶板上翻梁、钢围檩与侧墙水平施工缝发生冲突等,轻则调整支撑围檩布置,重则调整永久结构梁柱,并影响上下游多专业进行方案调整,协调难度大,且容易产生返工和费用纠纷。某轨道交通车站基坑环境 BIM 如图 8.24 所示,车站基坑围护结构设计 BIM 如图 8.25 所示。

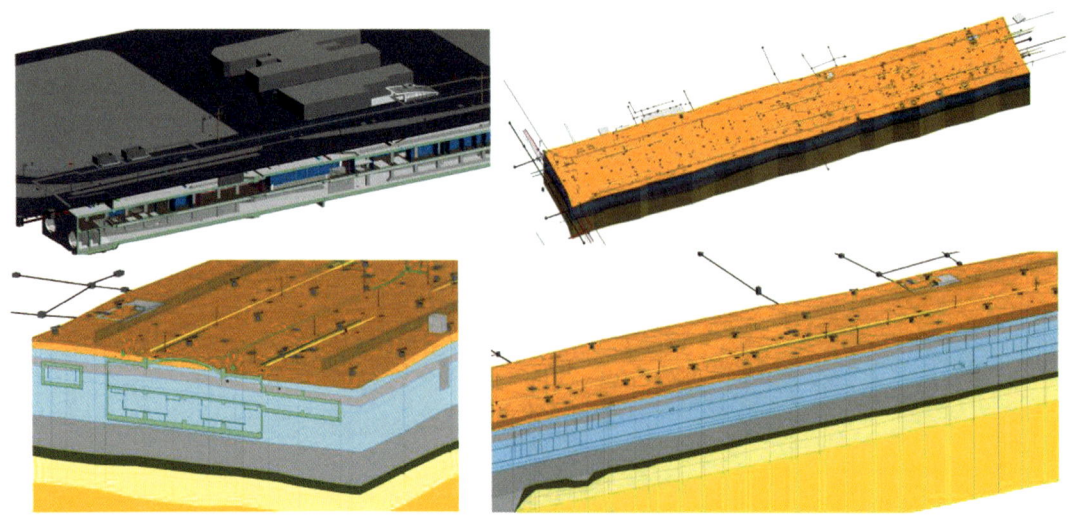

图 8.24 某轨道交通车站基坑环境 BIM

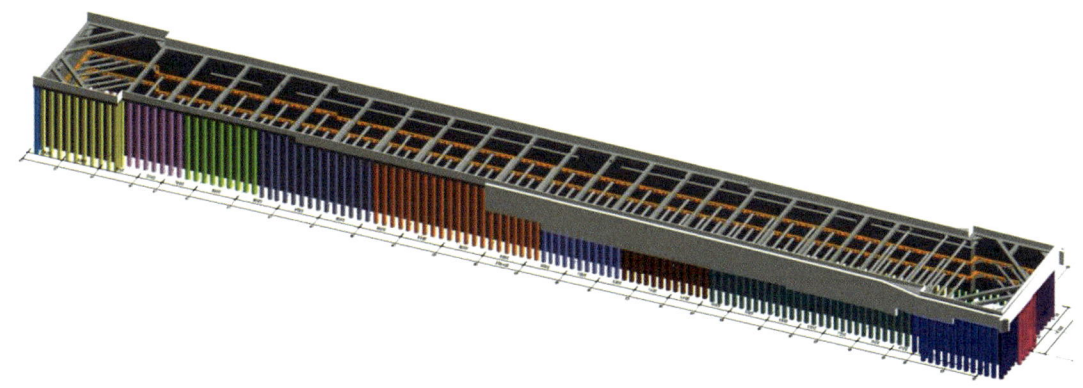

图 8.25　某轨道交通车站基坑围护结构设计 BIM

BIM 技术通过虚拟施工、施工模拟等应用，最大限度地减少了基坑支护设计质量和土方开挖安全问题，降低了返工和整改的风险。延伸至施工阶段，BIM 技术通过施工专项方案模拟与优化、施工进度的科学管理及竣工模型构建等应用，提高了施工效率和质量。同时利用传感器和物联网技术，实现对基坑施工全过程的实时监控，提高了数据采集的准确性和及时性，为岩土工程动态设计提供依据。

8.5　行业发展趋势及展望

数字化、智能化浪潮已经到来，岩土工程勘察与设计行业伴随自动化、数字化、智能化转型是行业发展的必然趋势，城市轨道交通岩土工程勘察与设计工作从管理到实施必然面临着重大变革和技术进步。

城市轨道交通岩土工程勘察涉及生产与管理环节众多、技术接口复杂，数字化的平台型管理配合物联网技术，将岩土工程勘察程序管理和技术环节管理紧密融合在一起。伴随技术进步，原位测试技术将会有较大创新和改进，通过高清孔中摄像与物探技术配合、原位剪切试验与土工强度试验结合等可提供更直观可靠的岩土参数，自动化和智能设备的推广应用，现场勘察工作量将向以原位测试为主导的方向倾斜，勘察数字化成果将会更成熟完善。

岩土工程设计行业也会进入快速发展阶段，勘察的数字化成果为岩土工程设计数字化仿真提供了基础，规范体系与三维设计的有机结合，设计软件可直接进行三维状态的仿真受力分析，会大大提高目前复杂环境的设计效率和技术水平，建设环境和系统的模拟变得更加精细和全面,虚拟建造技术与 BIM 设计结合,岩土工程全过程风险防控设计体系会更加完善。

  岩土工程勘察与设计行业因其专业特性,专业理论基础和应用实践之间的衔接拓展十分重要,因地质条件和设计边界条件的不确定性,对岩土工程师专业经验的要求远高于建设工程中的其他行业,人工智能的深度学习和大数据分析技能将存在巨大的开拓和应用空间。充分利用人工智能技术,通过海量的案例进行系统学习和训练,掌握行业积累多年的经验和教训,建立岩土工程病害智能诊断评价系统、风险智能评估和专家咨询系统,可以快速给岩土行业工程师提供专业的帮助和技术支持,大幅度提高工作效率及对复杂问题分析判断的准确性,有效规避工程风险,岩土工程勘察与设计行业发展也将由数字化转型逐渐过渡到数智化。

后　　记

撰写本书的初衷是为了进一步做好城市轨道交通工程建设中岩土工程勘察与设计专业间的沟通工作。在实际工作中,专业间的技术隔阂和相互的不理解,导致大量的设计失误和投资浪费。笔者凭借多年的从业经验和对两个专业的领悟,试图通过本书让岩土设计人员了解勘察工作的全过程和对平时所用设计参数的理解与溯源,对岩土参数的合理性与正确选取加深认知,也可以让勘察人员认识到岩土设计工作对勘察基础资料的真正需求和行业间沟通中存在的问题。同时,笔者从事城市轨道交通工程勘察、设计、咨询工作三十余年,经过在工作中的不断改进和提高,完成了城市轨道交通岩土工程勘察总体总包管理、勘察咨询和勘察监理的工作流程系统化、标准化,也想把相关工作经验介绍给业内同行参考。

近十多年来,笔者一直从事城市轨道交通工程总体设计管理工作,担任过国内十余条城市轨道交通线路设计总体、总体设计咨询项目负责人,作为一名岩土工程师,深深体会到专业间沟通交流的重要性,从岩土勘察的角度理解和处理设计问题,从设计的角度给勘察提出更合理的技术需求,多一份沟通了解,则少一份风险和失误。

行业发展很迅速,一方面各类数字化辅助设计工具不断推陈出新,另一方面看行业进步又很缓慢,多年来勘察手段并没有质的改变,随着技术进步推动,相信会有较好的革新和提升。

"冀以尘雾之微,补益山海。"一个人的努力虽然影响有限,但可以为这个行业贡献一份微薄之力,愿有缘者开卷有益。

参 考 标 准

[1]《岩土工程勘察规范》(GB 50021—2001)(2009年版),中华人民共和国建设部,中华人民共和国国家质量监督检验检疫总局,2002.01.10.

[2]《城乡规划工程地质勘察规范》(CJJ 57—2012),中华人民共和国住房和城乡建设部,2012.11.01.

[3]《城市轨道交通岩土工程勘察规范》(GB 50307—2012),中华人民共和国住房和城乡建设部,2012.01.21.

[4]《浙江省城市轨道交通岩土工程勘察规范》(DB33/T 1126—2016),浙江省住房和城乡建设厅,2016.11.15.

[5]《建筑抗震设计标准》(GB/T 50011—2010),中华人民共和国住房和城乡建设部,中华人民共和国国家质量监督检验检疫总局,2024.05.24.

[6]《城市轨道交通结构抗震设计规范》(GB 50909—2014),中华人民共和国住房和城乡建设部,2014.03.31.

[7]《建筑与市政工程抗震通用规范》(GB 55002—2021),中华人民共和国住房和城乡建设部,2021.04.09.

[8]《建筑基坑支护技术规程》(JGJ 120—2012),中华人民共和国住房和城乡建设部,2012.04.05.

[9]《基坑工程技术规范》(DG/TJ 08—61—2010),上海市城乡建设和交通委员会,2010.04.01.

[10]《建筑基坑工程技术规程》(DB33/T 1096—2014),浙江省住房和城乡建设厅,2014.01.03.

[11]《高层建筑岩土工程勘察标准》(JGJ/T 72—2017),中华人民共和国住房和城乡建设部,2017.08.23.

[12]《建筑桩基技术规范》(JGJ 94—2008),中华人民共和国住房和城乡建设部,2008.04.22.

[13]《建筑地基基础设计规范》(GB 50007—2011),中华人民共和国住房和城乡建设部,

2011.07.26.

[14]《混凝土结构设计规范》(GB 50010—2010),中华人民共和国住房和城乡建设部,2010.08.18.

[15]《混凝土结构耐久性设计标准》(GB/T 50476—2019),中华人民共和国住房和城乡建设部,2019.06.19.

[16]《城市轨道交通地下工程建设风险管理规范》(GB 50652—2012),中华人民共和国住房和城乡建设部,2011.02.18.

[17]《建筑工程抗浮技术标准》(JGJ 476—2019),中华人民共和国住房和城乡建设部,2019.07.30.

[18]《城市轨道交通工程监测技术规范》(GB 50911—2013),中华人民共和国住房和城乡建设部,2013.09.06.

[19]《铁路路基设计规范》(TB 10001—2016),国家铁路局,2016.12.20.

[20]《城市轨道交通结构安全保护技术规范》(CJJ/T 202—2013),中华人民共和国住房和城乡建设部,2013.09.25.

[21]《公路桥涵地基与基础设计规范》(JTG 3363—2019),中华人民共和国交通运输部,2019.12.17.